A GUERRA AÉREA
1939-1945

A GUERRA AÉREA 1939-1945

O PAPEL DA AVIAÇÃO NA SEGUNDA GUERRA MUNDIAL

DAVID BAKER

2ª Edição

The Aerial War - 1939-1945 - The Role of Aviation in World War II
Copyright © Arcturus Holdings Limited

Os direitos desta edição pertencem à
Editora Pé da Letra
Rua Coimbra, 255 - Jd. Colibri - Cotia, SP, Brasil
Tel.(11) 3733-0404
vendas@editorapedaletra.com.br / *www.editorapedaletra.com.br*

Esse livro foi elaborado e produzido pelo

(11) 93020-0036

Tradução Fabiano Flaminio
Design e diagramação Adriana Oshiro
Revisão Técnica Capitão Aviador Guilherme Russo Vanazzi
Revisão Larissa Bernardi
Coordenação Fabiano Flaminio

Impresso no Brasil, 2022

Dados Internacionais de Catalogação na Publicação (CIP)
Câmara Brasileira do Livro, SP, Brasil
Angélica Ilacqua - CRB-8/7057

Baker, David

A guerra aérea 1939-1945 : o papel da aviação na segunda guerra mundial / David Baker ; tradução de Fabiano Flaminio. -- 2ª ed. -- Brasil : Pé da Letra, 2022.
256 p. : il.

Título original : The Aerial War - 1939-1945 - The Role of Aviation in World War II
ISBN: 978-65-5888-055-4

1. Guerra Mundial, 1939-1945 - Operações aéreas 2. Aviação - Guerra I. Título II. Flaminio, Fabiano

20-4287   CDD 940.544

Índices para catálogo sistemático:
1. Operações aéreas : Segunda Guerra Mundial

Todos os direitos reservados. Nenhuma parte desta publicação pode ser reproduzida, armazenada num sistema de recuperação, ou transmitida, de qualquer forma ou por qualquer meio, eletrônico, mecânico, fotocopiador, de gravação ou outro, sem autorização prévia por escrito, de acordo com as disposições da Lei 9.610/98. Qualquer pessoa ou pessoas que pratiquem qualquer ato não autorizado em relação a esta publicação podem ser responsáveis por processos criminais e reclamações cíveis por danos. Esta editora empenhou-se em contatar os responsáveis pelos direitos autorais de todas as imagens e de outros materiais utilizados nesse livro. Se, porventura, for constatada a omissão involuntária na identificação de algum deles, dispomo-nos a efetuar, futuramente, os possíveis acertos.

SUMÁRIO

Introdução		6
CAPÍTULO 1:	O Início da Guerra Aérea	9
CAPÍTULO 2:	Blitzkrieg Desencadeada	24
CAPÍTULO 3:	A Ilha da Última Esperança	30
CAPÍTULO 4:	Dissuasão	43
CAPÍTULO 5:	A Tempestade que se Aproxima	56
CAPÍTULO 6:	A Guerra no Ocidente	70
CAPÍTULO 7:	Antecedentes da Batalha da Grã-Bretanha	88
CAPÍTULO 8:	A Tempestade Desencadeada	102
CAPÍTULO 9:	O "Dia Mais Difícil"	115
CAPÍTULO 10:	Na Ofensiva	135
CAPÍTULO 11:	Guerra Aérea Estratégica	154
CAPÍTULO 12:	Um Choque de Porta-Aviões	169
CAPÍTULO 13:	A Ofensiva de Bombardeiros	182
CAPÍTULO 14:	Tempestades de Fogos e Curvas de Aprendizagem	206
CAPÍTULO 15:	Ataque Violento ao Eixo	223
CAPÍTULO 16:	Vitória na Europa	236
CAPÍTULO 17:	Uma Chuva de Ruínas	256
Índice Remissivo		271

INTRODUÇÃO

ESTE LIVRO conta a história da guerra aérea durante o conflito de 1939-45 – um período em que as potências beligerantes construíram mais de 780.000 aeronaves e desenvolveram novas formas de travar a guerra a partir do ar. Uma época que testemunhou a origem e a evolução de tipos de aeronaves inteiramente novos, incluindo interceptores com propulsão a jato e a foguete, e meios pelos quais os países poderiam ser derrubados. Testemunhou, também, a história de atos de heroísmo de sobrevivência - tanto pessoais quanto nacionais - e o estoicismo e a determinação que capacitaram as pessoas comuns a fazer coisas extraordinárias.

Desde o início, a Alemanha de Hitler construiu suas forças armadas em torno de um conceito de blitzkrieg, de apoio às forças terrestres através da força aérea maciça, desconsiderando a necessidade de uma força de bombardeio estratégica, até que fosse tarde demais. Os britânicos se concentraram, talvez ilogicamente, na capacidade do bombardeio de colocar um inimigo de joelhos (o que eles nunca fizeram), enquanto usavam combatentes para defender o país durante a Batalha da Grã-Bretanha. A Rússia priorizou forças terrestres maciças para derrubar o intruso nazista, enquanto os americanos ofereceram aos futuros estrategistas o porta-aviões, que substituiu o encouraçado como o principal navio de guerra da Marinha.

A Segunda Guerra Mundial foi única por evidenciar a maior expansão do conflito nos últimos 200 anos, aplicando tecnologia inédita nas décadas anteriores. Tal inovação, em si, não era tão nova: na Guerra Civil Americana, de 1861-65, as tecnologias de arame farpado, balões para reconhecimento aéreo e submarinos primitivos foram usadas pela primeira vez; e a guerra de 1914-18 viu a introdução de aviões de guerra em escala limitada, bem como o primeiro uso de aviões para bombardear alvos estratégicos, embora numa base experimental. O conflito dos anos 1939-45, entretanto, expandiu muito a guerra aérea ao introduzir o bombardeio de áreas urbanas e industriais em massa, o uso de caças a jato, do míssil balístico e o primeiro uso da bomba atômica. Durante este conflito, aproximadamente, dois milhões de civis morreram como resultado de bombardeios. Embora isto tenha representado menos de 4% do total de 55 milhões de mortos, os bombardeios de civis em massa, sem dúvida, introduziram um novo capítulo na história da guerra.

Transcendendo as tecnologias primitivas de conflitos anteriores, este período também viu a aplicação da ciência - através do rádio, radar e dispositivos eletrônicos - para aumentar o potencial de combate de sistemas relativamente convencionais. O que começou como uma guerra de conquista e o confronto ideológico, rapidamente se transformou em um terreno experimental para novas formas radicais de fazer guerra, bem como um conflito globalizado em um nível sem precedentes.

A história da guerra aérea de 1939-45, então, é um conto de transformação em escala que evoluiu conforme o progresso, a ciência e sua aplicação na tecnologia, forjando novos e cada vez mais sofisticados projetos e dispositivos. Estes sustentaram a expansão das capacidades militares no pós-guerra e lançaram no mundo novas armas e sistemas cada vez mais capazes – armas que, de tão aterradoras, em várias ocasiões, colocaram o mundo perto de um terceiro conflito global.

Todos estes fatores convergem para justificar um exame de como isto surgiu – um lembrete da extraordinária expansão da ciência e da engenharia nesses seis anos turbulentos que emolduraram o mundo de hoje. De uma forma extraordinária, os desenvolvimentos da guerra aérea definiram o futuro do padrão de resolução de conflitos. Ao criar armas de inimaginável poder de destruição, tornou-se possível para as nações com equipamento nuclear justificar sua posse como um meio de dissuasão do conflito.

Este livro é escrito a partir de uma postura apolítica, na qual a moralidade de guerra aérea é deixada ao critério do leitor. O propósito, aqui, é atestar os fatos - em uma ordem cronológica frouxa, começando com a formação e desenvolvimento da Luftwaffe, da Força Aérea Polonesa, da RAF e passando para as respectivas forças aéreas e ações da França, Rússia, EUA e Japão - para explicar como as potências beligerantes usaram o avião para seus próprios fins políticos e militares. Foi escrito após consultas com pilotos, tripulações aéreas, estrategistas e planejadores de guerra ao longo de várias décadas, no Reino Unido, EUA, Alemanha, Rússia e Japão, na esperança de que possa lançar uma nova luz sobre o que foi, até esta data, o maior choque de armas dos tempos modernos.

David Baker

CAPÍTULO 1
O Início da Guerra Aérea

PRECISAMENTE, ÀS 4H45 da madrugada, horário local, de 1º de setembro de 1939, o velho navio de guerra alemão *Schleswig-Holstein* disparou suas armas em direção a um depósito de trânsito polonês perto da Cidade Livre de Danzig, na costa báltica – os tiros do início da Segunda Guerra Mundial. A esta hora, forças clandestinas alemãs já tinham começado a se mover calmamente sobre o território polonês. Pouco tempo depois, a Luftwaffe começou a atacar os aeroportos poloneses, cidades, a capital Varsóvia e as unidades terrestres defensoras. Assim começou o conflito que, em poucos dias, afundaria todo o continente europeu em uma guerra que iria engolir o mundo e causar a morte de mais de 50 milhões de pessoas antes dela terminar, pouco mais de seis anos depois.

No início, não era uma guerra global. Apenas alguns dias antes, a Rússia tinha assinado um pacto com a Alemanha nazista comprometendo-se a apoiar sua ofensiva e concordando em avançar na Polônia pelo Leste, menos de três semanas antes da invasão. Para garantir esta parceria, a Alemanha aceitou as reivindicações soviéticas sobre os estados Bálticos da Estônia, Letônia e Lituânia e o desejo da Rússia de invadir a Finlândia, expandindo sua reivindicação territorial até a fronteira com a Suécia. Só em junho de 1941 é que a Alemanha se voltou contra a Rússia e fez dela uma aliada da Grã-Bretanha. Então, pouco tempo depois, cerca de cinco meses, em 7 de dezembro de 1941, o Japão se juntou à briga enquanto empurrava sua força para o Sul, atacando simultaneamente a base naval americana em Pearl Harbor, no Oceano Pacífico, trazendo os EUA para o conflito. A partir dessa data, realmente, era um mundo em guerra.

Desde o início, o poder aéreo foi um fator dominante no resultado das batalhas terrestres e seria o meio utilizado para empregar a derradeira arma - a bomba atômica. No final da Segunda Guerra Mundial, mais toneladas de bombas haviam sido lançadas pelo ar do que todas as munições detonadas em todos os conflitos desde a Idade Média, matando mais civis do que em todas as guerras desde o início dos registros.

A própria aviação havia atingido a maioridade durante a Primeira Guerra Mundial. Em meados de 1914 e 1915 começou como um uso limitado de aviões para avistar artilharia e realizar reconhecimento, houve uma aplicação crescente durante 1916 do combate aéreo um a um - *dogfighting* - e, a partir de 1917, do uso de grandes aeronaves para bombardeios estratégicos. Juntos, o caça e o bombardeiro, gradualmente, definiram a utilização de aeronaves em ações defensivas e ofensivas, estas últimas, minando a imunidade concedida às populações civis de estados inimigos pela Convenção de Haia, a respeito das regras de guerra.

Foi o uso dos dirigíveis Zeppelin e Schütte-Lanz, em 1915, que abriram as portas para os ataques a civis. Inicialmente, o Kaiser proibiu os ataques a Londres, exceto em um setor financeiro e comercial da cidade e, somente quando os funcionários já tivessem ido para casa. No entanto, esta restrição não durou muito tempo e o bombardeio de cidades e vilas pelos aviões, em todo o Reino Unido, aumentou, especialmente depois de junho de 1917, quando os bombardeiros multimotores se juntaram aos dirigíveis. Foi naquele ano, também, que os britânicos criaram a Força Independente, que foi equipada com bombardeiros de quatro motores Handley Page. Estes foram definidos para a tarefa específica de bombardear alvos estratégicos na Alemanha, sobre os estaleiros alemães e as fábricas militares em outros lugares. Como resultado dessas ações, os conceitos de "bombardeio estratégico" (a destruição da infraestrutura que capacita um inimigo a continuar a lutar) e "bombardeio tático" (o uso do poder aéreo para inibir um exército no campo ou durante uma ofensiva) foram definidos, pela primeira vez.

Entretanto, estes desenvolvimentos não foram nada em comparação à ferocidade da guerra aérea que caracterizou o conflito de 1939-45. Os alemães foram os primeiros a integrar a força do ar com os ataques relâmpago, o que, rapidamente, se tornou conhecido como blitzkrieg, um conceito de "guerra relâmpago" introduzido pela nascente Luftwaffe quando foi oficialmente reformada, em 1935, dois anos após Hitler ter chegado ao poder. O objetivo da blitzkrieg era ganhar a guerra através do uso massivo do poder terrestre e aéreo para pulverizar as forças defensivas e aniquilar completamente o inimigo o mais rápido possível. Para este fim, o poder aéreo estava focado em fornecer táticas onde se via o estabelecimento de unidades aéreas de curto e médio alcance, e houve uma ênfase reduzida na guerra estratégica.

Blitzkrieg seguiu o conceito prussiano de *Schwerpunkt* – ataque repentino, massivo e totalmente destrutivo - que previa uma ofensiva frontal, perfurando linhas defensivas e espancando o inimigo até a submissão, sem fazer prisioneiros. Depois de passar pelas linhas inimigas, o atacante se dividiria em dois círculos para encurralar o inimigo de ambos os lados, abrindo o acesso a novas tropas de trás para a frente, pressionando os calcanhares das forças em retirada. As tropas ofensivas iniciais manteriam o inimigo em um cerco encaixotado ("zonas de morte"), para que o uso colossal do poder aéreo pudesse destruir tudo nessas áreas.

O poder aéreo foi a chave para esta doutrina blitzkrieg, pioneira do General Heinz Guderian, que supervisionou o desenvolvimento do conceito das divisões panzer (veículo blindado de combate) para guerra, também abraçou o uso da força aérea para apoiar a frente da área de batalha e destruir a capacidade de defesa do inimigo. A blitzkrieg também foi considerada uma arma de terror em si mesma, ajudada, em grande parte, pelas sirenes ligadas às saliências do trem de pouso dos bombardeiros, que mandavam gritos arrepiantes pelo ar enquanto a aeronave mergulhava em seus alvos. Isto incutia medo aos que estavam sob ataque e provou ser uma forma eficaz de guerra psicológica, que trazia terror e pânico para os civis em terra.

Em 1939, as forças armadas alemãs foram utilizadas em uma guerra definida por ideais e por uma profunda determinação de voltar a colocar a Alemanha no topo das nações internacionais, para restaurar o orgulho do país e de seus cidadãos, e para substanciar um senso de superioridade proclamado por sua liderança nacional. Tendo sido dito que tinha sido traído pelo Alto Comando Alemão, em 1918, a vasta massa da população acreditava nas distorções da verdade, nas promessas inalcançáveis da liderança nazista e seguiu seus senhores políticos até a guerra, na falsa crença de que os erros seriam corrigidos e os ditames injustos dos Aliados vencedores poderiam ser derrubados

GRANDES ESTRATÉGIAS

O ataque alemão à Polônia, em setembro de 1939, fazia parte de um plano maior para expandir sua influência para o Leste, eventualmente, absorvendo grandes partes da União Soviética e a maioria dos territórios a oeste das Montanhas Urais. O grande esquema previa o uso do povo eslavo como mão-de-obra escrava em fazendas e assentamentos ocupados e administrados por alemães, a quem seriam dadas estas terras para despovoar as cidades industriais do país. Hitler recuou com a urbanização da Alemanha e a superlotação em megacidades, e estabeleceu grandes planos governamentais de expansão para o Leste, para alcançar o *lebensraum* - 'espaço vital' - definindo um limite para o número de pessoas que poderia habitar uma determinada área urbana. Desde os primeiros dias do regime, depois de Hitler ter sido nomeado chanceler, em janeiro de 1933, todo o planejamento nazista tinha se concentrado nessa única diretriz.

Descontentes pelo que consideravam um ajuste ilegal de fronteiras nacionais e terras prescrito pelo Tratado de Versalhes, de 28 de junho 1919, os nazistas planejavam retomar as áreas ocupadas pelos beneficiários das conversações de paz que haviam terminado com a Primeira Guerra Mundial. Nesse sentido, eles tinham alguma legitimidade; o Tratado de Versalhes nunca havia sido ratificado pelo Senado dos EUA, um fato que minou, tecnicamente, sua autoridade. Assim, quando as tropas Aliadas ocuparam a Renânia, de 1920 a 1930, o descontentamento foi alimentado entre os alemães através do país - algo que acabou por trazer votos adicionais para Hitler nas eleições democráticas realizadas entre 1928 e 1933.

No entanto, os planos estratégicos dos nazistas eram óbvios apenas para alguns dos poucos políticos astutos em toda a Europa e nos EUA. A justificativa moral para as pesadas reparações impostas à Alemanha no pós-guerra foram legitimadas pelo julgamento de que a Alemanha Imperial havia sido responsável pela catástrofe de 1914. O apoio ao Tratado de Versalhes foi, portanto, baseado neste aspecto e não nas nuances legais de protocolos e codicilos. Assim, a Alemanha, sob o regime do Partido Nazista de Hitler, foi efetivamente isolada da opinião mundial - o ostracismo apenas capacitou os extremistas a desfazer o que viam como injustiça e a corrigir os erros infligidos a seu país por seus oponentes.

O objetivo dos nazistas, a longo prazo, não era muito diferente do objetivo da República quando o Kaiser abdicou e fugiu para a Holanda por segurança, em 1918. Tomando o nome da cidade em que o governo pós-imperial foi constituído, a República de Weimar tentou manter unido o país fraturado. Esta não foi uma ideia ruim, já que, nos anos 1920 houve uma prolongada guerra civil entre os nacionalistas de extrema-direita - representados pela veterana organização Stahlhelm, Bund der Frontsoldaten ("Capacete de aço, Liga dos Soldados de Frente", ou SBF, resumindo) - e a ideologia comunista inicialmente exportada da União Soviética, em 1919, por Rosa Luxemburgo e os Spartacistas.

A este objetivo central de corrigir os "erros" e colocar a Alemanha de volta na vanguarda da política europeia, com uma estridente ideologia nacionalista, uniu-se o rearmamento clandestino, que começou muito antes da chegada de Hitler ao poder. Isto é uma parte importante da história da guerra aérea e tem sido subestimada em muito que foi escrito sobre a ascensão da Luftwaffe. Longe de ser uma construção dos nazistas, depois de terem alcançado o poder em 1933,

O INÍCIO DA GUERRA AÉREA 13

Em setembro de 1939, Hitler posa para uma foto de propaganda enquanto suas tropas se deslocam para a Polônia, as quais, em breve, seriam confrontadas pelas tropas soviéticas que invadiam a partir do Leste. Arquivo David Baker

durante mais de uma década, o rearmamento da Alemanha esteve em curso através de acordos secretos com os italianos e, paradoxalmente, com os russos.

Desta forma, as capacidades supremas da Luftwaffe, que desencadearam tais poderios militares na Polônia em 1939, estavam em gestação há pelo menos 17 anos - produto de uma determinação para deixar a Alemanha pronta para qualquer eventualidade que poderia dar a chance de elevar sua estatura mais uma vez. Após o colapso imediato da ordem, com o fim da Primeira Guerra Mundial, a Alemanha começou a reconstruir o poder aéreo que havia usado para tal efeito naquele conflito. Este não era o caso em outros países. Como veremos, na Grã-Bretanha havia um clamor por desmantelar a Força Aérea Real como um fardo desnecessário para o governo e ela foi salva apenas pelos poderes persuasivos de Winston Churchill e outros. Na Alemanha, pelo contrário, o poder aéreo foi reconhecido como um elemento essencial para dissuasão, defesa e ação ofensiva das forças terrestres.

Assim, o desejo de manter uma capacidade de guerra aérea empurrou ambos, a República de Weimar e a União Soviética, em um acordo cooperativo que viu a futura URSS fornecer um santuário para as elites de treinamento militar de guerra. Em troca, a Rússia recebeu grandes estoques de maquinários, instalações fabris e unidades de produção de fábricas da Alemanha, numa época em que tais exportações eram proibidas. A magnitude dessa troca ainda estava em evidência na década de 1980 em várias fábricas de máquinas russas, onde se observava a existência de maquinários envelhecidos e com a marca Krupp neles - o gigante alemão do armamento - que foram entregues à Rússia nos anos 20 e início dos anos 30.

A agitação civil na Alemanha ajudou a vetar essas exportações e intercâmbio em movimento e, em troca, os alemães enviaram especialistas em guerra terrestre e aérea para a União Soviética para desenvolver suas aeronaves e treinamento, o que muitos alemães acreditavam que seria a justa restituição de seu lugar nacional no mundo.

Sucessivos governos alemães fizeram vista grossa a estas atividades, que estavam em flagrante contravenção ao Tratado de Versalhes ou, tacitamente, toleraram essa atividade. Na Rússia, Tomsk tornou-se o centro da guerra de tanques e gás e Lipetsk era o lar para o treinamento da próxima geração de pilotos de combate alemães.

PREPARATIVOS SECRETOS

Situada a menos de 240 milhas ao sul de Moscou, Lipetsk era um local ideal para o treinamento secreto de pilotos alemães. O acordo para utilizá-lo para este fim foi assinado em 15 de abril de 1923. Para os soviéticos, era uma oportunidade de ganhar experiência com os alemães; para os alemães, foi uma oportunidade de preservar as habilidades dos pilotos, observadores e artilheiros que deram uma contribuição tão importante na Primeira Guerra Mundial. Com o tempo, o inventário aumentaria para incluir várias dúzias de aeronaves, principalmente treinadores, alguns caças e bombardeiros leves, com uma crescente ênfase nas armas - tanto seu desenvolvimento como sua integração nas capacidades aéreas.

Proibido de operar uma força aérea ofensiva, o tão reduzido exército alemão, o Reichswehr, também foi impedido de apoiar o desenvolvimento de aeronaves ofensivas. Essas condições foram relaxadas em 1922, quando o país foi autorizado a produzir aeronaves civis - aviões de transporte, aviões de linha aérea e treinamento para pilotos de aeronaves comerciais. Assim, começou uma cultura de projetar aeronaves que poderiam ser facilmente convertidas para fins militares e o envio de pilotos para a Rússia para treinamento. Além disso, a Rússia negociou a exportação desses tipos "civis" de aeronaves e montou fábricas para produzi-las na URSS.

Em vários aspectos, a Alemanha compartilhou com a Rússia um sentimento de alienação em relação ao resto do mundo. A Alemanha era considerada um pária, culpada pelo recente conflito, e a Rússia estava em tumulto após a derrubada do Czar em favor do bolchevismo. Como resultado, ambos os países foram penalizados: à Alemanha foram negados projetos militares avançados e a Rússia foi politicamente isolada e excluída de mercados globais.

Mas, havia mais do que isso no relacionamento. O fabricante de aviões alemão Junkers começou a produzir aeronaves na Rússia já em 1922, a partir de uma fábrica em Fili, Moscou Ocidental e, no final da década, a Heinkel exportou muitos tipos de aeronaves de sua unidade de produção em Warnemünde, no nordeste da Alemanha, enviando-os para Sevastopol e a outros lugares da URSS. Tudo isso, mais tarde, proporcionaria à Alemanha um início forte no desenvolvimento mais aberto e formal da Luftwaffe sob a liderança de Hitler, também forneceu uma base a partir da qual os fabricantes desenvolveriam uma nova geração de aeronaves de combate.

Quando a Itália abraçou o fascismo com Benito Mussolini, a partir de 1924, os pilotos treinados para voar na companhia aérea alemã Luft-Hansa foram enviados para a Itália para conversão de caças antes de serem devolvidos à Alemanha, para retomar suas funções como pilotos de linha aérea. Deve ser observado, entretanto, que esta prática só acelerou, realmente, no período depois que Hitler chegou ao poder, em 1933, e antes que a Luftwaffe fosse oficialmente formada, dois anos mais tarde. Um dos destaques entre o grupo de pilotos que se submeteram a este treinamento foi Adolf Galland, que acabou por se tornar o General der Jagdflieger ("General dos Pilotos de Caça") durante a guerra.

Em Lipetsk, com as restrições à aviação alemã, a indústria e até mesmo as capacidades das forças armadas foram reduzidas, o governo de Weimar começou a aposentar seu interesse em financiar as instalações. No momento em que Hitler chegou ao poder, o centro de treinamento era carente de alemães. No entanto, haviam sido aprendidas lições que, quando combinadas com o progresso no projeto e engenharia de aeronaves em casa, deram à Alemanha uma capacidade, pelo menos, tão avançada tecnicamente quanto a de outros países europeus e da Grã-Bretanha.

Assim como o treinamento e o intercâmbio com a Rússia beneficiaram a disponibilidade sustentada de pessoal e métodos de treinamento, os fabricantes ganharam uma vantagem na desconcentração, longe das restrições sobre o que era permitido dentro da própria Alemanha. Isto foi crucial, já que muitos dos antigos construtores de aeronaves da guerra de 1914-18 tinham desaparecido ou foram ressuscitados com nomes diferentes. Desapareceram Albatros, Aviatik, Gotha, LFG Roland, LVG e Siemens-Schuckert. Em seus lugares vieram Junkers (formada em 1915), com fábricas na Suécia, Rússia, Turquia e Dinamarca; Dornier, com instalações na Suíça, Itália, Japão e Holanda; e Heinkel, com uma fábrica em Travemünde, no norte da Alemanha, cumprindo ordens dos EUA, Suécia e Japão.

Outros fabricantes surgiram das equipes de projeto e proprietários de empresas que foram extintas ao final das hostilidades em 1918. Notável entre eles estava, sem dúvida, o mais famoso de todos os fabricantes alemães de aeronaves, Bayerische Flugzeugwerke (BFW). Esta empresa foi formada em Augsburg, em 1926 e, um ano depois, empregou Willy Messerschmitt, o designer que deu nome a uma série de aviões de caça que constituiriam a base da Luftwaffe durante toda a Segunda Guerra Mundial.

Brilhantes em seus próprios campos de projeto e engenharia aeronáutica, estes fabricantes alemães, como seus homólogos estrangeiros (tais como Avro, Bristol, Handley Page, Hawker e Supermarine no Reino Unido, e Boeing, Curtiss, Consolidated e North American nos EUA) buscavam aplicações especializadas. A Junkers e a Heinkel, por exemplo, concentravam-se em aeronaves de transporte de médio e grande portes, que poderiam ser facilmente adaptadas como bombardeiros, enquanto a Dornier desenvolveu pequenos e médios bombardeiros e a Messerschmitt construiu aeronaves de treinamento e usou suas habilidades naquele setor para desenvolver combatentes poderosos logo após a chegada de Hitler ao poder. Entretanto, nenhuma quantia de dinheiro injetada no desenvolvimento e na produção poderia compensar a falta de infraestrutura porque os recursos essenciais eram vitais para produção e entrega. Isso se tornou uma prioridade máxima para o governo nazista quando chegou ao poder efetivo, em 5 de março de 1933, depois que Hitler persuadiu o presidente Hindenburg a dissolver o parlamento. Fornecer à indústria os meios para o rearmamento da Alemanha veio depois da estabilização da economia e isto se tornou uma condição prévia a partir daquela data.

Nos anos anteriores, a economia alemã havia falhado com sua população, levando-a, por uma sucessão de crises econômicas, à miséria. A produção industrial era cerca da metade do nível pré-crise de 1928 e o desemprego atingiu seis milhões, com uma em cada três pessoas em idade de trabalhar desempregada. Até 1937, no entanto, esses números de trabalhadores haviam sido reintegrados à fabricação e produção com o aquecimento industrial. Em contrapartida, o desemprego na Grã-Bretanha em 1937 era de 10% (70% em algumas áreas do nordeste) e nos EUA, quase 20%. Os nazistas despejaram mais de cinco bilhões de Reichsmarks (marcos alemães) na criação de empregos, e projetos militares permaneceram secundários em relação aos projetos civis até o final de 1934, em grande parte porque o Reichswehr (Defesa da Nação) não conseguia ver uma maneira rápida de obter o mesmo retorno para a economia comparado ao investimento em projetos não-militares.

A partir de 1935, o rearmamento tornou-se uma prioridade máxima, mas, também aqui, Hitler insistiu que as despesas deveriam estender-se ao emprego e não apenas às máquinas para guerra. Afinal, foi o programa de empregos dos dois anos anteriores que estimulou a economia e fez crescer os cofres para pagar por novas armas. Em 1935, a produção industrial havia voltado aos níveis de 1928 e a escassez de mão-de-obra qualificada foi um dos fatores limitantes para a expansão das forças armadas, não o dinheiro ou os recursos materiais. Na verdade, a parte dos gastos com armamentos cresceu desproporcionalmente, passando de 4% dos gastos em 1933 a 18% em 1934 e 39% em 1936. Em 1938, as despesas seriam superiores a 50%.

No entanto, esta mudança na direção dos gastos deficitários teve um efeito sobre as políticas de gastos nacionais de longo prazo, quando o país começou a gastar mais do que sua capacidade de crescimento autossustentado. A função pública já havia sido doutrinada em novas formas de econometrias (os funcionários receberam cursos de 'reciclagem' de três meses em escolas especiais) e o governo avançou para o planejamento da expansão territorial de modo a adquirir os recursos de terras estrangeiras. A partir de 1937, o esforço de rearmamento da Alemanha tornou-se não apenas outro programa de empregos, mas, também, um fator vital ao objetivo do Terceiro Reich de Hitler.

Você pode perguntar, como tudo isso é relevante para o uso maciço do poder aéreo de 1939? Durante décadas, economistas e historiadores militares têm tentado explicar como a Alemanha foi capaz de elevar o consumo e gerar tantos empregos em um período de tempo tão curto - um tópico que tem alimentado algumas controvérsias. Em resumo, o curto prazo da política monetária nazista pagou pelo crescimento do poder terrestre, marítimo e aéreo, ao preço de uma economia potencialmente falida. Se a Alemanha não tivesse ido à guerra quando o fez, a economia teria entrado em colapso em 1942. Isto foi antecipado e é por isso que houve uma urgência renovada em 1937 para desenvolver capacidades inatacáveis para as guerras terrestres, marítimas e aéreas e a aquisição de recursos pela força em outros lugares.

CONSTRUINDO UMA FORÇA AÉREA

Sob o governo nazista, o desenvolvimento da indústria aeronáutica alemã cresceu significativamente, o número de funcionários na fabricação de aeronaves aumentou de menos de 4.200 em 1933 para quase 54.000 em 1935, dos quais, 70% estavam construindo aviões, os demais, fabricando motores. Era uma força que começou em níveis muito baixos. Um plano de 1928 previa 15 Staffeln - o equivalente alemão de um esquadrão - com um total de 102 aeronaves. Quando Hermann Göring formalmente anunciou a existência oficial da nova Luftwaffe, em 1º de março de 1935, a Alemanha tinha 34 Staffeln, dos quais, 13 estavam equipados com bombardeiros e quatro com caças. O serviço militar universal foi introduzido em 16 de março e, em 1º de outubro de 1936 havia 89 instalações de treinamento e escolas de aviação em todo o país.

LIDERANÇA DA LUFTWAFFE

Hitler assinou a ordem que autorizava a inauguração oficial da Reich Luftwaffe em 26 de fevereiro de 1935, com Herman Göring como General da Luftwaffe e, em última instância, responsável por sua organização, equipamentos e operação. Nascido em 1893, Hermann Göring havia sido mesmo um ás do ar na Primeira Guerra Mundial, com 20 vitórias a seu favor (embora três sejam contestadas).

O grupo aéreo (Jagdgeschwader 1) e seus quatro Jagdstaffel (esquadrão de caças) que Göring herdou, tinha sido anteriormente organizado e comandado por Manfred von Richthofen - o famoso 'Barão Vermelho', que foi morto em abril de 1918 depois de se tornar o piloto com maior pontuação nessa guerra, com 80 vitórias verificadas. Também chave para o estabelecimento da Luftwaffe e implícito em muitas das decisões relativas ao equipamento está outro ás da Primeira Guerra Mundial, Ernest Udet, nascido em 1896. Udet havia conseguido o segundo maior registro de vitórias, 62 abates, e durante o período entre guerras fez o seu nome como piloto, realizando exibições públicas, acrobacias em shows aéreos e operando como um piloto de acrobacias para muitos filmes. Mais tarde, foi culpado por Göring pelo fracasso da Luftwaffe na Batalha da Grã-Bretanha, em 1940 e, um ano depois, suicidou-se.

Mais um ex-aviador da Primeira Guerra Mundial, Erhard Milch (nascido em 1896), desempenhou um papel importante na liderança da Luftwaffe, tornando--se Secretário de Estado do Ministério da Aviação ou Reichsluftfahrtministerium (RLM) em 1933 e orquestrando o estabelecimento da Luftwaffe.

Assim, sob liderança de Göring, Udet tomava decisões sobre equipamentos e Milch estava a cargo da produção de aeronaves. Nesta posição de poder, Milch usou a política para ajustar contas antigas com os fabricantes e interferir na seleção de certos projetistas, notadamente sendo contrário a Willy Messerschmitt, até que ele mesmo ficou ultrapassado. Acusado de ser um criminoso de guerra em 1947 e condenado à prisão perpétua, Milch foi libertado em 1954 e morreu em casa em 1970.

A juventude alemã estava pronta para o chamado às armas. Desde o fim da guerra, em 1918, os jovens tinham sido atraídos por uma variedade de atividades enérgicas. Em um país onde atividades ao ar livre, como caminhadas, ginástica e jogos de equipe se tornaram uma parte essencial dos clubes e organizações juvenis masculinos, um número significativo havia tomado o voo livre como a única atividade "voadora" sem restrições permitida pelo Tratado de Versalhes. Como algo atípico entre todas as potências beligerantes da guerra de 1914-18, a Alemanha elevou seus aviadores ao status de heróis, os estados alemães individualmente concedendo suas próprias medalhas. Cada piloto adornaria invariavelmente sua aeronave com embelezamentos artísticos - pintura de formas geométricas altamente coloridas, bem como personagens dos contos de fadas de Grimm ao longo da fuselagem, por exemplo.

Criados em contos de heróis, muitos pilotos de caça da nova Luftwaffe tomaram como modelos seus predecessores extravagantes da guerra anterior. Um grande sentimento de orgulho nacional impregnou a nova geração, que foi muito bem-tratada. Por exemplo, os ases combatentes da primeira guerra equiparam a nova força aérea com acomodações de alta qualidade, esplêndidas estruturas arquitetônicas na sede em Berlim, e todo o deslumbramento de uma nova heráldica com uniformes personalizados e coloridos, embelezamentos em crachás das unidades. Enquanto alguns recém-chegados eram politizados, atraídos aos grandes desfiles e à cerimônia dos comícios nazistas que agitavam bandeiras, a maioria do pessoal da Luftwaffe era apolítico por natureza e outorgava seu orgulho à nação em vez de uma ideologia extrema.

Para satisfazer os requisitos de unidades voadoras, um número de *Lieferpläne* ("programa de remessas"), antecipou um cronograma de entrega para estruturas de aeronaves e motores com base no custo e na disponibilidade de recursos de apoio, tais como pessoal, tripulação de voo, aeródromos, armamentos e máquinas para manutenção e fornecimento. Estes foram continuamente ajustados para levar em conta a capacidade de produção das fábricas. Para apoiar a expansão, o governo derramou dinheiro nas fábricas filiais, às vezes, com a oposição da empresa matriz, que temia uma perda de independência. O imperativo governo superou estas preocupações desde que a seleção e a produção de projetos adequados de aeronaves foi crucial para as exigências da Wehrmacht - as forças combinadas terrestres, marítimas e aéreas.

A Luftwaffe foi gerenciada pela RLM, que fazia escolhas sobre o tipo e a quantidade de aeronaves que encomendava na produção. Como tal, teve uma relação próxima com a indústria e decidiu a estratégia de compras para diferentes tipos de aeronaves. Como o conceito nazista de blitzkrieg previa ataques relâmpagos, sem guerra prolongada ou entrincheirada, houve pouca ênfase em transportar aeronaves para abastecer as tropas envolvidas em conflitos prolongados.

Assim também aconteceu com os bombardeiros. Ênfase específica foi colocada em bombas de mergulho para pulverizar o território inimigo antes do movimento rápido de tropas de terra, um papel conduzido por aviões como o Junkers Ju-87 Stuka. Houve alguma oposição a essa obsessão com a blitzkrieg. Por exemplo, o General Walther Wever propunha os benefícios de um bombardeiro estratégico, de longo alcance, antes de sua morte em um acidente aéreo em 1936. Depois disso, os defensores dos bombardeiros de menor porte e de menor alcance, liderados pelo antigo ás aéreo da Primeira Guerra Mundial, Ernst Udet, prevaleceram, em parte com base na quantidade de recursos necessários para construir uma aeronave muito grande em comparação com aquelas aeronaves mais leves – a premissa mais difícil era projetar uma frota eficaz. No entanto, a competição de projetos, que começou antes da morte do General Wever, fez ser produzido o único bombardeiro estratégico de longo alcance empregado pela Luftwaffe, mais tarde, na guerra: o Heinkel He-177.

No geral, houve uma preocupação com os caças para proteger os bombardeiros e para suprimir os ataques inimigos, com bombardeiros leves e médios para apoiar as operações terrestres. Na medida em que as táticas eram debatidas, houve uma influência esmagadora da liderança sênior da nova Luftwaffe - homens que estavam planejando a próxima guerra como se estivessem combatendo no conflito anterior. Muitos dos mais jovens pilotos e recrutas admitidos pouco antes do início da Segunda Guerra Mundial foram treinados em novos e muitos diferentes métodos de guerra aérea, e isso gerou conflitos com os líderes seniores. Mais tarde, veremos como isso favoreceu a derrota da Luftwaffe, em 1940, durante a Batalha da Grã-Bretanha. No entanto, houve exceções, como o piloto da Primeira Guerra Mundial, Theo Osterkamp, que apoiou fortemente novas ideias sobre o combate aéreo.

Coincidentemente, este foi um momento de grandes mudanças técnicas. Para a rápida evolução da Luftwaffe, uma nova gama de capacidades - a partir dos avanços de engenharia para aplicações tecnológicas nas aeronaves - tornou-se disponível. Estes foram desenvolvimentos que influenciariam o projeto de aeronaves em outros países e serviram como um estímulo a novas e avançadas possibilidades. Em particular, a década de 1930 viu a troca dos biplanos feitos de madeira, metal e lona por monoplanos de pele rígida, totalmente metálicos, com cabines de pilotagem fechadas e trens de pouso retráteis que substituíram os *cockpits* abertos e trem de pouso fixo. Novos e cada vez mais complexos sistemas hidráulicos, pneumáticos e elétricos também foram introduzidos, e a potência do motor aumentou muito.

No final da Primeira Guerra Mundial, a potência para motores rotativos, radiais e em linha era tipicamente 150-400 hp, com aeronaves capazes de velocidades máximas de 150-200 mph. Dentro de 15 anos, motores de 750-1.000 hp estavam sendo desenvolvidos e a nova geração de caças monoplanos poderia atingir velocidades superiores a 350 mph. Entretanto, novos conceitos e projetos de engenharia avançada trouxeram atrasos, com as falhas sendo eliminadas e o desenvolvimento contínuo levando a uma rápida redundância. Como um caso em questão, o logo famoso Messerschmitt Bf-109 - um exemplo da nova geração - fez seu primeiro voo em 1935, mas teve que voar com um motor britânico Rolls-Royce Kestrel porque o motor Junkers Jumo 210 designado não estava pronto. O modelo atingiu unidades operacionais em 1936, com seu motor Jumo colocado, mas que logo foi mudado para um Daimler Benz DB 605, com injeção de combustível e uma potência de 1.450 hp.

MARCAS NOS AVIÕES ALEMÃES

A insígnia nacional alemã era a Balkenkreuz, uma cruz em linha reta, que foi apresentada de várias formas, em diferentes aeronaves, com sólidas barras ou um interior aberto. O símbolo político nacional do Partido Nazista, a Hakenkreuz, ou suástica, era transportada apenas nas superfícies verticais da cauda. Além disso, cada aeronave apresentava marcações de unidades para identificar sua expedição e, também, ostentava as marcações de seu comandante.

Os esquemas de camuflagem variavam muito e refletiam os diferentes ambientes operacionais, temperados ou tropicais, e a principal hora de escuridão ou de luz, dependendo se o modelo era designado para as tarefas diurnas ou noturnas.

A nova geração de aviões de combate e apoio alemães deveria receber uma avaliação durante a Guerra Civil Espanhola, quando as unidades Luftwaffe foram implantadas sob a famosa Legião Condor. Para este conflito, as marcações nacionais alemãs foram substituídas por uma cruz branca formada por barras diagonais sobre um campo negro. Os nacionalistas do General Franco pediram ajuda aos fascistas da Itália e nazistas da Alemanha logo após o golpe militar de

17 de julho de 1936. A contribuição ostensivamente encoberta feita por esses países introduziu o mundo ao novo horror do poder aéreo mecanizado, sendo condenada internacionalmente pelo atentado de Guernica, em 26 de abril, em que bombardeiros alemães Heinkel He-111 e aviões de transporte Junkers Ju-52 adaptados mataram várias centenas de civis, incluindo mulheres e crianças.

Muitos aviadores da Luftwaffe ficaram horrorizados com a destruição irresponsável de Guernica e a carnificina infligida a civis inocentes. Como Oberleutnant Harro Harder lembrou:

"Hoje voamos para Guernica. Ela foi totalmente destruída, e não pelos Vermelhos, como todos os jornais locais relatam, mas por bombardeiros alemães e italianos. É a opinião de todos nós que foi um truque podre para destruir uma cidade tão sem importância militar... Há, certamente, mais milhares mortos sob os escombros, vítimas desnecessárias. Em todos os lugares há fumaça, escombros, crateras de bombas e fachadas vazias".

Os combates no ar, incluindo bombardeios, tiveram um distanciamento mais sutil da feiura da guerra terrestre; sucessores aéreos dos cavaleiros de um heráldico passado, pilotos de caça se engajaram como voluntários enviados para a luta e se distanciaram dos horrores cruéis do sangrento combate corpo a corpo. Estes jovens conduziam suas disputas aéreas com profundo respeito uns pelos outros, como companheiros de combate, compartilhando a exposição à dureza do combate moderno, mas carregando em seus ombros o manto de um código atemporal. Foram um dos produtos fascinantes da guerra aérea que foram poupados da culpa de genocídio ao mesmo tempo em que traziam morte e destruição a inúmeros civis. Depois da guerra, os antigos antagonistas expressavam causa comum e profundo respeito por seus oponentes - sentimentos que eram mais difíceis de encontrar entre as tropas terrestres.

Para os alemães, a participação na Guerra Civil Espanhola proporcionou pouco na forma de desenvolvimento de táticas e estratégias apropriadas para estas aeronaves novas e mais capazes quando se trata de engajar adversários. No entanto, trouxe repulsa universal pelo uso indiscriminado da força e as consequências da guerra aérea na era 'moderna'. Quando os acontecimentos de Guernica foram relatados em jornais de todo o mundo, este evento, mais do que qualquer outro, serviu como um cartaz de recrutamento de voluntários para lutar ao lado dos republicanos. Estes, os opositores políticos de Franco, foram abertamente apoiados por aeronaves da União Soviética, que foram relativamente ineficazes em comparação com o último equipamento alemão. A luta contra os aviões alemães serviu, no entanto, para dar a Joseph Stalin uma medida das capacidades alemãs.

Do lado alemão, os eventos na Espanha podem não ter acrescentado muito valor ao desenvolvimento de táticas operacionais, mas estimularam o desenvolvimento do Bf-109 em uma máquina de combate pleno, que foi, posteriormente, utilizada contra a Força Aérea Polonesa, em 1939. Isto e a experiência de guerra real adquirida pela nova geração de pilotos de caças alemães proporcionou uma vantagem para a Luftwaffe sobre as frotas aéreas que enfrentariam nos próximos meses.

Entre os aviadores alemães, um punhado de pilotos começou a acumular vitórias sobre seus oponentes republicanos e russos. Johannes Trautloft, por exemplo, ganhou cinco vitórias aéreas e explorou ao máximo o potencial do Bf-109. Ele lembrou:

"Finalmente, o 109 está pronto. Entretanto, não há um instrutor ou especialista para verificar... A decolagem, certamente, é incomum, mas assim que estou no ar, me sinto em casa no novo pássaro. Suas características de voo são fantásticas. Quando estou no ar, encontro um caça italiano Fiat acima do aeroporto. Até agora, o Fiat foi considerado o mais rápido de todos os caças de Franco, mas o ultrapasso em um momento, deixando-o muito para trás".

Outros pilotos, também, começariam sua ascensão meteórica para a fama, voltando das realizações na Espanha. Entre eles estava Werner Mölders, que reivindicou 15 vitórias, e Adolph Galland, que adquiriu informações valiosas sobre táticas e as exigências de uma unidade móvel de combate, para a qual faria campanha de volta a Berlim, antes do ataque à Polônia. Além disso, a participação na Guerra Civil proporcionou aos jovens pilotos exemplos práticos de como não conduzir a guerra aérea.

Foi assim que, quando a Alemanha atacou a Polônia, em 1º de setembro, ela tinha uma força aérea composta por pilotos qualificados, técnicos capacitados e tripulação em terra, juntamente com uma experiência em como operar aeronaves de combate modernas em uma situação de ataque.

CAPÍTULO 2

Blitzkrieg Desencadeada

COMO UM PAÍS, a Polônia havia deixado de existir em 1793, quando o território que estava anteriormente sob a liderança do estado polaco-lituano foi absorvido pelo Império Austro-Húngaro. No entanto, seu povo tinha um legado orgulhoso e possuía firmes crenças de que voltaria a ser um país reconhecido. Enquanto isso, várias áreas de terras polacas estavam sob o controle da Alemanha, Áustria-Hungria e a Rússia. Quando eclodiu a Primeira Guerra Mundial, como um incentivo à lealdade à Tríplice Aliança, tanto a Alemanha como a Áustria se comprometeram a ressuscitar o país como um Estado independente. Isto aconteceu em 1916, embora a terra fosse disputada tanto pela Alemanha como pela Rússia, e o Tratado de Versalhes tivesse reinstituído o país como um Estado independente.

Durante este reajuste de territórios após a Primeira Guerra Mundial, a Polônia adquiriu áreas significativas de antigas terras alemãs, incluindo uma região que antes estava sob o domínio prussiano. Após o Tratado de Versalhes, a Prússia Oriental foi cortada por uma lasca de terra presenteada à Polônia e conhecida como o Corredor Polonês, isolando a cidade livre de Danzig. Esta terra permitiu que a Polônia tivesse um porto no Báltico, mas separou Danzig da Alemanha, apesar dos alemães formarem a maioria de sua população. Os alemães exigiram que Danzig fosse reincorporada ao Reich e que o acesso direto à terra fosse concedido à Prússia Oriental, o que os poloneses se recusaram a aceitar. Em uma série de provocações encenadas, Hitler orquestrou um golpe em que atacou a Polônia com o pretexto de defender os interesses da maioria em Danzig.

Na realidade, Hitler havia se comprometido a apagar a Polônia como um Estado independente, remover todas as formas de identidade nacional e dividir suas terras entre a Alemanha e a Rússia, acordado sob um expediente temporário para remover qualquer senso de ameaça e para minimizar o risco da URSS atacar a Alemanha. Sob a *Fall Weiss* ("Caso Branco"), Hitler arriscou drasticamente e implantou 60 divisões - o grosso do exército alemão - nas fronteiras polonesas, deixando as áreas limítrofes com a França e os Países Baixos relativamente desprotegidas.

PREPARANDO-SE PARA O ATAQUE

Apesar de ter deixado os preparativos para depois, a Polônia estava pronta para o ataque, mobilizando 30 divisões assim como seu braço aéreo militar (Lotnictwo Wojskowe). Este último incluía uma Brigada de Combate e uma Brigada de Bombardeiros sob o comando do Estado-Maior e da Força Aérea do Exército, que consistia em alas e esquadrões individuais designados para sete comandos de exércitos poloneses. A Brigada de Caças ostentava 53 aeronaves em cinco esquadrões, que foram designados para proteger Varsóvia de ataques. A Brigada de Bombardeiros tinha 36 bombardeiros médios e leves.

No total, a Polônia conseguiu reunir 404 aeronaves de linha de frente, das quais apenas 308 tinham qualquer valor operacional. Cerca de 128 caças tinham menos de cinco anos de uso, eram resistentes, confiáveis e possuíam boas qualidades de manuseio, mas a preocupação era seu desempenho limitado em comparação com as unidades aéreas alemãs, e a falta de experiência e preparação geral da tripulação. Junto com 114 tipos de bombardeiros de reconhecimento leves, dificilmente capazes de boas performances, o equipamento estava bem abaixo do nível necessário para lutar contra a Luftwaffe.

A indústria aeronáutica polonesa que havia surgido após a Primeira Guerra Mundial demorou a produzir resultados, embora os projetos poloneses fossem tecnicamente capazes de atender às exigências da indústria, esta não foi capaz de obter os recursos necessários. No entanto, a indústria era enérgica e prolífica, produzindo um total de 4.100 aeronaves entre 1918 e 1939. Infelizmente, para as necessidades domésticas, no entanto, um grande número delas foi vendido a usuários estrangeiros, deixando os militares com números inferiores aos desejados. Pior ainda, no final dos anos 30, a indústria da aviação empregava menos de 13.000 pessoas.

No lado alemão, a formação de combate da Luftwaffe compreendia as Luftflotten (frotas aéreas) 1 e 4. No total, havia 1.538 aeronaves de combate, incluindo 339 caças Bf-109, 82 caças bimotores Bf-110 e 258 caças Stuka Ju-87. O resto era composto por bombardeiros Heinkel He-111 e Dornier Do-17 e um único Staffel (esquadrão) de aeronaves de ataque terrestre Henschel Hs-123. Atrás destes, havia

102 Bf-109 adicionais, anteriormente destinados à defesa doméstica, com 202 aeronaves atribuídas a unidades do exército em funções de apoio terrestres. No total, havia 1.942 aeronaves com mais de 100 recompletamentos trazidos antes da campanha estar terminada.

ORGANIZAÇÃO DA FORÇA AÉREA ALEMÃ

A Luftwaffe passou por várias mudanças estruturais em termos de como as diversas unidades foram organizadas no período que antecedeu o início da guerra, em 1939. Sua forma final, em 1939, eram quatro Luftflotten (frotas aéreas): Nº 1 no nordeste da Alemanha; Nº 2 no noroeste; Nº 3 no sudoeste; Nº 4 no sudeste da Alemanha e Áustria. Algumas foram acrescentadas mais tarde, na guerra: Nº 5 (Noruega, Finlândia e norte da Rússia), a partir de 1940; Nº 6 (Rússia Central), em 1943; Luftflotte Reich (defesa aérea doméstica), a partir de 1944; Nº 10 (substituição e treinamento), em 1944.

No centro desta organização estavam os Staffeln (esquadrões), cada um continha até 12 aeronaves identificadas por numerais árabes (1, 2, 3, 4, etc.). Gruppen (grupos) eram, inicialmente, compostos de três Staffeln e um total de 30-40 aeronaves, identificadas com numerais romanos (I, II, III, etc.). Gruppen eram organizados em Geschwader (alas), com numerais árabes, mas prefixados por uma palavra que indicava caça (Jagd), bombardeiro (Kampf), transporte (Transport) ou caça noturno (Nacht), etc. Assim, um Geschwader de caça era chamado Jagdgeschwader e seria identificado com o prefixo abreviado JG, e uma unidade de bombardeio era um Kampfgeschwader, abreviado por KG.

A estrutura organizacional e o complemento de cada grupamento cresciam à medida que a guerra avançava. Enquanto o Gruppen permaneceu a unidade mais básica e autônoma na Luftwaffe, à medida que os eventos se desdobravam individualmente, o pessoal seria separado ou poderia ser designado para outros Gruppen, em uma frente de guerra diferente.

VARSÓVIA SOB ATAQUE

O primeiro compromisso ar-ar ocorreu logo após às 7h00 da manhã, horário local, no dia 1º de setembro de 1939, quando três Stukas encontraram três caças poloneses decolando do aeroporto secreto de Balice, perto de Cracóvia. O Capitão (Capit) Medwecki, comandando a Ala do Exército de Cracóvia, tornou-se a primeira vítima aérea do ataque à Polônia. Os outros dois caças poloneses ascenderam para atacar dois bombardeiros Do-17, retornando de um bombardeio em Cracóvia, e um sofreu vários golpes antes de perder o contato e retornar ao seu aeroporto, sem saber que os dois bombardeiros haviam colidido e caído perto da vila de Zurada.

Em outros lugares, apesar do mau tempo dificultar as operações e manter alguns caças alemães no solo por um tempo, Varsóvia foi o principal foco do ataque. Os Heinkels bombardearam a capital antes de se voltarem para os aeroportos poloneses, fábricas e entroncamentos ferroviários. Alguns Stukas atacaram trincheiras e desobstruíram estradas para tropas de terra, enquanto outros aviões se voltaram para a retirada de civis e desobstrução das rotas para tanques alemães.

No total, neste primeiro dia, cerca de 30 operações do Gruppen foram concluídas com o foco do ataque aéreo concentrado em Varsóvia. A observação bem-organizada das redes de contatos forneceu aos polacos avisos prévios sobre como as frotas de bombardeiros viriam para a capital, permitindo que fossem interceptados pela força total de 52 aviões de caça de defesa. Isto se mostrou eficaz. Seis Heinkels foram abatidos ao custo de um caça polonês, a determinação estoica dos pilotos que chegaram de surpresa nos alemães fez com que eles se afastassem do alvo para escapar da retaliação. Também, durante este engajamento, o Segundo Tenente (2º Lt) Borowski abateu um Bf-109, o primeiro deste tipo perdido durante o ataque à Polônia.

Na tarde do primeiro dia, os combates pesados concentraram-se em torno do segundo ataque aéreo em Varsóvia, quando caças Bf-110 e Bf-109 escoltavam bombardeiros Heinkel e foram atacados pela Brigada de Caças, que conseguiu chegar aos bombardeiros antes destes atingirem seus objetivos. Quatro caças poloneses foram abatidos no conflito, os primeiros ataques da Luftwaffe na guerra.

O principal caça operado pela Força Aérea Polonesa era o PZL P.11c, um monoplano de asa alta, com um trem de pouso fixo e cockpit aberto, projetado no início da década de 1930, que tinha duas ou quatro metralhadoras. Com uma velocidade máxima de 240 mph, não era páreo para o novo e elegante Bf-109, embora este desempenho deficiente tenha sido, em certa medida, compensado pela determinação de luta dos pilotos poloneses. Eles pareciam destemidos e com uma intensidade que, frequentemente, abalava os confiantes pilotos de caça da Luftwaffe, estes homens mostraram uma determinação inesperada em resistir ao agressor. Menos de um ano depois, esta coragem foi, mais uma vez, testada, quando os pilotos poloneses desempenharam um papel fundamental durante a Batalha da Grã-Bretanha sobre o sudeste da Inglaterra.

No entanto, em Varsóvia, os civis estavam suportando os horrores dos bombardeios que já haviam sido experimentados pelos cidadãos de Guernica. Na capital polonesa, a ferocidade do assalto aéreo foi apoiada por uma intensa campanha terrestre desenvolvida pelo General Franz Halder e dirigida pelo General Walther von Brauchitsch. O ataque principal foi comandado pelo Coronel-General (Col-Gen) Gerd von Rundstedt, com uma segunda incursão liderada pelo Col-Gen Fedor von Bock e apoiada por um ataque terciário das unidades do Grupo do Exército Sul das forças terrestres aliadas vindas da Eslováquia. O plano era que os três convergissem para Varsóvia e tomassem a capital. Mas, isso levou algum tempo.

Durante os dias seguintes, a Luftwaffe mudou de tática e usou pequenas concentrações de aeronaves rápidas para cruzar a frente em várias direções. Isto funcionou até certo ponto, embora os caças poloneses tenham conseguido abater 47 aeronaves inimigas até 6 de setembro. E mais, enquanto as linhas de comunicação polonesa foram interrompidas ou destruídas por aeronaves Luftwaffe, o rápido movimento de unidades terrestres alemãs sob esta primeira demonstração de blitzkrieg tornou difícil distinguir o amigo do inimigo - uma lição que seria levada, posteriormente, para a Europa Ocidental, na primavera seguinte.

A ação dos poloneses em defesa de seu país também foi comprometida pela declaração de guerra contra a Alemanha feita pelo governo britânico em 3 setembro, dois dias depois da Alemanha ter lançado seu ataque sem aviso prévio. A participação britânica era inevitável, dado que o país tinha assinado um acordo em 31 de março de 1939, comprometendo-se a "emprestar ao governo polonês todo o apoio em seu poder" se a Alemanha atacasse, mas, na verdade, fornecer esse "apoio" era um problema. A localização geográfica da Polônia dificultava o apoio militar em terra, e a aérea exigia que a Grã-Bretanha atacasse a Alemanha pelo Oeste. Em princípio, isto estava bem - a Alemanha estava a apenas 30 minutos de voo das bases da RAF, na Inglaterra – e houve algumas discussões no Ministério da Aeronáutica, em Londres, sobre alvos de bombardeio no nordeste da Alemanha, a oeste da região industrial do Ruhr. No entanto, apesar dessas ações terem acontecido, elas não influenciaram as ações dos alemães no Leste.

A preocupação com a resposta da Alemanha ao que era, agora, uma declaração de guerra da Grã-Bretanha e da França suscitaram pedidos para que a Polônia desistisse de bombardear o território alemão, mesmo em defesa. Em vez disso, os bombardeiros poloneses se viraram contra as tropas invasoras, mas com pouco efeito. O progresso de alguns tanques perto de Radomsko, na região central da Polônia, foi influenciado pelos ataques poloneses, mas a ajuda foi prejudicada pela chegada dos Bf-109s e foi, rapidamente, despachada. Até 17 de setembro, apenas 17 das 86 aeronaves permaneceram no inventário da Brigada Polonesa de Bombardeiros. Então, seis dias depois, 420 aeronaves alemãs atacaram Varsóvia e lançaram 650 toneladas de explosivos e bombas incendiárias em três batidas.

Os russos começaram sua própria invasão da Polônia Oriental em 17 de setembro, enviando forças maciças em uma ampla frente, apoiadas por unidades de aviação que ainda estavam sendo reformuladas após as grandes purgas do final da década de 1930. Consideradas responsáveis por terem dizimado o potencial militar soviético, essas purgas também tinham removido uma geração inteira de líderes militares experientes, muitos dos quais haviam ajudado a causa comunista e lutado desafiadoramente para resistir à intenção de intervenções estrangeiras sobre a inversão da Revolução. Numericamente, a Rússia tinha uma força total de 3.300 aeronaves de combate disponíveis para a invasão do leste da Polônia, mas sem capacidades técnicas e sem experiência entre a tripulação aérea. Na época em que Hitler atacou a Rússia, em junho de 1941, a situação já tinha mudado para melhor, um pouco.

Varsóvia se rendeu às forças alemãs em 27 de setembro de 1939 e às forças russas em 7 de outubro. As perdas para todos os lados haviam sido pesadas, particularmente para os alemães e poloneses. A Polônia havia perdido 333 aeronaves, das quais, 260 eram resultado da ação inimiga. Como medida da bravura da tripulação aérea que se atirou para o combate, apenas 25 aeronaves foram destruídas no solo, o resto sendo levadas repetidamente para o ar em circunstâncias quase impossíveis. Além dessas perdas, muitos aviões de treinamento e aviões civis também foram destruídos.

Das cerca de 2.000 aeronaves utilizadas contra a Polônia, a Luftwaffe perdeu cerca de 258 aviões - 230 dos quais foram destruídos em ação pela Força Aérea Polonesa ou através de fogo no solo. Outros 263 foram danificados, dos quais cerca de 100 puderam ser reparados e devolvidos ao serviço. A Luftwaffe também perdeu cerca de 400 tripulantes aéreos e outros 120 foram feridos. No chão, 217 tanques alemães foram destruídos e 457 foram danificados, a maioria atingidos pela brigada de bombardeiros poloneses. Os poloneses tinham se saído bem.

Decididos a vingar a destruição de seu país, os aviadores poloneses fugiram para estados vizinhos encontrando seu caminho para a França e, depois, para a Inglaterra, onde fizeram uma contribuição desproporcionalmente bem-sucedida na Força Aérea Real. A história deles é contada no próximo capítulo.

A própria Polônia foi, posteriormente, atacada tanto pela Alemanha quanto pela Rússia até o início de 1945. Foi ocupada, primeiramente, pela Alemanha e pela União Soviética, depois, pelas forças nazistas, em 1941 e, depois, pelas forças soviéticas, em 1944. Permanecendo sob a influência soviética durante os próximos 45 anos. O povo polonês sofreu terrivelmente sob estes regimes durante um conflito que viu milhões de pessoas mortas em campos de concentração, em território polonês.

CAPÍTULO 3
A Ilha da Última Esperança

QUANDO A HISTÓRIA registra que a Grã-Bretanha entrou em guerra com a Alemanha por causa da invasão de Hitler à Polônia, porque tinha um pacto com aquele país, na realidade, a situação foi mais matizada e poderia ter tomado um rumo muito diferente. Profundamente preocupado com o desenvolvimento militar na Alemanha, em agosto de 1939, o primeiro-ministro soviético Joseph Stalin aprovou uma oferta à Grã-Bretanha e à França pela qual 120 divisões soviéticas, 9.500 tanques e 5.500 aviões de combate seriam enviados para a fronteira oriental da Alemanha como um obstáculo à agressão alemã se os Aliados apresentassem uma força igualmente forte sobre o flanco oeste da Alemanha.

Isto exigiria que as forças russas se movessem através da Polônia. Era amplamente conhecido que os soviéticos tinham hostilizado os poloneses desde a revolução e as relações entre os dois países eram pobres demais por medo de que significassem uma ocupação permanente. No caso, a Rússia conseguiu metade da Polônia de qualquer forma, através do pacto com a Alemanha, assinado quando todas as outras opções tinham sido esgotadas.

Bizarramente, temendo um ataque do Ocidente, Hitler fez uma tentativa vã de impedir ações da Grã-Bretanha e da França, comprometendo-se a utilizar as forças do exército alemão para proteger o Império Britânico! Nas palavras diplomáticas de um aviso entregue para os americanos: "[Hitler] aceita o Império Britânico e está pronto para se comprometer pessoalmente com sua existência contínua e colocando o poder do Reich alemão à disposição se as exigências coloniais alemãs, que são limitadas... puderem ser atendidas".

Nada disso funcionou, porém, e a Grã-Bretanha se viu em guerra com a Alemanha quando um aviso do governo britânico a Hitler, exigindo uma resposta até às 11h00 da manhã do dia 3 de setembro de 1939, não chegou a tempo. Consequentemente, nas palavras do primeiro-ministro Neville Chamberlain, "este país está em guerra com a Alemanha". A reação foi mista e imediata. Um relato equivocado de que os bombardeiros inimigos estavam a caminho, disparando sirenes de ataque aéreo, soando através de Londres, fez seus operadores serem chamados à ação por um falso alarme. No país em geral, havia um estado de prontidão maior do que muitos perceberam ou é reconhecido em muitos relatos nos períodos atuais. Isto, apesar do fato de que, em 1939 havia profunda incerteza sobre qual seria a resposta da Alemanha ou a respeito das ações que governo britânico aceitaria.

OS PRIMEIROS DIAS DA GUERRA ÁEREA NA GRÃ-BRETANHA

Com o início da Segunda Guerra Mundial, a Grã-Bretanha já tinha uma longa e orgulhosa história de aviação militar que tinha começado durante a Guerra dos Boêres, no final do século XIX, quando os balões de ar quente eram utilizados pelos Engenheiros Reais para o reconhecimento e coleta de informações. Então, em 13 de abril de 1912, o Royal Flying Corps (RFC) foi formado por um Mandado Real após deliberações do Comitê de Defesa. Operou aeronaves para apoiar o Exército Britânico no reconhecimento, com armas de fogo, em operações em um momento em que o país via suas forças terrestres como expedicionárias em vez de exércitos de campo equipados para batalhas de peças de reposição.

Dois anos depois, em 1º de julho de 1914, o Royal Naval Air Service (RNAS) foi formado a fim de apoiar as operações navais, incluindo a detecção, o reconhecimento e bombardeios leves a partir de um inventário de aeronaves e dirigíveis. Os aviões usados para bombardeios tinham um alcance maior e eram capazes de permanecer no alto por muito mais tempo do que a aeronave convencional da época. Esta capacidade aérea superior correspondeu à proeza naval da Grã-Bretanha, que atingiu seu ponto máximo pouco antes da Primeira Guerra Mundial, quando os temíveis navios de guerra da classe Dreadnought em posse das forças marítimas eram uma ameaça para todas as outras nações. Esta corrida armamentista marítima foi importante para a história das aeronaves, pois levou ao uso de aeronaves e dirigíveis para proteger o tráfego marítimo e fazer cumprir a lei internacional relativa à passagem do livre comércio nos oceanos do mundo. Por causa disso, talvez, não seja surpreendente que, quando a Grã-Bretanha entrou na guerra, em 1914, o RNAS era maior do que o RFC.

No início de 1914, o RNAS tinha mais de 100 pilotos qualificados e tinha realizado um trabalho significativo no desenvolvimento de armamento para aeronaves, incluindo armas, bombas e o lançamento de torpedos. Pela eclosão da guerra, mais tarde, naquele ano, o RNAS tinha 93 aeronaves, das quais 12 eram dirigíveis e duas eram balões, todas apoiadas por cerca de 727 funcionários.

O RFC, por sua vez, tinha cinco esquadrões com uma sexta formação - um total de cerca de 75 aeronaves. Quatro esquadrões RFC entraram em campo no continente em agosto de 1914, com 66 aeronaves, 95 veículos de transporte e 109 oficiais. A expansão do RFC foi rápida; no prazo de dois anos, havia encomendas de 11.345 aeronaves e 14.755 motores e os números continuariam a crescer até o Armistício, dois anos depois.

Reconhecendo o papel seminal que o RFC e o RNAS haviam desempenhado até então, durante Primeira Guerra Mundial, em 1917, o debate concentrou-se na fusão destes dois ramos de forças terrestres e navais no primeiro serviço aéreo independente do mundo. A Royal Air Force (RAF) entrou formalmente em vigor em 1º de abril de 1918. Quando as hostilidades cessaram, em 11 de novembro de 1918, a RAF contava com 280 esquadrões operacionais com inúmeras unidades de treinamento no país e no exterior, apoiando atividades em diversas frentes na Europa Ocidental, Oriente Médio e outros lugares.

UM BOOM INTERNACIONAL DE CONSTRUÇÃO DE AVIÕES

Apoiada por um crescimento na fabricação, uma melhoria significativa na produção e um aumento no desenvolvimento técnico, a indústria aeronáutica britânica produziu um pouco mais de 55.000 estruturas de aeronaves e 41.000 aero motores durante o curso da Primeira Guerra Mundial, e gerou empresas que se tornaram nomes familiares, tais como Hawker, Shorts, Sopwith, Supermarine, Bristol e Handley Page.

Durante o mesmo período, a França produziu 68.000 aeronaves e mais de 85.000 motores; a Alemanha produziu quase 48.000 estruturas aéreas e mais de 40.000 motores; e os totais da Itália foram de 20.000 e 38.000, respectivamente. Os EUA entraram na guerra em abril de 1917, mal preparados para contribuir com qualquer aeronave de seu próprio projeto para uso em combate, mas sua indústria entregou 15.000 aeronaves e 41.000 motores, quase todos dos tipos britânico e francês.

ALTOS E BAIXOS

O rápido aumento das demandas de produção também afetou as formas de trabalho. Em particular, houve um grande fluxo de mulheres e meninos para a força de trabalho, contabilizando quase metade dos 347.112 trabalhadores que construíram aeronaves, motores, acessórios e sobressalentes em 1918. Com habilidade em costura e bordado por trabalhar com roupas, indústrias de cortinas e de móveis, as mulheres eram uma parte importante da força de trabalho e não, como quase desdenhosamente citado na história mais recente (inferindo que não tinham valor intrínseco), só porque os homens tinham ido à luta. Mulheres tinham uma longa tradição de emprego qualificado em áreas que exigiam o trabalho preciso e acurado, também na preparação da lona, acabamento das asas costuradas com impermeabilização e envernizamento apropriado, fixação de lona e tecido à madeira eram tarefas que elas estavam bem preparadas para realizar.

Colocado em perspectiva, o número de pessoas empregadas na construção de aeronaves, motores e acessórios no final da Primeira Guerra Mundial era três vezes maior do que o número total de emprego na indústria aeroespacial britânica em 2019. No entanto, esta notável base de habilidades diminuiu muito e foi perturbada pelo resultado do Armistício e, sem as cláusulas de proteção em contratos que, mais tarde, garantiriam a fabricação de aeronaves no final da Segunda Guerra Mundial, em 1919, muitas empresas foram levadas à falência devido à rescisão abrupta dos pedidos. Como não havia compensação disponível para o desembolso dos agora desnecessários itens, tais como madeira vinda do exterior, todas as formas de acessórios de metal e equipamentos de armamento - encomendas que tiveram de ser feitas a fornecedores auxiliares - muitas grandes empresas ficaram sem nenhum auxílio financeiro.

Estas empresas incluíam, sem dúvida, o nome mais famoso de projeto e fabricação de aeronaves, Sopwith, que foi forçada a uma falência voluntária em setembro de 1920, após ter sido tomada pelo governo com uma enorme dívida por "impostos de guerra". O patrimônio do que restou da empresa foi, eventualmente, reconstituído sob o nome de Hawker. Esta empresa passou a produzir aeronaves finas e forneceu à RAF uma linha de sucesso de bombardeiros leves e caças, incluindo uma das aeronaves mais famosas da Batalha da Grã-Bretanha duas décadas mais tarde.

MAL-ESTAR ENTRE GUERRAS

A indústria não foi a única coisa a sofrer no final da Primeira Guerra Mundial. Em meio à incerteza sobre o futuro papel da Grã-Bretanha no mundo e a um sentimento geral de cansaço e fadiga emocional de guerra - apesar da formação temporariamente tranquilizadora da Liga das Nações - foram formulados planos para dissolver a RAF e demitir seu pessoal. O que se segue é de vital preocupação para qualquer estudante de guerra e da preparação para a Segunda Guerra Mundial, uma vez que evidencia a razão pela qual a Grã-Bretanha estava mais preparada do que a maioria quando chegou o momento de rearmar-se e preparar-se para defender o país e seus interesses globais mais amplos durante o final da década de 1930.

Em 1918, a RAF havia se tornado a força aérea mais poderosa do mundo. Ela tinha, também, através de pesquisa científica, apoio de um amplo corpo de conhecimento sobre a mecânica de voo, o desenvolvimento de aeronaves militares, a produção e exigências de utilização de uma força de combate moderna. Apesar disso, poucos membros do Parlamento apreciaram plenamente a importância e as realizações da RAF. Na verdade, muitos se recusaram a tentar entender por que uma força aérea era necessária, e não aceitavam que dinheiro público fosse gasto continuamente nos preparativos para a guerra. Como consequência, em março de 1921, restavam apenas 28 esquadrões: quatro na Grã-Bretanha (dos quais, três na Marinha), três na Irlanda e 21 no exterior. Além disso, somada à visão negativa da maioria dos oficiais do governo, por razões partidárias, os almirantes e generais não apoiavam a necessidade de uma RAF independente, acreditando, em vez disso, que a capacidade aérea deveria ser aliada à Marinha e ao Exército.

Os planos do pós-guerra foram levados ao Ministro da Aeronáutica, Lord Weir que, já em meados de 1918, resumiu a visão do pessoal aéreo que, se fosse para a Grã-Bretanha manter a liderança no ar, deveria ser por meio de uma mistura entre aviação civil e um órgão de pesquisa e desenvolvimento, financiado pelo governo para encaminhar as capacidades técnicas e científicas de aviação. Entretanto, em 1918 Lord Weir deixou o governo para a indústria e o conceito foi perdido com ele. Seu sucessor foi o Secretário de Estado de Guerra, Winston Churchill, a quem foi dada essa posição em 14 de janeiro de 1919.

Churchill era um defensor do voo e do desenvolvimento da aviação, e foi um forte apoiador de uma força aérea independente. Em sua posição privilegiada, portanto, aproveitou a oportunidade para devolver a RAF à sua posição anterior. Ele foi auxiliado nisto por Hugh Trenchard, ex-comandante do Royal Flying Corps na França e, depois, Chefe do Pessoal Aéreo, que tinha sido a chave para criar a RAF e, eventualmente, para o estabelecimento, em 1916, de sua principal instalação de treinamento, a RAF Cranwell, em Lincolnshire. Esta combinação de Churchill e Trenchard conseguiu desviar um apelo para a abolição do serviço. Além disso, como Chefe da Força Aérea Real, em 31 de março de 1919, Trenchard presidiu uma restauração da fé na viabilidade da RAF como um meio eficaz de força de manutenção da paz em territórios estrangeiros, principalmente no Oriente Médio, onde os interesses britânicos eram fortes.

Paradoxalmente, Trenchard, que havia orquestrado o início da Força Aérea Independente na França, em 1918, como ala de bombardeio estratégico da RAF, nunca convenceu o governo da necessidade de expandir as capacidades neste setor. Talvez, isto se deva, em parte, em justiça a seus oponentes, ao fato de o próprio Trenchard admitir confiar mais no moral e no calibre de sua tripulação aérea do que nas capacidades técnicas da aeronave. De qualquer forma, esta falta de apoio

PILOTOS DE MEIO-PERÍODO

Uma grande conquista de Hugh Trenchard foi o estabelecimento, em 9 outubro de 1924, da Royal Auxiliary Air Force (RAuxAF). Esta consistia em aviadores de fim de semana que tinham aprendido a voar e que podiam comparecer anualmente a um treinamento por 15 dias, voar várias horas a cada três meses, e assinar um vínculo por cinco anos. Isto ajudou a aliviar o orçamento de serviços e produziu um quadro de entusiastas voluntários que poderiam, em momentos de emergência, ser chamados para servir seu país.

Estes jovens vieram, principalmente, de famílias relativamente ricas, ou tinham meios financeiros independentes; o custo de aprender a voar era considerável e muito além do orçamento das classes trabalhadoras. Havia alguns pilotos de outros estilos de vida, no entanto, e na RAuxAF, como em outros lugares, durante a Segunda Guerra Mundial, as barreiras de classe foram quebradas como nunca, a mentalidade "todos juntos" ajudou a unir os homens.

No início de 1939, quando as tensões políticas internacionais estavam chegando a um pico, a RAuxAF tinha 21 esquadrões, dos quais, 20 foram automaticamente incorporados à RAF regular. Pilotos cujos contratos de cinco anos tinham expirado antes da guerra foram obrigados a se alistar na Royal Air Force Volunteer Reserve (RAFVR) para se juntar a unidades operacionais.

A partir do dia em que a guerra eclodiu, estes esquadrões atuaram com honra e mérito. Ao fazer isso, o serviço ajudou a intensificar a força da RAF em tempo integral e a proporcionar um nível de proficiência que, de outra forma, teria sido caro tanto em termos de dinheiro quanto de tempo. Na Batalha da Grã-Bretanha, os esquadrões RAuxAF forneceram 14 dos 62 esquadrões do comando de caças.

para os bombardeiros refletiu no debate sempre crescente durante os anos entre guerras sobre se era melhor fornecer caças defensivos ou bombardeiros ofensivos. Esta questão assombraria a política aérea britânica durante todo o período.

Ridicularizado em anos posteriores por ter sido ingênuo em uma reunião do Gabinete, no dia 5 de agosto de 1919, Churchill sugeriu que todas as estimativas de ameaças internacionais deveriam basear-se na suposição de que nenhum conflito europeu significante eclodiria nos próximos cinco a dez anos - uma teoria que ficou conhecida como a Regra dos Dez Anos. Assim, seria possível, afirmou Churchill, reconhecer os sinais de advertência suficientemente cedo para se rearmar novamente. Isto pode ter sido verdade em 1919, com as ramificações do Tratado de Versalhes, mas o mesmo argumento tornou-se menos plausível à medida que o tempo passava e a ameaça do exterior aumentava, notadamente quando Benito Mussolini chegou ao poder, em 1923, e Adolf Hitler tornou-se chanceler, em 1933. Por enquanto, no entanto, tudo isso estava no futuro.

A QUESTÃO DE ATACAR VS DEFENDER

Em 20 de junho de 1923, durante seu primeiro mandato como primeiro-ministro, Stanley Baldwin aprovou um plano de expansão para equipar a RAF com 52 esquadrões, enfatizando a defesa doméstica e a provisão de caças. No entanto, Trenchard era um homem-bomba e, portanto, interpretou a missão de "defesa doméstica" como operações ofensivas com bombardeiros que poderiam pulverizar o inimigo antes que ele pudesse mobilizar suas aeronaves. Como resultado, o plano de expansão da RAF previa 35 esquadrões de bombardeiros e 17 esquadrões de caças. Durante as reuniões de alto nível, realizadas no final daquele ano, Trenchard dominou os procedimentos e não admitiu oposição à sua proposta: primeiro, calcular quantos esquadrões eram necessários para conseguir uma força de ataque e, depois, alocar caças para o que restasse! Voltando à sua ideia principal a respeito da determinação estoica e firme determinação do povo britânico, ele expressou o ponto de vista de que "a nação que mais tempo durasse em um bombardeio, venceria no final".

A autoridade de Trenchard foi ajudada pelo fato de que ele sustentava quase que um status mítico na RAF e entre os membros do Comitê para Assuntos Imperiais de Defesa. Por exemplo, Sir Samuel Hoare, Ministro da Aeronáutica de 1922 a 1929, tinha claramente admiração pelo homem quando escreveu em suas memórias: "Enquanto Trenchard falava, me senti na presença de um grande profeta. Minha missão era ser o intérprete do profeta para um mundo que, nem sempre, entendia seus ditos escuros. Daí em diante, durante quase sete anos contínuos, estava destinado a tomar a parte do intérprete".

Infelizmente, a visão de Trenchard era falha, baseada, em grande medida, na suposição equivocada de que operações ofensivas seriam supremas (Comando de Bombardeiro operaria durante toda a guerra com base nesta premissa) e que sua experiência na guerra de 1914-18 seria um modelo para o próximo conflito - um erro cometido por tantos velhos soldados, em demasiadas ocasiões, em tantas guerras.

Depois, houve o debate sobre se os bombardeiros deveriam operar de dia ou de noite - os requisitos para cada um deles são bastante exclusivos em relação ao desempenho operacional e aos dispositivos de mira. Algumas opiniões sugeriram que o bombardeio de área fosse realizado durante as operações noturnas, com alvos específicos sendo abordados durante o dia. As opções, dadas as capacidades limitadas dos dispositivos técnicos da época, eram lógicas. A visão contrária, de que o fogo ofensivo a partir do solo seria tão intenso durante o dia que os bombardeiros seriam forçados voar tão alto que seria impossível para eles atingir alvos com qualquer precisão, também foi expressa. Ninguém tinha uma resposta conclusiva a este enigma. Trenchard acabou intermediando um acordo para dividir os primeiros 24 esquadrões de bombardeiros igualmente para funções diurnas e noturnas, embora tenha opinado que a repartição definitiva, no final das contas, deveria ser de 22:13, respectivamente.

Em meio a todas as conjecturas e explicações complicadas, uma linha de pensamento clara foi expressa pelo Líder do Esquadrão, (Sqn Ldr) J.C. Slessor, por meio de um artigo que ele escreveu para a revista do *Royal United Services Institute*, publicada em maio de 1931:

> "Autoproteção puramente passiva, ou seja, esperar pelo ataque de um inimigo e, depois, tentar repeli-la, nunca foi a concepção britânica de defesa nacional, e é peculiarmente ineficaz na defesa tridimensional em campos de batalha do ar... Deve, portanto, ser evidente que, para nos proporcionar qualquer tipo de proteção contra as forças aéreas que agora poderiam dirigir-se contra nós, devemos exigir uma força de caça imensamente superior àquela em tempos de paz. E, mesmo assim, não devemos estar seguros. Portanto, a política é fornecer o essencial de caças para uma estreita defesa em cooperação com as defesas terrestres antiaéreas, e concentrar a maior parte de nossos recursos na manutenção de uma formidável força de ataque, de bombardeiros, para nos permitir lançar uma contraofensiva se formos atacados".

E aí reside uma falha. A ofensiva de bombardeiros prevista por Trenchard e, de fato, por Slessor, fez a RAF conduzir operações de bombardeio estratégico de longo alcance através do continente. O tipo de caça que foi previsto era, na realidade, um interceptor - um que poderia voar rápido e abater bombardeiros inimigos que ameaçassem a Grã-Bretanha. Eles não foram pensados como aviões de combate engajados em um combate próximo a outros caças. O alcance limitado dos projetos de caças diurnos significava que eles eram incapazes de desempenhar o papel de escolta de bombardeiros. Esta habilidade seria cada vez mais importante durante a guerra que estava por vir, mas não foi considerada tecnicamente possível quando os bombardeiros estivessem voando em território inimigo no continente.

Assim, presumiu-se que os caças da RAF não estariam engajando com outros caças (que não teriam o alcance para chegar aos céus britânicos), em vez disso, eles estariam interceptando bombardeiros a fim de derrubá-los. Essa estratégia teve consequências terríveis para as táticas de caças atacando bombardeiros em bloco, o que exporia os monolugares a ameaças de um inimigo que provaria ter um melhor entendimento do modo como a aviação moderna de guerra era conduzida.

> **PREPARAÇÃO CIVIL PARA OS ATAQUES**
> Como reação prática ao medo crescente de vítimas de ataques aéreos, se os bombardeiros inimigos chegassem à Grã-Bretanha, o governo formou um Comitê de Precaução de Ataques Aéreos (ARPC), em 1924, presidido por Sir John Anderson. Em 1939, Anderson tornou-se Ministro do Interior e empreendeu um programa de âmbito nacional equipando cada casa com um "abrigo Anderson", os pequenos abrigos de ataques aéreos tão comuns às famílias em tempos de guerra. Cerca de 5.000 vidas foram salvas por este simples design - uma forma ondulada, como um U invertido, com fechamentos verticais e uma única porta que era prontamente montado por civis.

No entanto, havia um cheiro de ingenuidade em confiar no terror que se presumia que os bombardeios britânicos causariam em alvos inimigos, e o número de vítimas em casa, o que seria julgado pela "força e eficiência da contraofensiva de nossos aviões bombardeiros". O mito de que os civis simplesmente cederiam se estivessem sujeitos a ataques suficientes, nunca se realizou, em nenhum conflito, mas a noção persiste até hoje, geralmente proposta por defensores ferrenhos da força militar excepcional e do uso de uma força militar desproporcional e esmagadora como resposta à agressão. Entretanto, o próprio ARPC, ao ouvir o testemunho de Trenchard, concluiu em um relatório que: "Em nossa opinião, a resposta mais eficaz a um ataque aéreo é a provisão de uma eficiente força de ataque, com a qual se pode levar a guerra para o país do inimigo".

Que esta visão foi contestada é evidenciada pelos documentos oficiais do período, sendo o Comitê de Chefes de Pessoal (CSC) particularmente cético. Dois indivíduos em particular - Sir Charles Madden (Marinha) e Sir George Mile (Exército), Chefe do Estado-Maior Geral Imperial - expressaram oposição. Milne não se opôs apenas por razões empíricas - que as afirmações de Trenchard não foram provadas - mas, também, por razões morais, alegando "que estamos defendendo o que poderia ser chamado de bombardeio indiscriminado de cidades indefesas e de seus habitantes desarmados". Este é um argumento que nunca foi totalmente resolvido e que existe até hoje.

A EXPANSÃO DA RAF

As preocupações financeiras e outras prioridades impediram a RAF de obter o programa de 52 esquadrões que foi prometido, a data final para essa mudança de meta foi alterada, primeiro, de 1928 a 1935 e, depois, a 1938. Uma série de crises monetárias mundiais e a depressão econômica cortariam o suprimento de dinheiro dos serviços armados para cumprir suas expectativas. Chanceler do Tesouro de 1924 a 1929, Churchill foi um defensor ferrenho da restrição fiscal do governo e, a partir de julho de 1928, decretou que a Regra dos Dez Anos deveria avançar um dia, todos os dias. Essa permaneceu a doutrina do Tesouro até 1931.

A RAF NO EXTERIOR

Um aspecto da história da força aérea britânica que muitas vezes não se vê é o grau em que a RAF estava ativamente engajada em apoiar a política de aspirações e exigências em todo o que ainda era considerado o Império. Territórios no Oriente Médio foram policiados pela RAF a partir de bases que se estendiam do norte da África até a Mesopotâmia e da Palestina para a Índia. Não houve um único dia entre as guerras em que a RAF não ficou em serviço ativo, seja em serviço passivo em aeródromos no exterior ou engajada na repressão de revoltas em lugares associados com os interesses britânicos. As pressões e responsabilidades colocadas sobre os esquadrões da RAF e seu pessoal, em lugares distantes, eram, portanto, nada menos do que aquelas empreendidas pelo RFC e pelo RNAS durante a guerra de 1914-18.

Por toda a Europa, o espectro de novas agressões que levariam a outra guerra assombrava os corredores do poder. Em fevereiro de 1932, com um governo fascista no poder na Itália e o Partido Nazista ganhando amplo apoio na Alemanha, Genebra tornou-se o anfitrião da Conferência de Desarmamento como meio de trazer garantias contra conflitos através de uma limitação de armas. Os bombardeiros surgiram como a principal preocupação. Entretanto, quando a Grã-Bretanha parecia estar pronta para apoiar uma proibição de tais aeronaves, a equipe da Air Staff se opôs fortemente e alegou que seria impossível impor tal política. Em defesa de sua posição, a Air Staff poderia ter tirado provas do desenvolvimento emergente das companhias aéreas na Alemanha, que claramente tinham papéis duplos. Mais tarde, tanto o Heinkel He-111 como o Dornier Do-17 foram desenvolvidos a partir de aeronaves civis para se tornar a base da capacidade de bombardeio da Luftwaffe, no início da guerra, em 1939.

As negociações sobre o desarmamento continuaram até março de 1933, quando a crescente tomada de poder pelo Partido Nazista, depois que Hitler se tornou chanceler, as tornaram inúteis. A Alemanha não estava disposta a diminuir seu potencial militar. O ponto de articulação em que a expansão da RAF era inevitável havia sido alcançado. Na Grã-Bretanha, ao contrário dos sinais claros em toda a Europa de que os extremos intransigentes do Nacional Socialismo e do Fascismo estavam tomando posse, a expectativa pública era de que as conversações trouxessem uma garantia universal de desarmamento e pacificação. Em resposta e reforçando esta suposição, os jornais estavam cheios de uma posição equivocada de desarmamento – colocando o país em conflito interno.

Lorde Londonderry, Ministro da Aeronáutica na época, resumiu as contradições:

"Havia um descontentamento mal disfarçado no Ministério da Aeronáutica. Todo mundo estava insatisfeito e muitos estavam positivamente apreensivos com o futuro. Sentia-se que o governo estava preparado para sacrificar a Força Aérea sem sequer examinar os prós e contras do caso. Isto, é claro, não foi realmente correto..."

A verdadeira mudança finalmente ocorreu em 1935, quando as capacidades técnicas da RAF eram fracas. Nesta fase, dos 35 esquadrões de bombardeiros previstos, 28 tinham sido formados. Destes, 20 estavam equipados com bombardeiros diurnos, dos quais apenas metade eram esquadrões regulares. E desses dez, dois estavam realizando experiências e trabalho de desenvolvimento técnico e dois foram designados a um "papel" de Força Expedicionária - que não era tripulada e não tinha nenhum equipamento - em prontidão para despacho para o exterior em caso de guerra. Assim, apenas seis esquadrões de bombardeiros estavam prontos para atribuição imediata. Os outros dez esquadrões estavam com a RAuxAF e os esquadrões da Reserva Especial e estavam longe de estar na linha de frente. Os esquadrões de bombardeiros noturnos estavam mais bem equipados, sendo cinco unidades regulares, mas eram uma porcentagem tão pequena do total da força que eram de menor importância. Esperava-se ter 15 esquadrões de bombardeiros noturnos e 20 diurnos, num total de força de 35 esquadrões, mas, em março de 1933, havia apenas cinco e seis, respectivamente.

O que era mais alarmante era o baixo nível de capacidade técnica. A indústria foi vocal sobre a ineficácia do planejamento governamental, uma visão articulada por C.R. Fairey of Fairey Aviation: "O conhecimento técnico da construção de aeronaves durante a guerra tinha crescido, em grande parte, porque os projetistas tinham permissão para produzir o melhor tipo de aeronave que o serviço estava requerendo. Após a guerra, especificações foram estabelecidas de forma muito rígida pelo Ministério da Aeronáutica, o que levou a um projeto menos cuidadoso de aeronave como um todo". Enquanto enormes avanços foram feitos entre 1914 e 1918, a RAF do pós-guerra não fez, durante uma década, aeronaves melhores do que aquelas desenvolvidas pela indústria durante a Primeira Guerra Mundial. Isso não foi uma falha da indústria ou da RAF, mas, a convergência de circunstâncias que impediram o governo de fornecer os recursos necessários. A situação também era devida, em grande parte, à insistência contínua na qualidade do pessoal e não na qualidade e quantidade de aeronaves adquiridas, como catequizado por Trenchard.

Foi também um legado do RFC que o pessoal aéreo tenha dado prioridade aos bombardeiros leves como o Hawker Hart, que tinha uma capacidade para transportar quatro bombas de 112 libras a um alcance máximo de 230 milhas. Aeronaves como esta fizeram muito trabalho de policiamento no Império. E a ênfase em bombardeiros produzia aeronaves que eram mais rápidas que os caças que, supostamente, deveriam abatê-los. Uma atitude desdenhosa em relação a este último, pouco fez para restabelecer o equilíbrio. No entanto, apesar desta preferência predominante nos bombardeiros, havia vozes dissidentes alertando para o perigo de relegar o papel do caça apenas para a defesa de Londres (como havia sido afirmado em algumas análises, que acreditavam que o combate acabaria por se extinguir). Na revista do *Royal United Services Institute* (RUSI), em novembro 1931, Sqn Ldr J.O. Andrews desafiou a subestimação da defesa:

"Devemos ter em mente que as doutrinas do uso do poder aéreo são, atualmente, e até provadas em guerra, especulativas. Apoiada em grande parte em um base teórica, a doutrina de que as forças aéreas devem ser usadas principalmente em um papel ofensivo tem tido muito apoio influente e parece estar em vias de se tornar sacrossanta. Consequentemente, a política aprovada é de agressão, com o desenvolvimento da força máxima das aeronaves de bombardeios. Como corolário, os compromissos defensivos tendem a ser considerados desfavoráveis, e as forças aéreas alocadas para desempenhar um papel estrategicamente defensivo são reduzidas ao mínimo".

Ele salientou que, enquanto a velocidade máxima do bombardeiro tinha aumentado em apenas 25%, a taxa de velocidade dos caças havia aumentado em 40% e que era prematuro dispensar o papel defensivo sobre o ofensivo; ele não poderia imaginar perdas pesadas para uma força tão ofensiva se os caças persistissem em seu papel. Esta era apenas sua previsão, que se provaria correta em 1940, quando a Luftwaffe sofreu perdas insustentáveis e se retirou de seus ataques durante a Batalha da Grã-Bretanha. Este debate sobre o papel das aeronaves em conflitos futuros ocorreu em um momento em que a indústria da aviação estava à beira da mudança tecnológica. Também veio no início de uma determinação mais forte por parte do governo britânico de financiar totalmente uma grande expansão do poderio militar para servir apenas como um elemento preventivo à agressão potencial de uma Alemanha ressurgente.

A Itália também estava fazendo movimentos expansionistas e, em 3 de outubro de 1935, invadiu a Abissínia (agora Etiópia), criando o primeiro verdadeiro desafio à autoridade da Liga das Nações. No entanto, ninguém estava pronto para a guerra. Então, os britânicos rangeram seus dentes e deixaram que os navios italianos atravessassem o Canal de Suez para reabastecer suas forças enquanto a RAF enviava suprimentos para bases no Egito, Aden e Palestina. O único resultado positivo de uma situação cada vez mais tensa foi o ensaio que permitiu uma mobilização rápida e uma simulação dos preparativos para a guerra.

CAPÍTULO 4
Dissuasão

O AUMENTO NOS GASTOS COM O EXÉRCITO, a Marinha e a Força Aérea proporcionou à Grã-Bretanha quatro anos para se preparar para a guerra. O período é muito mal compreendido, essa consolidação e aperfeiçoamento de equipamentos para as forças armadas está incorretamente associada ao apaziguamento político no final da década de 1930 e interpretada como sendo uma época em que o país descansava em um sublime isolamento de uma ameaça cada vez mais perigosa. Os dois estão completamente separados, e a frequente deturpação desta verdade esconde o fato de que, entre 1935 e 1939, a Grã-Bretanha aumentou suas despesas de defesa a um ritmo maior do que em qualquer outro período de paz em sua história.

DESPESAS COM ARMAMENTOS DO REINO UNIDO POR ANO (1924-33) EM MILHÕES DE LIBRAS:

Ano fiscal terminando em 31 de março	Marinha	Exército	RAF
1924	11,8	2,6	4,9
1925	13,0	2,6	6,9
1926	14,1	2,2	7,6
1927	16,0	1,8	7,4
1928	16,3	1,8	7,6
1929	15,0	2,0	7,1
1930	14,4	2,2	7,9
1931	10,7	1,5	8,9
1932	10,3	1,8	8,7
1933	10,7	1,6	7,8

DESPESAS COM ARMAMENTOS DO REINO UNIDO POR ANO (1934-39) EM MILHÕES DE LIBRAS:

Ano fiscal terminando em 31 de março	Marinha	Exército	RAF
1934	20,9	6,9	9,4
1935	24,2	8,5	9,9
1936	29,6	12,5	18,6
1937	42,0	21,4	39,3
1938	65,3	44,3	66,0
1939	82,9	67,6	109,9

Longe de estar despreparada e inadequadamente equipada, grandes passos para o rearmamento haviam sido tomados. Isto veio na cúspide de uma mudança na administração, o mandato de cinco anos do Primeiro-Ministro do Trabalho Ramsay MacDonald terminando em junho de 1935 e sendo substituído pelo conservador Stanley Baldwin, que serviu até 28 de maio de 1937, quando foi substituído por Neville Chamberlain. Durante este período, um acordo tinha sido concluído no que era essencialmente um governo de unidade: as defesas britânicas eram terrivelmente inadequadas e uma grande injeção de dinheiro foi necessária, uma recomendação aprovada pelo Parlamento.

Especificamente em resposta geral às ameaças continentais emergentes, o total de gastos de defesa aumentaram de £37,2 milhões em 1934 para £42,6 milhões no ano seguinte, e de £104,2 milhões em 1937 para £273,1 milhões em 1939. Os preparativos em mão-de-obra viram o total aumentar de 383.000 no início de 1938 para 1,273 milhões em setembro de 1939, aumentando para 1,559 milhões até o final do mesmo ano. As despesas com a RAF aumentaram mais de 11 vezes em cinco anos. Desde as Guerras Napoleônicas, no final do século XVIII, não houve um impulso tão grande nos gastos com armas aprovados por um governo britânico.

Os vários esquemas de expansão evoluíram de 1935 até o início da guerra com a Alemanha. Cada um estabeleceu um plano de quantas aeronaves e esquadrões a RAF teria em um determinado ano e cada um deles carregava uma letra do alfabeto assim que eram instituídos. O Esquema A previa uma força de 84 esquadrões, que deveria ser concluída até 31 de março de 1939 (o fim do ano fiscal), divididos em 43 esquadrões de bombardeiros e 28 esquadrões de caças com 500 e 336 aeronaves respectivamente. Dentro do total, estavam incluídos oito esquadrões costeiros e cinco esquadrões de exércitos de cooperação, uma força total de 960 aeronaves.

O Esquema C, implementado após o Secretário das Relações Exteriores, Anthony Eden, ter se encontrado com Hitler em Berlim, em 26 de março de 1935, foi o primeiro projetado para permitir que a RAF atingisse a paridade com a Luftwaffe. Permitiu um complemento acelerado de 123 esquadrões, formados por 1.512 aeronaves, das quais, 840 deveriam ser bombardeiros e 162 caças. Entretanto, nos próximos meses, as estimativas dos níveis da força alemã aumentaram, assim como as ambições de uma RAF maior. Aprovado em 25 de fevereiro de 1936, o Esquema F estabeleceu um nível de força de 124 esquadrões e 1.736 aeronaves, mas o Esquema H cresceu ainda mais, com o Esquema M final prevendo uma força de 163 esquadrões e 2.549 aeronaves até 31 de março de 1942.

Interessante foi a alta prioridade dada aos bombardeiros, a partir de 52% do total da força no Esquema A, chegando a 67% no Esquema H e, de volta a 53% no Esquema M. Caças representavam 35% no Esquema A, apenas 19,6% no Esquema H, mas voltaram a 31,4% no Esquema M.

Quase imperceptivelmente, uma mudança nas prioridades de defesa tinha ocorrido. Isto se refletiu não apenas nos números, mas, também, na direção da pesquisa e desenvolvimento científico no que diz respeito à defesa do país.

O SURGIMENTO DE TECNOLOGIAS NUCLEARES E DE RADAR

Em meados da década de 1930, grandes progressos estavam sendo feitos por cientistas britânicos em Oxford e Cambridge na física das estruturas atômicas, e no núcleo do átomo em particular. Tornou-se evidente que trabalhos similares ao *Radio Direction Finding* (RDF), conhecido como radar de 1941, por Robert Watson-Watt, poderiam fornecer à Grã-Bretanha uma novidade mundial na detecção de aeronaves que se aproximavam, medindo os sinais de rádio refletidos. Este trabalho se expandiu muito em 1936, quando a Watson-Watt montou uma equipe de pesquisa em Bawdsey Manor, perto de Felixstowe, na costa de Suffolk. Seguindo com vários testes experimentais envolvendo aeronaves equipadas com aparelhos primitivos, rapidamente se tornou evidente que tal sistema não só era viável, mas, também, potencialmente necessário para a defesa da Grã-Bretanha.

O governo, agora, tinha que equilibrar as incógnitas em relação ao potencial uso e eficácia das bombas atômicas - e a vasta quantidade de dinheiro e recursos necessários para produzir uma arma desse tipo - e o desenvolvimento relativamente barato do RDF. A escolha lógica foi dar aprovação total ao desenvolvimento do sistema defensivo e de estações, com o codinome *Chain Home* (CH), sendo, portanto, construído em toda a costa sul, sudeste e leste do litoral do Reino Unido.

Estes foram totalmente integrados com a RAF como uma tela de aviso prévio contra os ataques - um sistema que proporcionou um meio mais positivo de detectar a aproximação de bombardeiros que os espelhos acústicos parabólicos, que funcionavam concentrando o som das ondas dos motores das aeronaves que se aproximavam.

Como resultado destas novas tecnologias, foi sinalizado um alerta precoce para o nível sofisticado na Grã-Bretanha. Isso envolvia o RDF detectando aeronaves à medida que elas deixavam o continente, seguidas por observadores ao longo da costa, traçando o rastreamento visual do curso das aeronaves e as comunicações destas a uma série de setores de postos de controle. Estes, por sua vez, estavam ligados às estações da RAF, que eram capazes de colocar caças defensivos como e onde fossem necessários e, assim, maximizar o tempo de voo que eles poderiam usar para interceptar os bombardeiros que se aproximavam.

Paradoxalmente, a Grã-Bretanha havia se atrasado na percepção do potencial do RDF. Ele tinha, na verdade, sido inventado por um alemão antes da Primeira Guerra Mundial, mas tinha sido rejeitado pela Grã-Bretanha como sendo de pouca utilidade prática. Muitos outros países também estavam trabalhando pesado em sistemas experimentais deste tipo. Na verdade, os alemães haviam jogado muitos recursos para o conceito e estavam à frente da Grã-Bretanha quando a guerra rompeu. No entanto, seu trabalho era puramente experimental e não estava ligado a uma rede de alerta operacional, tal como a implantada pelos britânicos. Foi um longo caminho até perceberem, finalmente, o quão sofisticado era o sistema britânico.

A NOVA ORDEM

Enquanto os esquemas de expansão assumiram o controle do tamanho estrutural e do custo da evolução dos planos para a RAF, a administração completa e a organização operacional da RAF foram reestruturadas em 1936. Isto se deu, em parte, porque o comando existente do sistema da *Air Defence of Great Britain* (ADGB) era impróprio para expansão e tinha se tornado cada vez mais desajeitado. Em 1º de maio, os primeiros elementos da nova organização, Comando de Treinamento da RAF, foram formados com sede em Bentley Priory, Middlesex. Isto foi seguido, em 14 de julho, pela formação do Comando de Bombardeiros (Hillingdon House, Uxbridge), Comando de Caças (Bentley Priory) e Comando Costeiro (Lee-on-the-Solent, Hampshire). Esses comandos existiriam durante a guerra e formaram os elementos operacionais da RAF, com seus próprios esquadrões, alas e grupos organizados de acordo com os requisitos operacionais.

Igualmente importantes para a guerra aérea de 1939-45 foram as aeronaves da Marinha Real, anteriormente do RNAS, que tinham sido unidas à Força Aérea Real (RAF), em 1918. Como ocorreu na RAF, em 1919, o componente naval havia encolhido consideravelmente e consistia em um esquadrão de reconhecimento, uma esquadrilha de caça (cerca de três aeronaves) e meio esquadrão de torpedeiros, juntamente com uma esquadrilha de hidroavião e uma esquadrilha de barco voador. Durante as duas décadas seguintes, o Ministério da Marinha se esforçou muito para recuperar o controle de sua aviação, e só foram dados passos incrementais para acomodar as demandas da Marinha Real com equipamentos novos e melhorados e uma força maior. Para marcar esta delimitação entre a RAF e o componente naval, os oficiais receberam patente naval e até 70% dos pilotos tinham dupla patente, da RAF e naval. Em abril de 1924, foi formada a Fleet Air Arm (FAA), consolidando ainda mais a distinção. Em 1937, o controle da FAA foi entregue diretamente à Marinha Real. O Ministério da Marinha teria, agora, estações em terra, assim como o RNAS tinha antes de 1918.

A expansão da FAA deu-se de forma muito lenta. Quando a guerra eclodiu, havia apenas 20 esquadrões com um total de 340 aeronaves, das quais 225 eram operadas a partir de porta-aviões e o resto por meio de voos de catapulta. Para acomodá-las, cinco novos porta-aviões foram encomendados: o *Eagle* em 1922; *Hermes* em 1923; *Glorious* e *Courageous* em 1928; e o *Ark Royal* em 1938. Por toda a falta de aviões, no entanto, enquanto a maioria das forças tinha aviação naval e vários porta-aviões assegurados, o progresso feito pela Marinha Real nas técnicas de operação de aeronaves no mar foi seminal, tanto em termos de efetividade quanto em implementação pelas marinhas em todo o mundo. As tecnologias de ponta incluíram um sistema de aterrissagem no convés com fios de parada e um sistema de catapulta hidropneumática.

EMBARCAÇÕES DA FAA

Enquanto novas técnicas operacionais eram pioneiras, o desempenho técnico de suas aeronaves sofria um atraso muito atrás da RAF. Os anos entre guerras tinham visto uma paralisação da Marinha britânica no desenvolvimento da aviação. Isto foi, em parte, porque era difícil para os fabricantes atenderem à demanda de produção de aeronaves capazes de operar a partir de porta-aviões. Assim, quando a guerra eclodiu, os aviões da FAA estavam longe dos de última geração. Por exemplo, enquanto a RAF estava equipando seus pilotos com monoplanos rápidos, o melhor que a FAA conseguiu colocar era o Gloster Sea Gladiator, uma variante do biplano envelhecido da RAF, com trem de pouso fixo e uma velocidade máxima de 245 mph, suportando quatro metralhadoras montadas na fuselagem.

Também estava em serviço o Fairey Swordfish, uma aeronave de reconhecimento, com torpedos, carinhosamente conhecida como "Stringbag", por causa de sua aparência envelhecida; ela era efetivamente um biplano mantido junto com suportes e arames. Apesar de comportar todas as convenções de design de um projeto de meio de guerra (cockpit aberto, trem de pouso fixo), no entanto, sua aparência precária desmerecia seu potencial. De fato, o Swordfish passou a servir a Marinha durante os anos de guerra e alcançou a fama de ser fundamental para afundar o *Bismarck*, o principal navio de guerra de Hitler que, junto com o *Tirpitz*, foi o maior navio de guerra construído pela Marinha alemã.

Com uma velocidade máxima que mal chegava a 135 mph e voo, na maioria das vezes, a pouco mais de 100 mph, o Sworfish levava uma tripulação de três pessoas nos cockpits abertos e tinha duas metralhadoras para defesa. Havia provisão para um torpedo sob a fuselagem ou até 1.500 lb de bombas. Apesar de suas deficiências, o "Stringbag" era uma aeronave notável para voar e um grande sobrevivente sob fogo.

O Swordfish era encontrado em todos os lugares, desde o meio do Atlântico, nos decks de um porta-aviões, nas bases da costa do Mediterrâneo, até atacando a Marinha italiana em Taranto, para escoltar comboios através das águas árticas ao norte da Noruega. Apesar disso, o que esta aeronave e outras na FAA alcançaram estava, geralmente, fora da visão e, por isso, as aeronaves que voaram nunca capturaram completamente a admiração do público. Isto, talvez, não tenha sido surpreendente, uma vez que os civis eram compreensivelmente distraídos pelos dogfights que aconteciam nos céus e estavam sendo aterrorizados por noites intermináveis de bombardeios. No entanto, era uma guerra aérea da mesma forma.

Aviões menos conhecidos da Marinha incluíam o Albacore, outro produto da Fairey, que entrou em serviço em 1940 como um substituto potencial do Swordfish, mas que falhou em durabilidade comparado ao avião que deveria substituir. Depois, houve o primeiro bombardeiro-torpedeiro e bombardeiro de mergulho totalmente metálico da Marinha, o Fairey Barracuda, que entrou em serviço em 1943 e atuou com honra, bem como o Blackburn Baffin, que substituiu o Ripon a partir do mesmo galpão.

As exigências únicas da aviação naval significavam que poucas aeronaves terrestres poderiam ser adaptadas a uma vida a bordo de navios, embora o Hurricane e o Spitfire tenham sido 'navalizados' em algumas variantes, com resultados mistos. Isto se deu porque um bom pouso em um porta-aviões necessitava de forças e cargas verticais mais elevadas, que se propagariam através de toda a estrutura da aeronave, exigindo que elas fossem projetadas com estruturas aéreas muito mais fortes, bem como resistência à água salgada e jatos de águas. Muitas poucas aeronaves foram, portanto, capazes de ser adaptadas para o uso em porta-aviões. Por diferentes razões, o inverso também era verdadeiro: as aeronaves navais tinham maior massa estrutural, que afetava, até certo ponto, a carga de guerra que poderiam carregar.

PLANOS TERRESTRES

Em terra, o progresso estava sendo feito pela RAF e a capacidade técnica das aeronaves operacionais foi crescendo à medida que novas tecnologias e motores melhoravam. Durante a segunda metade da década de 1930, um período de despesas gerais e de recursos industriais, vários novos tipos fizeram seu primeiro voo. Estes provaram ser aeronaves que se igualavam às capacidades das melhores que a Luftwaffe poderia colocar no ar e forneciam um baluarte defensivo contra a agressão alemã.

Os principais entre estes novos aviões eram o Hurricane e o Spitfire. Estes caças foram construídos para substituir os biplanos envelhecidos, que tinham cockpits abertos e trem de pouso fixo. O Hurricame veio de uma longa linha de modelos de sucesso da RAF, de projetos e desenhos de uma equipe liderada por Sir Sydney Camm. Estes primeiros aviões incluíam o Hart, Hind, Audax, Fury I e Demon, todos biplanos do início até meados dos anos 30, e representaram uma era de projetos obsoletos e desenhos antiquados. Cada um deles era movido por um motor Rolls-Royce Kestrel, um dos melhores de sua época, com uma potência que variava na faixa de 500-600 hp. Possuindo uma velocidade máxima de menos de 180 mph, no entanto, esses tipos não correspondiam ao último monoplano Bf-109. De fato, mesmo o Fury II, de 1936, com seu Kestrel VI de 640 hp, tinha uma velocidade máxima de apenas 223 mph.

O Hawker Hurricane, entretanto, representou um avanço significativo em termos de desempenho. Um Fury II redefinido tinha uma asa de monoplano, cockpit fechado e trem de pouso retrátil - vantagens que o tornaram mais rápido e mais manobrável. Também foi adicionado um motor Rolls-Royce Merlin de 1.030 hp, o que lhe dava uma velocidade máxima de 316 mph e um teto de serviço de 33.000 pés - uma grande melhoria em relação aos modelos anteriores. Melhor ainda, ele seguiu a tradicional convenção de construção tubular de aço revestida de tecido da Hawker, o que significa que poderia ser construído rápida e facilmente, com o mínimo de mão-de-obra e máximo rendimento. Tendo feito seu primeiro voo em novembro de 1935, ele apareceu em serviço em 1937, apenas um ano após o biplano Fury II.

Pilotos do esquadrão nº 310 (Tchecoslováquia) posam em frente ao Hawker Hurricane, na RAF Duxford, em 7 de setembro de 1940. Arquivo David Baker

Igualmente fora dos estoques rapidamente, o Supermarine Spitfire teve um pedigree completamente diferente. Enquanto a Hawker produzia em massa, a Supermarine tinha uma tradição de hidroaviões e barcos voadores construídos à mão, pequenas séries de produção e aeronaves de corrida de alto desempenho construídas para competir pelo Troféu Schneider. A equipe de design que trabalhava com estes hidroaviões tinha assegurado uma relação próxima com a Rolls-Royce, o que proporcionou um caminho para o desenvolvimento do Spitfire, utilizando conceitos de projeto aeronáutico igualmente refinados casados com um potente motor.

No entanto, apesar desta associação, a alegação de que o Spitfire veio do Troféu Schneider de hidroaviões é um mito. Aspectos do projeto apresentado pelo designer-chefe Reginald Mitchell foram, de fato, semelhantes aos tipos alemães Heinkel He-70, cuja asa elíptica inspirou a do Spitfire. Dito isto, enquanto a asa elíptica fina e de baixo arrastamento do Spitfire possuía, aproximadamente, a mesma forma geométrica que a asa do He-70, ela tinha características completamente diferentes. Uma característica chave era o grau de *washout*, ou torção, entre a raiz da asa e a ponta, o ângulo de incidência (ângulo para o fluxo de ar em voo nivelado) transitando de 2 graus onde se unia à raiz na fuselagem a 0,5 graus na ponta. Isto lhe deu a vantagem de maior desempenho aerodinâmico em uma ampla faixa de velocidade e altitude. O He-70 não possuía nenhuma dessas características tecnicamente sofisticadas.

Fiel à forma, a Supermarine projetou um puro-sangue, mas sem considerar seu potencial de produção em massa. Com uma pele lisa e reforçada, fuselagem semi-monocoque e aquela característica asa elíptica, o Spitfire era uma estrutura complexa com curvas compostas e elementos estruturais avançados. Era, portanto, um projeto totalmente diferente do Hurricane, mas que tinha enorme potencial.

O primeiro desafio significativo após seu primeiro voo, em 5 de março de 1936, foi colocar a aeronave em produção. Isto exigiu que a Supermarine trabalhasse com o Ministério do Aeronáutica para mudar a forma como os elementos e componentes eram decompostos, para facilidade de fabricação - uma mudança que resultou em atrasos. O Ministério encomendou 310 Spitfire em 3 de junho de 1936, mas foi somente em maio de 1938 que as primeiras aeronaves do pedido saíram da linha de montagem.

O que estas duas novas aeronaves tinham era um armamento muito melhorado – o resultado de uma conferência do Ministério da Aeronáutica, realizada em 19 de julho de 1934, defendeu uma fórmula de oito armas. Capitão F.W. Hill, o oficial sênior de balística da *Aircraft and Armament Experimental Establishment* (A&AEE), Martlesham Heath, tinha fornecido provas de que este número de armas, descarregando 1.000 balas por minuto, seria necessário para que um piloto abatesse um bombardeiro em dois segundos de explosão, o que poderia ser todo o tempo que ele teria em um combate próximo. O Spitfire tinha sido projetado desde o início com oito armas, enquanto o Hurricane foi projetado com quatro. Entretanto, Sydney Camm modificou posteriormente o projeto de seu caça para incorporar também oito armas. Estas foram colocadas dentro da asa, quatro de cada lado. Não foi feita nenhuma comparação a respeito do armamento, como alguns afirmaram, em relação ao que os alemães estavam fazendo; eles tinham diferentes configurações de metralhadoras e canhões. A exigência de oito armas foi uma grande revolução e provou ser essencial na era do combate de alta velocidade introduzido pela nova geração de caças monoplanos de um só assento. Estes incluíram a primeira produção do Hurricane Mk 1 (L1695), que foi selecionado para testes e, como resultado, foi equipado com uma chapa blindada e um para-brisas à prova de balas. Alguns Hurricanes, entretanto, foram produzidos com apenas quatro armas Browning de 0,5 polegada, especificamente os que foram encomendados pelos belgas.

POSIÇÕES DOS ARMAMENTOS

Tanto o Hurricane quanto o Spitfire tinham oito metralhadoras, que eram armas de menor calibre do que o canhão transportado pelo Bf-109. A razão disso está em uma história bastante bizarra. Em 1868, a Convenção de São Petersburgo, sobre armas e regras de guerra, havia proibido o uso de projéteis explosivos de calibre inferior a 37 mm. No século XIX, houve uma preocupação sobre as feridas horríveis causadas por tais armas e o Ministério da Aeronáutica estava, portanto, preocupado com a possibilidade de infringir as regras da guerra, caso procedesse com tal armamento. No entanto, a decisão tomada foi a de que, como as armas disparavam contra as máquinas e não diretamente contra as pessoas, um canhão de 20 mm não violaria as regras da Convenção. Isto significava que um caça bimotor, o Westland Whirlwind, poderia carregar uma bateria de quatro canhões agrupados no nariz. Desenvolvido como um segredo bem guardado, faria seu voo inaugural em 11 de outubro de 1938 e entrou serviço operacional, pela primeira vez, no final de 1940.

O caça noturno Boulton Paul Defiant, da RAF, por sua vez, transportava quatro metralhadoras em uma torre tripulada por um artilheiro situado logo após o cockpit. Desde a Primeira Guerra Mundial, havia a convicção a respeito da necessidade de uma plataforma de armas estável, equipada com armamento que poderia ser trazido para cima de um inimigo. O primeiro tipo tinha sido o Bristol F.2B, de 1917. Ineficaz quando voava em linha reta e nivelado, deixando o artilheiro traseiro mirar suas armas no inimigo, isso só funcionava quando o piloto manejava a aeronave como um caça. O legado do F.2B foi o Defiant, que fez seu primeiro voo em 11 de agosto de 1937 e estava em serviço a tempo de ver ação durante a Batalha da Grã-Bretanha, três anos mais tarde. Enquanto obteve sucesso limitado em Dunkirk, não conseguiu sobreviver contra o alemão Bf-109. Acabou sendo um conceito falho e, apenas 1.064 foram construídos.

Para todos os seus benefícios, houve alguns problemas de projeto associados à adaptação a oito armas nas asas, bem como uma mudança significativa na utilidade operacional. Anteriormente, as culatras das armas tinham estado ao alcance do piloto. Isto significava que armas engasgadas poderiam ser abordadas pelo piloto, que poderia alcançá-las à frente ou fora do cockpit aberto. Com as armas e seus carregadores isolados para acesso durante o voo, no entanto, qualquer problema mecânico só poderia ser resolvido após o pouso.

Além disso, com o Spitfire, que tinha uma bitola estreita de trem de pouso, com pernas de pouso que se dobravam para fora (ao contrário do Hurricane, cujas rodas se dobraram para dentro) o par externo de armas em cada asa foi escalonado mais para fora da borda para acomodar as rodas na asa fina. Tudo isso foi bastante radical e trouxe novos procedimentos para a tripulação de terra e técnicos de armamento. Para complicar, devido ao desempenho da aeronave, as armas tinham de ser aquecidas por dutos que direcionavam o ar quente do motor, para evitar que elas congelassem.

Houve outras mudanças, também. Para complementar o sistema convencional de massa e alça utilizado pelo piloto para alinhar sua aeronave, adotando uma técnica que não difere de um atirador com um fuzil, foi instalada uma nova mira refletora. Para isso, foi instalado um novo refletor de mira, a imagem iluminada de um anel de visão era projetada sobre um espelho oval situado à frente dos olhos do piloto e imediatamente atrás do para-brisas blindado. Isto significava que, se o piloto conhecesse a envergadura do adversário, poderia ajustar a visão e saber imediatamente quando estava dentro do alcance. A mira convencional, de estilo antigo, era mantida, em caso de falha elétrica.

Também foram instaladas câmeras cinematográficas, que gravavam os disparos em película de 16 mm no período em que as armas estavam disparando. As portas destas câmeras eram cobertas com tinta vermelha e remendos de tecido quadrados até que fossem soprados pelos primeiros tiros. Isto ajudava a fornecer provas ou, pelo menos, uma indicação de que o alvo tinha sido abatido. Estas eram informações vitais de inteligência que podiam ser usadas para avaliar a força inimiga que voltava para casa após uma incursão - dados que alimentariam uma avaliação da taxa de atrito das forças inimigas.

PREPARATIVOS PARA A GUERRA

Apesar dos indícios crescentes de guerra, era evidente que os fabricantes de estruturas de aeronaves não estavam preparados para a produção em larga escala. O Ministério da Aeronáutica, portanto, entrou em conversa com a Morris Motors, em Cowley, para sondar a perspectiva da sua construção de Sptifires. No final, no entanto, o governo construiu uma instalação sob medida em Castle Bromwich, perto do aeroporto, que poderia funcionar como uma fábrica de montagem de primeira classe para produção em massa.

Na verdade, a perspectiva de fabricar o Spitfire tinha, inicialmente, provado ser tão difícil que o governo havia considerado cancelar o modelo após a produção inicial começar. A Supermarine, porém, trabalhou com equipes governamentais e dividiu a produção em seções, conseguindo uma montagem rápida. Isto funcionou muito bem; o Spitfire foi a única das aeronaves em plena produção em todos os dias da guerra. Foram construídas cerca de 20.351 aeronaves, das quais 4.533 foram perdidas. Além disso, foram construídos cerca de 2.646 Seafires – versões navais do Spitfire que foram utilizados pela FAA em porta-aviões e instalações nas costas marítimas no exterior.

A decisão de ordenar a produção tanto do Spitfire como do Hurricane havia sido sábia. A produção em massa do Hurricane veria 497 serem entregues no início da guerra, equipando 18 esquadrões, em comparação com apenas nove esquadrões de Spitfires. No entanto, o Spitfire foi projetado para um desenvolvimento progressivo. Durante sua evolução, este caça passou por mais de duas dúzias de variantes e alcançou capacidades de desempenho sem precedentes através da aplicação de motores Merlin mais potentes e, em 1942, o motor Griffon, que tinha duas vezes a potência de saída do Merlin utilizado no Mk 1. De fato, o Spitfire foi o primeiro em uma nova geração de aviões que, pelo menos estruturalmente, levaria diretamente aos caças movidos a jato que se seguiram. Em contraste, o Hurricane representou o final da linha em termos de projeto, com pouco desenvolvimento além de variantes adaptadas para operações específicas, tais como no Oriente Médio e no Extremo Oriente.

Como mencionado anteriormente, a RAF tinha uma preocupação com os bombardeiros. Quatro tipos foram inaugurados na era do monoplano, substituindo biplanos como o Vickers Virginia e o Handley Page Heyford, que tinham sido os carros-chefe ao longo de muitos anos. Dois bombardeiros médios, o Bristol Blenheim e o Fairey Battle, estavam em serviço antes do início da Segunda Guerra Mundial, o primeiro voo foi feito em 25 de junho de 1936, criando uma grande impressão com sua velocidade e desempenho geral. Com uma carga de bomba de 1.000 lb e alimentado por dois motores Bristol Mercury de 840 hp, o Blenheim tinha uma velocidade máxima de 260 mph. Entrou em serviço em 1937. O Battle, que era movido por um único motor Merlin, tinha carga e desempenho de bomba similares aos do Blenheim, mas não era tão rápido. Juntos, estes aviões proporcionaram uma oportunidade para a RAF atingir alvos no continente. Apesar disso, eles logo foram substituídos.

Três outros bombardeiros proporcionaram oportunidades para atingir a Alemanha: o Armstrong Whitworth Whitley, com esquadrões desde março de 1937; o Handley Page Hampden, em serviço desde o final de 1938; e o Vickers Wellington, também operacional a partir de 1938. O Whitley era um bombardeiro noturno pesado, com capacidade de carregar 7.000 libras de bombas e armamento defensivo em seu nariz e nas torres de cauda. Tinha uma velocidade de cruzeiro de apenas 160 mph. Quase todos os bombardeiros da RAF tinham armas colocadas em posições no nariz, cauda, meio para cima ou meio para baixo, isoladas da tripulação de voo, mas o Hampden quebrou essa tradição com posições de armas defensivas em posições ventral e dorsal, mais próximas da tripulação de voo. Esta era a posição universal de configuração preferida pelos bombardeiros alemães, mas era incomum nas aeronaves britânicas. O Hampden tinha uma capacidade de bomba de 4.000 lb e foi entregue à RAF em agosto de 1938. Tanto o Whitley como o Hampden, juntamente com o Battle e o Blenheim, representariam a primeira geração de bombardeiros monoplanos britânicos e estariam obsoletos até 1942.

Uma ideia de Barnes Wallis, inventor da "bomba saltitante" usada pelo Dam Busters, o Wellington foi projetado com uma construção geodésica, que fornecia uma fuselagem robusta em forma de grelha, capaz de absorver quantidades imensas de danos. Carregando uma carga máxima de bomba de 4.500 lb e com nariz defensivo e posições de cauda, cada uma equipada com duas metralhadoras 0,303, o "Wimpey" foi apelidado de motosserra durante a guerra, em uma grande variedade de papéis. Ele não foi apenas a base da capacidade de bombardeio da RAF até 1942, mas, também, serviu como aeronave de reconhecimento marítimo, aeronave de treinamento para navegadores e uma aeronave de transporte convertida.

CAPÍTULO 5
A Tempestade que se Aproxima

PREPARAÇÕES PARA AS DEFESAS AÉREAS contra bombardeiros inimigos começaram no início de 1939. Em 28 de julho, os primeiros 500 balões de barreiras estavam prontos para proteger Londres dos bombardeiros de mergulho, como o Ju-87 Stuka. Amarrados por fios através dos quais as aeronaves não podiam voar, a uma altura de 2.000 pés, os balões foram relançados até uma altura de 30.000 pés durante as batidas noturnas. Na época em que a guerra se rompeu, havia várias centenas a mais, e os jardins suburbanos foram ordenados para servir como estações de amarração de balões gigantes apelidados de "Jumbos" pelos residentes. Estradas e espaços abertos também foram reservados como lugares de amarração para estes defensores inusitados.

Em 8 de agosto de 1939, o aeroporto de Biggin Hill, em Kent, foi usado para um teste em massa das defesas aéreas de Londres. Envolvendo 500 balões de barreiras, 1.300 aeronaves e 1.400 de artilharia antiaérea (AAA, ou "triplo A"), este foi o exercício aéreo mais abrangente já realizado na Grã-Bretanha. Em outros lugares, as precauções com os ataques aéreos haviam estado em andamento durante grande parte daquele ano, os primeiros abrigos Anderson sendo entregues por caminhão para residentes em 25 de fevereiro. Os civis foram obrigados a montar as chapas de ferro ondulado, fixá-las e colocá-las em seus jardins, cobertos, na medida do possível, com terra.

Os preparativos foram extraordinariamente completos: avisos e folhetos foram distribuídos às casas dizendo aos habitantes o que fazer quando as sirenes de ataque aéreo fossem ouvidas, aonde ir por segurança e a maneira mais rápida de conseguir ajuda após uma batida, especialmente se sua casa tivesse sido destruída. O governo também fabricou e distribuiu 38 milhões de máscaras de gás, tornando-se uma infração não transportar uma todo o tempo. Apesar deste édito, no entanto, grandes quantidades apareceram perdidas em propriedades e escritórios. A educação se estendeu até mesmo aos brinquedos infantis, sendo equipados com pequenas máscaras de gás para torná-las mais familiares para as crianças. Para as mães dos bebês, eram enviadas as barracas de gás nas quais o bebê poderia ser colocado, como se estivesse em um berço. Entretanto, o cheiro da borracha, muitas vezes, criava mais pânico do que as próprias barracas!

Todas estas medidas refletiam a incerteza sobre quais seriam os efeitos de um bombardeio, e revelavam que o impacto da incursão alemã em Guernica, na Espanha, havia causado um alarme considerável. Temendo o pior, em 1º de setembro, trens foram mobilizados para a evacuação em massa de crianças. As linhas ferroviárias através da Grã-Bretanha, posteriormente, foram cruzadas com pessoas sendo redistribuídas das cidades para as aldeias e comunidades do campo. Muito disto foi prematuro, mas teve o efeito de gerar uma sensação de que a nação estava bem preparada para o pior e que o público geral tinha sido adequadamente informado sobre as medidas.

Enquanto isso, as forças armadas também tiveram vários meses para se preparar para o que muitos perceberam ser um confronto inevitável com as forças alemãs. Então, uma vez que um ultimato havia sido enviado à Alemanha, em 2 de setembro de 1939, um dia após a Wehrmacht invadir a Polônia, todas as aeronaves da RAF Advanced Air Striking Force (AASF) começaram a ser remanejadas na França, na expectativa de que os alemães montassem um ataque relâmpago na Europa Ocidental. Havia, no entanto, algum espaço para respirar. A inteligência fornecida pelos franceses e britânicos, juntamente com a clandestinidade na Alemanha, indicou que não havia forças alemãs suficientes na fronteira francesa para que um ataque no Oeste ocorresse imediatamente.

A GUERRA FALSA

As primeiras unidades a voar para a França foram os Fairey Battles do Comando de Grupo de Bombardeiro Nº 1. Isto deixou cinco grupos de bombardeiros para trás no Reino Unido, um dos quais era para o treinamento de esquadrões agrupados. O Comando de Caças, por sua vez, tendo assimilado recentemente os esquadrões da Força Aérea Auxiliar na RAF em serviço em tempo integral, agora tinha 39 esquadrões e pouco mais de 700 aeronaves. Dois esquadrões de caças voavam em biplanos Gauntlet e Hind, e 30 esquadrões voavam caças monomotores - Hurricanes, Spitfires e Defiants. Na deflagração da guerra, o Comando de Caças enviou uma força expedicionária de quatro esquadrões de Hurricanes para ajudar os franceses, patrulhando a fronteira com a Alemanha. Eles também aproveitaram a oportunidade para, em geral, familiarizar-se com a cultura francesa.

> **DISPERSÃO DE ESQUADRÕES BOMBARDEIROS NO INÍCIO DA GUERRA**
> O Comando de Bombardeiros perdeu parte de sua força em solo doméstico com o movimento do Grupo N° 1 para a França. Tudo o que restou foi: o Grupo N° 3, com seis esquadrões operacionais de Wellingtons e dois esquadrões não-operacionais; o Grupo N° 4, com cinco esquadrões de Whitleys e um esquadrão não-operacional; e o Grupo N° 5, com seis esquadrões de Hampdens e dois esquadrões não-operacionais.

Com toda a ação ocorrendo na Polônia, estava tudo literalmente "calmo na frente ocidental" durante os primeiros meses da guerra, apenas com atividades espasmódicas sugerindo que os alemães tinham alguma intenção de invadir a França, a Bélgica ou os Países Baixos. A RAF só estava lá para cumprir um compromisso assumido pelos britânicos para ir à assistência da França e, de fato, houve uma forte oposição à contribuição britânica daqueles que pensavam que a defesa da Grã-Bretanha deveria vir primeiro. Estas vozes de dissidência incluíam altos funcionários. Por exemplo, quando seis esquadrões adicionais foram destacados para a França, o Comandante-em-Chefe do Comando de Caça (C-in-C), Sir Hugh Dowding, escreveu para o Ministério da Aeronáutica protestando em termos vigorosos contra a diluição das forças domésticas.

Mesmo quando a RAF estava se posicionando de um modo defensivo, os esquadrões de caças estavam em processo de mudança das aeronaves envelhecidas para as mais modernas como os Hurricanes e Spitfires. Para a Força Aérea Francesa, que era equipada com aeronaves mais antigas, disponíveis em menor número e com menor capacidade operacional, a contribuição britânica era um apoio tranquilizador. Embora o estoicismo de seus pilotos e da tripulação aérea fosse inquestionável, a Armée de l'Air Francesa era o produto de uma abordagem menos entusiasta do que a do rearmamento, muitos acreditavam que a Linha Maginot - um conjunto de fortalezas defensivas paralelas à fronteira alemã – seria suficiente para manter o país seguro. O que se provou, de uma forma dramática, não ser tão eficiente assim.

Para todo apoio público à França, no governo e nas áreas militares, houve sérias discordâncias sobre como colocar uma frente consolidada contra novas agressões alemãs. No entanto, todos concordavam que esta agressão era uma questão de tempo. Em 23 de outubro, o Vice-Marechal do Ar (Air V-Mshl), Douglas Evill, foi para a França para discutir estes assuntos com o General Gamelin, o Supremo Comandante e General Vuillemin, que representava a visão da Armée de l'Air. O objetivo da reunião era delinear uma política aprovada pelo Gabinete de Guerra em Londres de que "a iniciativa cabe à Alemanha" e que "devemos conservar e desenvolver nossos recursos até que a diferença em força numérica seja reduzida". Felizmente, os principais programas de expansão da capacidade aérea da Grã-Bretanha já tinham sido implementados e, com os programas de produção ainda em andamento, cada semana que passava significava que a RAF estava ficando mais forte.

A opinião da RAF, endossada pelo Gabinete, era de que a Grã-Bretanha não deveria lançar um assalto imediato ao Ruhr por via aérea. De fato, isso não poderia ter sido feito, dado o estado lastimoso do equipamento neste momento. No entanto, no caso de hostilidade alemã no Oeste, esse movimento deveria ser feito. Os franceses não ficaram entusiasmados com isso e enfatizaram sua visão de que a estratégia deveria ser impulsionada por uma abordagem defensiva, não ofensiva. As duas abordagens eram, de fato, polos separados: os franceses estavam aterrorizados com uma forte investida induzida por provocação; os britânicos acreditavam que ao primeiro sinal de ataque, uma estratégia ofensiva de bombardeio deveria começar. Com a França ainda vendo o bombardeiro pesado como apoio para operações terrestres, eles interpretaram a abordagem britânica como um grande ataque terrestre à Alemanha - um ataque do qual eles não tinham certeza de que sairiam vencedores.

No entanto, ninguém podia ter certeza sobre as defesas no Ruhr - o centro industrial da Alemanha. Isto era importante, já que uma ofensiva eficaz seria, em vários aspectos, a chave para colocar o regime nazista de joelhos. Escrevendo para Dowding, C-em-C do Comando de Bombardeiro, Edgar Ludlow-Hewitt advertiu que um ataque preventivo contra o Ruhr poderia resultar em danos às forças atacantes e um grande número de seus bombardeiros poderia ser perdido. E mais, os recursos e o tempo necessários para reabastecer uma força de grandes aeronaves abriria uma lacuna para agressão oportunista alemã.

É claro, então, que nas semanas e meses da abertura de guerra, houve incerteza generalizada sobre o que fazer, como responder aos diferentes níveis de agressão alemã e quando mobilizar uma resposta. O que estava aparente, porém, era a impossibilidade de fornecer apoio aéreo direto para a Polônia, situada a cerca de 700 milhas das estações de bombardeiros da RAF, na Inglaterra.

AÇÃO DO BOMBARDEIRO

Para o Comando de Caças, a guerra de 1939 foi um jogo de espera, mas, para o Comando de Bombardeiros houve ação desde o primeiro dia, com aviões Blenheim, Wellington e Hampden conduzindo aeronaves de reconhecimento em busca de frotas alemãs ao norte de Wilhelmshaven. De fato, a primeira aeronave da RAF a cruzar a costa da Alemanha, durante a Segunda Guerra Mundial, foi um Blenheim N6215. Seguindo na sua esteira, o Whitleys sobrevoou o coração industrial da Alemanha, deixando cair panfletos de propaganda – uma ação que foi o foco principal do Comando de Bombardeiros durante as semanas iniciais da guerra.

De volta à Grã-Bretanha, enquanto isso, eram realizados exercícios para afinar as táticas e para a realização de simulações com manequins, como um inimigo fantasma, usando cerca de 60 bombardeiros dos Grupos Nº 3 e 5 como 'alvos' em torno de Belfast, na Irlanda do Norte.

Assim, todo esse período foi apelidado de "Guerra Falsa" - na medida em que não foi guerra, porém, apenas um bando de jovens testando a coragem uns dos outros – operações ofensivas foram realizadas, embora nenhum dos lados tenha se engajado totalmente em um combate de grande porte. Além disso, foi uma época em que algumas sondagens sérias do inimigo e testes de equipamentos ocorreram. Por exemplo, a primeira aeronave da RAF a sobrevoar Berlim realizou um voo de ida e volta de 1.000 milhas na noite de 1º e 2 de outubro. Então, em 3 de dezembro, cerca de 24 Wellingtons atacaram uma força de navios de guerra inimigos nas proximidades de Heligoland, lançando um total de 63.500 lb de bombas perfuradoras de blindagem em pelo menos um cruzador. Vinte caças da Luftwaffe voaram em contra-ataque, alguns foram atacados e, apesar de sofrerem alguns danos limitados, todos os bombardeiros britânicos retornaram.

Seguiram-se mais ataques, especificamente a alvos navais, uma vez que a RAF foi proibida de atacar alvos terrestres por medo de levar o inimigo a "ações irracionais", particularmente, as represálias às cidades britânicas. Por enquanto, então, para os Aliados, era uma guerra das máquinas - aviões contra navios de guerra - e a realidade de todo o conflito ainda não tinha explodido na Europa Ocidental.

A SITUAÇÃO NA ALEMANHA

Entre os alemães, o assunto era tratado de forma diferente. Com o conflito agora terminado na Polônia e o país ocupado pelas tropas alemãs e russas, a Luftwaffe mudou as Luftflotten 1 e 4 para a Alemanha Ocidental, consolidando as Luftflotten 2 e 3 que, até o momento, tinham sido colocados perto da fronteira durante toda a ação.

Reciprocamente, a Luftwaffe fez batidas aéreas contra navios britânicos, mas estas também eram exploratórias em vez de parte de um plano específico. Hitler ainda mantinha a esperança de um acordo com a Grã-Bretanha, uma perspectiva que evaporou rapidamente após o governo recusar um "sinal de paz" de Berlim, em 6 de outubro. Vendo como a França estava despreparada para a guerra, e os britânicos se fortalecendo a cada dia, com novos homens e equipamentos que fluíam para o arsenal militar, Hitler pressionou a França a fim de isolar a Grã-Bretanha e colocar o país a seus pés. Além disso, Hitler reconheceu que se os britânicos lançassem sua força de bombardeiros contra o Ruhr, decapitariam a capacidade da máquina de guerra alemã de se reabastecer. Por todas estas razões, portanto, era importante atacar no Oeste o mais rápido possível.

Assim, foram estabelecidos planos para a consolidação de forças para uma grande campanha para ocupar o resto da Europa continental, até o Canal da Mancha. Entretanto, houve uma forte oposição a este plano por parte de altas patentes nazistas e mesmo da liderança militar alemã. Contra as certezas dos planejadores e estrategistas militares experientes, Hitler apresentou uma reação nervosa que desmentia a forte e belicosa autoconfiança com a qual acariciava o público. Incerto sobre as consequências e ansioso por prolongar o uso oportunista de uma ação rápida, Hitler estava inseguro quanto a provocar a Grã-Bretanha a uma resposta prematura. Na verdade, ele foi tão cauteloso quanto os britânicos em um ataque preventivo.

A liderança da Wehrmacht também estava muito preocupada com uma ofensiva no Oeste. Em sua conversa com eles, em 23 de novembro, Hitler, portanto, tentou acalmar os medos para buscar a aprovação do que até ele mesmo considerava ser um empreendimento ambicioso. Esta seria a terceira invasão da França - 70 anos desde a Guerra Franco-Prussiana de 1870-1 e pouco mais de 25 anos desde o ataque de 1914. Ele deu palestra às elites militares sobre "a própria existência da nação" e, em 29 de novembro, emitiu uma diretiva para "dar um golpe aniquilador na economia inglesa", circundando a costa britânica com minas, de modo a negar ao país a capacidade de resistir à pressão da Alemanha para um acordo. Ele passou a definir uma maneira de "estrangular" a Grã-Bretanha ao forçar um confronto no campo de batalha da França para corroer o que era, realisticamente, apenas uma força expedicionária - os britânicos nunca haviam se preparado para uma grande guerra continental e passaram a contar com o poder naval e, posteriormente, com o aéreo, para proteger o Império.

Como chefe da Luftwaffe, em 7 de dezembro de 1939, Göring emitiu sua própria diretiva para uma guerra no ocidente: derrotar o exército francês tão completamente quanto possível na Bélgica e na França, antes de focar na Marinha Real no Canal e no Mar do Norte. As Luftflotten 2 e 3 foram designadas para apoiar o exército, assim como o apoio aéreo tinha sido mobilizado para o ataque à Polônia. O Alto Comando da Luftwaffe quis começar o mais rápido possível para obter a melhor vantagem, citando o dia 1º de janeiro de 1940 como a data preferível. No entanto, os bombardeiros deveriam ser levados ao solo britânico com muito cuidado. Somente Göring poderia dar permissão para ataques aéreos em conurbações com mais de 5.000 habitantes e, mesmo assim, somente naquelas que abrigassem alvos militares.

A política alemã, tal como foi articulada pela mais alta liderança da hierarquia nazista, era tentar a todo custo segurar o Império Britânico, e fazer o país enfraquecer-se, para que não fosse uma ameaça militar para as ambições da Alemanha em territórios que os alemães julgavam estar fora dos interesses britânicos. Por outro lado, o Alto Comando da Wehrmacht estava altamente duvidoso sobre começar uma prematura guerra aérea, citando que "desencadear uma guerra aérea total contra a Grã-Bretanha antes de adquirirmos uma posição inicial favorável e ter forças suficientemente adequadas para esse propósito, é incompatível com nossa estratégia geral".

Havia dúvidas consideráveis, inclusive por parte do próprio Göring, sobre a capacidade da Alemanha de travar tal conflito com a Grã-Bretanha. Fontes em primeira mão, mais tarde, falaram sobre as profundas preocupações prevalecentes no final de 1939 sobre a capacidade da Luftwaffe de travar a guerra em três frentes: a zona de guerra militar; a produtividade da indústria de armamento; e o apoio do público alemão à tal guerra. Nenhuma destas eram seguras. Göring também reclamou que as isenções dos serviços militares para os trabalhadores da indústria não permitiriam que houvesse substituições suficientes do pessoal perdido em combate; as perdas no ataque à Polônia haviam sido suficientemente severas para levantar tal preocupação.

Além disso, foram expressas preocupações sobre a capacidade da máquina de guerra alemã de prover a si mesma enquanto deixava relativamente intocada a vida doméstica e o nível de vida da maioria da população alemã. Isso exigia uma solução: a ocupação e utilização de instalações industriais estrangeiras e sequestradas, trabalhadores (escravos) para complementar as perdas. Esta foi considerada a única maneira de manter apoio à popularidade do Partido, preservando seu curso de ação em política externa e atividades militares, fato que estava no centro do planejamento integrado e é frequentemente omitido, mas que desempenhou um papel importante na formação da política aérea, uma vez que se relacionava com a guerra como um todo. Na verdade, esta é a única razão pela qual as ordens restringiram o bombardeio em cidades industriais sem uma justificativa convincente. Unidades de trabalho, fábricas intactas e trabalhadores capacitados seriam cruciais para o equilíbrio econométrico da sociedade alemã em casa.

É claro que os britânicos e os franceses não sabiam nada sobre este conflito interno. Em 14 de abril de 1940, quando o Marechal Chefe da Aeronáutica (Air Chf Mshl), Arthur Barratt, oficial de ligação com os franceses, não conseguiu chegar a um meio-termo sobre como lidar com os ataques sobre alvos alemães, os franceses resistiram novamente a qualquer ação provocatória. Planos para atacar as linhas ferroviárias de Freiburg e Basel já haviam sido derrubados, e os franceses se recusaram a permitir o lançamento de ataques a alvos industriais alemães no Ruhr, novamente, por medo de represálias. Um acordo acabou por ser fechado nove dias depois, quando os franceses concordaram com as batidas da RAF em alvos selecionados no Ruhr se os alemães atacassem a Bélgica e a Holanda, mas em nenhuma outra planta industrial.

Essa regra é ainda mais notável dado o ritmo da atividade que se desencadearia rapidamente na França e nos Países Baixos após este período de hesitação terminar. O que isso revela é a extensão da incerteza sobre ambos os lados a respeito do procedimento e do melhor curso de ação. Na realidade, era impossível para a Wehrmacht montar uma ofensiva no Oeste antes da primavera 1940. De importância crítica, esta calmaria que precedeu a tempestade permitiu à Luftwaffe reconsolidar suas forças, e à RAF se fortalecer - resultados que só despertaram o potencial para uma guerra aérea sem restrições quando a Alemanha, finalmente, fez seus movimentos para o Oeste.

OPERAÇÃO *WESERÜBUNG*

Todas os esforços de alguns elementos da Wehrmacht de impedir Hitler de atacar no Oeste foram contornados em 24 de fevereiro, quando o Alto Comando elaborou uma estratégia para evitar a consolidação britânica e francesa na região dos Países Baixos e antecipar um assalto geral nos territórios do norte da França. A oposição, no entanto, ainda era manifestada por vários comandantes seniores, embora apenas em relação às minúcias do plano, e não à lógica da estratégia. O objetivo principal, como visto pelo Alto Comando, era tomar a Holanda para bloquear uma iniciativa dos Aliados nesta área.

A Luftwaffe estava ansiosa para prosseguir com o ataque à RAF em seus campos de aviação e centros de comando, preparando o caminho para opções futuras de invasão por forças terrestres e marítimas. No entanto, era contra as rotas de abastecimento marítimo que a maior parte da ofensiva era considerada necessária, uma vez que esta ação aniquilaria as frotas mercantes, que eram críticas para o abastecimento da Grã-Bretanha. Até certo ponto, a Luftwaffe se via como uma alternativa à preeminência de ataque das forças terrestres, que tinham funcionado tão bem na Polônia, reconhecendo que, tanto geograficamente como geopoliticamente, a Grã-Bretanha estava em um lugar muito diferente e que neutralizá-la não se tratava apenas de ocupá-la fisicamente.

Esta visão foi adaptada, em certa medida, por outro plano que preferiu ver a subjugação da RAF antes de um ataque contra a França e os Países Baixos, impedindo que o poder aéreo britânico apoiasse a França no próximo conflito. Os alemães sabiam que, enquanto os britânicos eram fracos na "cooperação do exército", por falta de aeronaves adequadas para blitzkrieg, a RAF estava investindo mais do que eles em um potencial estratégico que poderia moer o coração industrial da Alemanha em uma guerra prolongada; eles sabiam que os bens materiais e de produção do Império Britânico poderiam superar os da Alemanha a longo prazo e que, para garantir a derrota, a ação teria que ser rápida e decisiva.

A preocupação com a ameaça em potencial das aeronaves da Luftwaffe, que eram capazes de atacar alvos britânicos a partir de bases mais próximas da Grã-Bretanha do que aquelas dentro da Alemanha, antecipou a possibilidade de uma ocupação alemã da Noruega. Caso a Alemanha ocupasse a Escandinávia, os britânicos implementariam o Plano R4 e ocupariam a Noruega e a Suécia neutras. Considerações estratégicas focaram a atenção da Alemanha sobre a necessidade de recursos materiais, especialmente minério de ferro, que estava disponível em abundância na Suécia através do porto norueguês de Narvik (descongelado), quando o porto sueco de Luleå, no Golfo de Bótnia, estava congelado. A outra principal fonte de abastecimento da Alemanha era a França, mas esta possibilidade foi descartada na deflagração da guerra.

Para a Grã-Bretanha, diretamente focada na Escandinávia, a ocupação alemã da Noruega ameaçaria todo o lado nordeste do Reino Unido, com ataques aéreos de um local muito mais próximo do que as bases existentes da Luftwaffe. E, como mais tarde se comprovaria, os ataques alemães aos comboios do Ártico, que enviavam ajuda à Rússia após a invasão alemã, em junho de 1941, foram incessantes. É claro, nada disto era conhecido no início de 1940, mas o tempo, certamente, mostraria o valor que a preparação para as operações da Luftwaffe na Noruega teria.

Sem conhecimento dos planos britânicos, mas convencidos de que era apenas uma questão de tempo até os Aliados ocuparem a Noruega e cortarem o acesso alemão, a Operação Weserübung ("Exercício sobre o Weser") foi autorizada em 27 de janeiro de 1940. Ela deveria ser montada pelo XXI Corpo do Exército, a 3ª Divisão de Montanha, que era composta por tropas experientes na guerra do Ártico. A Operação foi apoiada por, aproximadamente, 1.000 aeronaves, que lançaram paraquedistas e outras aeronaves, que conduziram operações de bombardeio e ataques a alvos costeiros e navais. Preocupados com a possibilidade dos britânicos invadirem os territórios mais ao Sul, a partir de 1º de março, a invasão da Dinamarca foi acrescentada ao plano, substituindo uma decisão anterior de negociar o acesso somente após a ocupação da Noruega ter sido realizada.

Os alemães não foram os únicos a ter como alvo a Escandinávia. Quando os russos entraram na Polônia, no final de setembro de 1939, eles também começaram uma ofensiva contra a Finlândia. No início de março de 1940, apesar da resistência feroz, os finlandeses estavam todos derrotados sob o puro peso dos números menores. Em 3 de março, Hitler ordenou que a invasão da Dinamarca e da Noruega continuasse em ritmo acelerado. Nove dias depois, a Finlândia foi capturada.

Houve algum alívio em Londres, onde o governo havia se comprometido a ajudar a Finlândia e, depois, renegou sua promessa. Este foi um engano que trouxe um desafio ao governo de Chamberlain, e não menos a Harold Macmillan, que tinha voltado ferido de uma viagem de averiguação à Finlândia apenas para saber que, apesar das promessas, nenhuma das armas prometidas pelos britânicos havia sido entregue. Isto só é digno de nota na medida em que acrescenta novos apelos para que Chamberlain fosse destituído, o que aconteceu menos de dois meses depois, alterando significativamente o curso da guerra.

Ao retornar ao seu antigo emprego no Ministério da Marinha quando a guerra eclodiu, Winston Churchill tinha impulsionado um plano, a Operação Catherine, para forçar a entrada no Báltico de uma flotilha de grandes navios de guerra equipados com proteção blindada e armas antiaéreas. Entretanto, isto não aconteceu, pois foi considerada uma estratégia muito arriscada por deixar as unidades navais isoladas e expostas longe do território britânico.

No início de abril, havia uma preocupação generalizada na Grã-Bretanha de que o país estava permitindo que os alemães decidissem sobre a próxima iniciativa a ser encenada. Havia pedidos na imprensa nacional para fazer algo, para levar a luta a Hitler e não esperar que ele escolhesse o próximo campo de batalha. Mas, havia incertezas suficientes para aumentar a cautela; enquanto a produção de aeronaves estava aumentando, os níveis de produção de armas antiaéreas eram baixos, suscitando preocupações sobre a defesa eficaz das áreas urbanas caso a Alemanha decidisse sobre uma guerra aérea total.

Depois, houve relatos de que os alemães tinham agrupado 147 divisões no oeste da Alemanha, mais de 100 delas estariam próximas à fronteira com a França. O Comitê Conjunto de Inteligência observou, também, que a Alemanha tinha 1.200 tropas transportadas por aeronaves, apoiadas por unidades de caças no norte da Alemanha, prontas para conduzir uma rápida invasão da Suécia, talvez, até da Noruega, e que uma redução do acesso ao minério de ferro era igualmente preocupante. Esta incerteza afetou ambos os lados neste impasse, com o tempo se esgotando para chegar a uma decisão sobre como preparar uma armadilha. Só os alemães sabiam qual seria seu próximo alvo e os britânicos só tinham o R4 - o plano para ocupar a Noruega e a Suécia neutras - e isso era uma proposta reativa.

A direção do curso tornou-se clara na tarde de 7 de abril, quando o HMS *Glowworm*, operando em tarefas de escolta para a colocação de minas, anunciou que estava atacando um contratorpedeiro alemão ao largo de Trondheim e que uma força naval alemã parecia estar indo na direção de Narvik. A transmissão do *Glowworm* enfraqueceu, desapareceu e nada mais se ouviu sobre ela. Mais tarde, verificou-se que, atingido por tiros do cruzador pesado alemão *Admiral Hipper*, o *Glowworm* tinha feito a volta, batido no navio de guerra alemão e arrancado 120 pés de sua couraça blindada. Entretanto, *Glowworm* havia perdido sua proa no processo e afundado logo em seguida.

A primeira notícia do que foi um assalto maciço das forças alemãs foi trazida ao governo britânico durante a manhã de 9 de abril. Como Major General (Maj Gen), Hastings Ismay, Secretário Adjunto do Gabinete, declarou:

"Nas primeiras horas ... fui acordado de um sono profundo pela campainha telefônica. Era o oficial de serviço do Escritório do Gabinete de Guerra. Eu não conseguia compreender o que ele dizia, apesar dos pedidos frequentes por repetição ... então, sugeri que ele levantasse as cortinas, acendesse as luzes, encontrasse seus dentes falsos e dissesse tudo de novo... Seu relatório foi brutal em sua simplicidade. Os alemães tinham se apoderado de Copenhague, Oslo, e todos os principais portos da Noruega... Enquanto me apressava em colocar minhas roupas, percebi, pela primeira vez na minha vida, o efeito devastador e desmoralizante da surpresa".

Houve vários relatórios durante os dois dias anteriores de que a atividade naval no Mar do Norte era certa; o que isso implicava era menos claro. A Frota Doméstica Britânica havia navegado de Scapa Flow, na Escócia, preparada para engajar o que eles perceberam ser exercícios iniciais das forças navais alemãs, incluindo os navios de guerra *Scharnhorst* e *Gneisenau*, para atacar os navios comerciais britânicos no Atlântico Norte. Os alemães haviam conduzido um golpe de mestre provocando os britânicos a acreditar nisso, para que a Marinha Real fosse a toda velocidade a Oeste, em perseguição, enquanto a maior parte da força de invasão se dirigia para a costa norueguesa.

O sucesso da ocupação da Dinamarca e da Noruega pelos alemães tornava a rapidez essencial. Isto envolveu uma estreita coordenação entre os Kriegsmarine (Marinha) e a Luftwaffe, especificamente o Kampfgeschwader zur besonderen Verwendung (bombardeiro Geschwader para uso especial). Comandando o X Fliegerkorps (10º Corpo Aéreo), o Tenente-General (LT Gen) Hans Geisler foi acusado de subjugar as forças aéreas dinamarquesas e norueguesas enquanto suprimia as operações Aliadas que se aproximavam na costa. A tarefa de transporte maciço foi atribuída a sete Gruppen de transporte, que tinham sido formados para esta operação em apoio ao transporte Geschwader existente na Luftwaffe. Estas unidades tinham aeronaves de transporte Junkers Ju-52/3m, juntamente com uma mistura de aviões terrestres e hidroaviões.

As aeronaves de transporte, carregadas com paraquedistas, decolaram dos aeroportos em Schleswig-Holstein na manhã de 9 de abril, lançando-os nos aeroportos de Aalborg, na Dinamarca, e de Oslo-Fornebu e Stavanger-Sola, na Noruega, para que pudessem ser tomados sob controle alemão. Os saltos foram imediatamente seguidos por unidades de infantaria, para garantir o controle alemão de todas as operações aéreas. Caças pesados, bimotores Bf-110, protegeram os transportes de madeira e lançaram patrulhas aéreas para manter o controle dos céus.

As informações sobre o nível exato de atividade vieram lentamente. A RAF despachou voos de reconhecimento e um barco voador Short Sunderland do esquadrão Nº 228, confirmando, na tarde de 10 de abril, que havia navios inimigos em Trondheim, desencadeando um ataque de aviões Swordfish da HMS *Furious* no dia seguinte, no que foi o primeiro ataque aéreo de torpedos da guerra. Infelizmente, até este momento, os navios já tinham partido. Portanto, redirecionando seus esforços para um fiorde próximo, o Swordfish atacou um contratorpedeiro alemão ancorado. Eles falharam em atingi-lo e voltaram desconsolados.

Reconhecendo que a destruição dos aeroportos noruegueses era primordial, os bombardeiros Blenheim foram enviados para combater o ataque da Luftwaffe e algumas operações de bombardeio foram realizadas. No entanto, a Luftwaffe tinha trazido caças Stukas, aeronaves de transporte e armas antiaéreas e consolidou, rapidamente, suas posições. O Comando de Bombardeiros sofreu grandes perdas quando nove Hampdens e Wellingtons foram abatidos e, com perdas inaceitáveis, em 12 de abril, a RAF abandonou sua política da pré-guerra de autodefesa de ataques à luz do dia. Os Blenheims do Grupo N° 2 avançaram em função tática, o que também trouxe grandes perdas.

Os alvos dessas aeronaves estavam em apoio direto ou, no mínimo, periférico para operações navais e de comando à medida que o plano R4 se desdobrava e as forças britânicas começavam a se lançar no que se revelou ser um fiasco, sem nenhuma chance de reverter a invasão alemã. Quanto ao Comando de Caças, dois esquadrões foram destacados para a Noruega. Estes incluíam os Gladiators do Esquadrão N° 263, da Filton, que foram transportados para o Lago Lesjaskog a bordo do porta-aviões HMS *Glorious*. O *Glorious* realizou novamente uma operação de balsa, movendo 18 Hurricanes do esquadrão N° 46, destacados da RAF Digby para Skånland em 26 de maio. Ironicamente, foi-lhes dito que não era para interceptar aeronaves inimigas, a menos que o próprio aeroporto estivesse sob ataque. Problemas em Skånland provocaram uma mudança para Bardufoss e, em 28 de maio, um Ju-88 foi derrubado, seguido pela perda de outras seis aeronaves inimigas ao custo de três Hurricanes no dia seguinte.

O resultado era inevitável, os britânicos experimentando sua primeira retirada. Em outra ocasião, teria sido chamado de retiro, talvez, até mesmo de derrota. A única séria oposição à investida alemã foi imposta pelos Hurricanes. Ao longo de 13 dias, o esquadrão voou 389 vezes, em 72 missões de combate e com o abate de 26 aeronaves da Luftwaffe. Os dois esquadrões foram retirados do país pelo HMS *Glorious*, em 8 de junho, mas com o inimigo virtualmente no controle dos céus, o porta-aviões foi afundado no dia seguinte. Dez aeronaves do esquadrão N° 46, seu comandante e sete de seus pilotos foram perdidos. A campanha na Noruega tinha sido problemática desde o início, mas havia apenas algumas vozes na Grã-Bretanha lançando dúvida sobre os méritos de arriscar vidas em um esforço infrutífero. Alguns dos conselheiros militares seniores não se manifestaram, mantiveram um silêncio insistindo que seria errado intervir militarmente. Eles foram ignorados.

Na época, existiam alguns enclaves significativos de pessoas tanto na Dinamarca quanto na Noruega que expressavam um sentimento pró-alemão. Elas tinham um vínculo comum de povos nórdicos, que haviam dado credibilidade e algum apoio político aos nazistas como testemunhado pela ascensão do Vidkun Quisling e seu Partido da União Nacional dos Fascistas, em 1933. No entanto, a grande maioria dos noruegueses ficou horrorizada com a perspectiva de sua liberdade ser suprimida sob a bota nazista. De fato, o movimento partidário que surgiu após a ocupação alemã é muito mais representativo das atitudes norueguesas do que qualquer um dos pontos de vista extremos do Quisling, cujo nome está ligado a colaboradores e traidores onde quer que eles apareçam.

Durante os quatro anos seguintes, os patriotas noruegueses travaram uma longa e eficaz guerra contra seus ocupantes, com considerável apoio em todo o Mar do Norte de Shetland, a corrida de pequenos navios que se deslocavam com suprimentos e comandos, sendo chamados de "ônibus de Shetland". Para a Grã-Bretanha continental, um desafio muito mais agressivo e robusto para a própria nação estava prestes a acabar com qualquer conceito de uma Guerra Falsa.

CAPÍTULO 6

A Guerra no Ocidente

PARA OS BRITÂNICOS, os primeiros quatro meses de 1940 evidenciaram um processo de expansão dos níveis de mão-de-obra e da entrega de aeronaves às unidades, assim como a consolidação das capacidades operacionais. As forças de combate desempenhariam um papel fundamental na defesa da Grã-Bretanha ao longo do resto do ano e veriam alguns dos mais decisivos encontros da história da guerra aérea.

Para a RAF, foi uma época de verdadeira expansão - em termos de ativos numéricos e da capacidade técnica da força aérea para cumprir suas responsabilidades. Muito foi escrito sobre a coragem dos pilotos e da tripulação aérea, sobre as estoicas determinações das equipes em solo, instaladores e técnicos para manter as aeronaves voando, e os comandantes seniores que gerenciaram a guerra aérea, primeiro na França e, depois, na Grã-Bretanha. No entanto, os antecedentes desses eventos são, frequentemente, negligenciados.

A decisão de atacar no Oeste foi resultado do fracasso por parte da liderança política alemã de convencer os britânicos e os franceses de que a conciliação resolveria as diferenças. Foi, também, resultado de uma falha ao tentar neutralizar a determinação britânica de enfrentar sozinha, se necessário, quando todo contato externo fosse cortado através de um bloqueio naval e do afundamento de navios mercantes. Para a Marinha Real, não houve período de Guerra Falsa. Seus navios estiveram engajados desde o início para manter as vias marítimas abertas e enfrentar a ameaça sempre presente dos grupos alemães de batalha, saqueando e caçando adversários em alto mar.

Foi assim que o alto comando alemão, incitado por Hitler, decidiu planejar a rendição do governo britânico por meio de um processo de atrito, desgastando a determinação britânica não só de continuar lutando, mas também de reter uma infraestrutura de armamento capaz de levar a luta até seu inimigo. Não funcionou. Além da expansão geral da RAF, a construção da linha de frente das forças continuou, sem cessar, durante os meses iniciais da guerra. Durante o período de janeiro a abril de 1940, a produção mensal de bombardeiros médios aumentou de 96 a 130, de bombardeiros leves, de 86 a 91 e de caças, de 157 a 256. Em geral, incluindo os de reconhecimento, os navais, de treinamentos e de diversos tipos, a produção total mensal em todas as classes de aeronaves aumentou de 802 em janeiro a 1.081 em abril, um total cumulativo de 3.462 nos primeiros quatro meses de 1940. Os alemães estimaram a produção britânica em 3.500 e estavam essencialmente corretos. Entretanto, como veremos, sua estimativa para o ano todo falhou bastante em relação ao verdadeiro cenário.

A pressa com que Hitler procurou mobilizar suas forças para o Oeste foi impulsionada, em grande parte, por seu desejo de enfrentar o inimigo no campo de batalha, onde esse poderia ser destruído antes que pudesse crescer e expandir sua capacidade. Ele estava convencido de que a Grã-Bretanha avançaria para a Bélgica e a Holanda, o que reforçou sua determinação em empregar táticas de blitzkrieg antes que as forças terrestres pudessem se organizar e se colocar em posições defensivas. Foi lá que ele quis destruir a Grã-Bretanha militarmente e quebrar suas costas, para que o Kriegsmarine pudesse minar as águas costeiras e a Grã-Bretanha, a longo prazo, passasse fome.

O fato de que este plano foi adiado até a primavera de 1940 beneficiou a Wehrmacht, permitindo-lhes implantar modelos posteriores de tanques médios, os Panzerkampfwagen III e IV. Os números destes em serviço de linha de frente aumentou de 314 em 1º de setembro de 1939 para 715 em 10 de maio de 1940, tendo substituído os muito menores Panzerkampfwagen I e II, modelos de reconhecimento leve para grandes operações de assalto. Cada modelo havia sido encomendado durante 1935. O Panzer IV e seus derivados se tornariam os principais tanques durante toda a guerra. Esta força terrestre, integrada com a força aérea, provaria ser esmagadora durante o ataque no Oeste.

No papel, os países Aliados da Europa Ocidental (França, Grã-Bretanha, Bélgica e a Holanda) tinham uma força numericamente superior, com um total de 144 divisões, 13.974 armas, 3.383 tanques e 3.099 aeronaves. Contra esta combinação de força, a Wehrmacht tinha 141 divisões no Oeste, 7.378 armas e 2.445 aeronaves disponíveis. Entretanto, contra os 719 bombardeiros dos Aliados, os alemães tinham 1.559. Enquanto os Aliados tinham 1.590 combatentes, a Luftwaffe tinha 1.220. Quando examinados mais de perto, se a blitzkrieg eliminasse as forças continentais, a Grã-Bretanha, sozinha, tinha apenas 540 combatentes baseados no Reino Unido e qualquer resultado favoreceria a força defensora.

Os ditames de Clausewitz, teórico militar prussiano do início do século XIX, sustentavam que uma força atacante deve ser maior do que a defensora em três vezes a fim de alcançar a vitória sobre a resistência entrincheirada. No entanto, Clausewitz se referia às forças terrestres, muito antes do advento do poder aéreo e o emprego da blitzkrieg, criando uma nova equação que poderia inclinar a vitória a favor da força com o componente de ar mais resistente. A Guerra Civil Espanhola e o ataque de 1939 à Polônia tinham mostrado às forças alemãs o valor de usar instrumentos interconectados em terra e no ar para dominar numericamente uma força superior. E este foi o elemento menos desenvolvido no uso operacional da RAF ao lado do Exército Britânico.

No final de março, Hitler havia dado ordens para mudar para uma ofensiva no Oeste em meados de abril, dias após a vitória sobre a Dinamarca e a Noruega. No entanto, a Luftwaffe ficou presa na prolongada recusa dos britânicos em deixar a Noruega para os alemães, então, o início da ofensiva foi adiado para o início maio, para permitir a consolidação das unidades da Luftwaffe. Ironicamente, documentos diplomáticos na embaixada britânica na Noruega revelaram aos alemães os planos iminentes do governo britânico para invadir a Noruega (Plano R4). A máquina da propaganda nazista usou isto para justificar sua ação na medida em que estava impedindo ataques agressivos na Alemanha, criando um escudo defensivo.

MALA AMARELA

O plano geral para a invasão da França, *Fall Gelb* ("Mala Amarela"), dependia da força esmagadora da Luftwaffe, com a Luftflotte 2 sob o comando do General Kesselring e a Luftflotte 3 sob o comando do General Sperrle. Estas unidades haviam sido implantadas na fronteira francesa em setembro e outubro, e tinham realizado repetidos voos de reconhecimento e vigilância desde o início da guerra. Os britânicos tinham pouca chance de absorver lições do ataque à Noruega antes de sua inteligência revelar os movimentos ameaçadores da Alemanha para iniciar um ataque no Oeste. Durante a tarde de 9 de maio, a Alemanha fez um ultimato à Holanda e as forças Aliadas foram colocadas em alerta.

Outros temas também estavam repercutindo através do establishment britânico, onde o Primeiro-Ministro Neville Chamberlain tinha presidido um governo que não foi capaz de mobilizar uma resposta satisfatória para os movimentos agressivos de Hitler. Em 7 de maio, o primeiro dia de um debate que durou três dias, sobre política nacional com respeito à guerra, Leo Amery - um político e jornalista conhecido por sua oposição ao apaziguamento militar – levantou-se para condenar os eventos até o momento. Com uma voz hesitante, ele disse as palavras que transformariam a maneira como a Grã-Bretanha lutaria contra Hitler. Começando por olhar para o orador, depois virando seu olhar para Chamberlain, que tinha acabado de voltar à Câmara, apontando um dedo para ele como se estivesse em condenação, pronunciou as palavras que marcaram um ponto de virada na atitude do Parlamento em relação à guerra:

'Isto foi o que Cromwell disse a todos no Parlamento quando achou que não estavam mais aptos a conduzir os assuntos da nação: "Vocês ficaram muito tempo sentados aqui para qualquer bem que você tenha feito. Partam, eu digo, e deixem-nos fazer por vocês. Em nome de Deus'.

Ao final do terceiro dia de debate, Chamberlain tentou formar uma coalizão com o Partido Trabalhista e o Partido Liberal. No entanto, eles não estavam dispostos e indicaram que só se juntariam a esse governo de unidade nacional se este fosse liderado por um Conservador que não Chamberlain. O Rei queria o Senhor Halifax para cumprir este papel, mas ele recusou. Apenas um homem que havia expressado uma condenação de longa data à Hitler serviria. Esse homem era Winston Churchill. Ele se tornou Primeiro-Ministro no dia 10 de maio, o dia decisivo, em que as forças Aliadas vivenciariam a força total da Wehrmacht.

O primeiro ataque alemão na manhã de 10 de maio utilizou paraquedistas sob um destacamento de assalto liderado por Hauptmann Koch, para apreender a fortaleza de Eben-Emael, Bélgica, com planadores de carga empregados pela primeira vez em combate. Como na Dinamarca e Noruega, os paraquedistas foram lançados em aeroportos chaves para evitar que eles fossem usados pelos Aliados e para mantê-los abertos para que os aviões de transporte alemães pudessem trazer mais tropas e suprimentos logísticos. Ataques coordenados aconteceram através da Holanda, Bélgica e Luxemburgo, com pesados ataques aéreos aos aeroportos e centros de comunicação na França. As forças alemãs rapidamente ocuparam Luxemburgo e começaram o empurrão sobre a Bélgica através das Ardenas. Ainda assim, os franceses resistiram à ordem da RAF para bombardear, antes que o Marechal Aéreo (Air Mshl) Barratt repreendesse a iniciativa e ordenasse um ataque. Trinta e dois Fairey Battles foram enviados para atacar as colunas inimigas. Sob fogo pesado, 13 foram atingidos no céu, os remanescentes retornaram com danos consideráveis.

A surpresa foi um elemento chave da estratégia alemã, o choque proporcionado por bombardeiros de mergulho Stuka sendo apoiados com ataques dos bombardeiros convencionais ao longo do dia, atacando as linhas de abastecimento e nas posições inimigas. No geral, algumas das 1.180 aeronaves alemãs foram empregadas - incluindo 341 bombardeiros de mergulho, 970 caças e 270 bombardeiros pesados - Eles lançaram ataques inesperados nos centros de comando. Não tendo aprendido nada da Polônia, o que eles viram como um caso único, os Aliados estavam totalmente despreparados para o ataque. Os alemães esperavam que os britânicos montassem ataques diversos ao Ruhr, mas, quando estes não se materializaram, a Luftwaffe foi capaz de transferir as unidades de caças de defesa daquela área para consolidar as forças atacantes na França e nos Países Baixos. Sem manifestação de oposição por parte dos Aliados, a resposta da Grã-Bretanha e da França foi reativa ao invés de tática.

JOGO DOS NÚMEROS

No dia em que a guerra irrompeu no Oeste, a RAF tinha cinco esquadrões (N° 1, 17, 73, 242 e 501) na ala 67 (Caça); dez esquadrões (12, 88, 103, 105, 114, 139, 142, 150, 218 e 226) nas alas 71, 75 e 76 (Bombardeiro); um de reconhecimento fotográfico e um do esquadrão de reserva sob a autoridade da British Air Forces in France (BAAF) sob Air Mshl Barratt. Criada em 15 de janeiro de 1940, a BAAF forneceu um comando às unidades da RAF na França.

O componente aéreo da British Expeditionary Force (BEF) veio sob o comando do Air Chf Mshl Blount e incorporou dez esquadrões (3, 79, 85, 87, 213, 242, 253, 607, 615, 504) sob o grupo 14 (Caça), dos quais, a maioria estava sediada em estações na Inglaterra e teria um diário de operações que os viram transferir, primeiro, para os aeroportos franceses e, depois, de volta para o Reino Unido sob a retirada geral do continente. Mas, estas foram operações defensivas. A opção de ataque estava dentro da AASF sob a Air V-Mshl Patrick Playfair, formada em 24 agosto de 1939, do Comando de Bombardeiros do Grupo N° 1.

Com dez esquadrões, a AASF foi designada para uma estratégia ofensiva e, a partir de 15 de janeiro, juntamente com o Componente Aéreo do BEF, ficou sob a autoridade da BAAF. Com um complemento lamentavelmente inadequado dos modelos Battle e Blenheim, cairia como presa diante dos caças da Luftwaffe e pagaria o preço de uma aeronave inferior.

A Bélgica tinha cerca de 200 aeronaves operacionais e os Países Baixos tinham 125 aeronaves razoavelmente artesanais e obsoletas que poderiam desempenhar pouco papel na defesa. Foi deixado para os franceses e para os britânicos defender toda a Europa Ocidental. No primeiro dia, a Luftwaffe visou mais de 45 aeroportos, cada um dos quais sofreu danos consideráveis, e 30 aeronaves francesas foram perdidas. O Comando de Caças da RAF colocou um ataque feroz, com esquadrões de Hurricanes do N° 1 ao 73 em ação, principalmente contra pequenos números de bombardeiros alemães sem escolta. Durante o dia, eles foram transferidos para diferentes aeroportos para proporcionar uma melhor cobertura para as operações de bombardeio dos Aliados.

Durante a tarde de 10 de maio, o esquadrão N° 3 voou de Kenley, no sudeste da Inglaterra, para a França, seguido pelo esquadrão N° 79 do Biggin Hill. Ambos estavam equipados com Hurricanes. Os combates foram intensos, mas incertos, devido à situação em rápida evolução, com a RAF voando mais de 200 excursões durante o dia, alguns pilotos individuais que registraram três ou quatro excursões cada um. Houve alegações de que 42 aeronaves alemãs haviam sido derrubadas pela perda de cinco Hurricanes e dez muito danificados, outros cinco acabando sendo destruídos. No entanto, o desempenho do Comando de Bombardeiro foi comprometido pela inadequação de seus bombardeiros leves e médios, que pareciam não ter sucesso real, impedindo o ataque às forças terrestres. De fato, o Comando de Bombardeiro sofreu uma taxa de perdas de 40% de aviões enviados contra as forças alemãs em Luxemburgo, em comparação com uma taxa de perdas de 9% nas batidas sobre a Holanda. Estes dois números foram reduzidos em comparação com os 83% da taxa de perda de combatentes que atacaram Waalhaven, na Holanda, devido a um ataque aos bombardeiros pelos caças Luftwaffe e pelas forças terrestres.

O primeiro dia de *Fall Gelb* viu carnificina em todos os lados. Os alemães perderam 353 aeronaves e 904 tripulantes aéreos, enquanto os Aliados perderam 410 aeronaves e 115 funcionários. Esta menor proporção entre aeronaves e pessoal se deveu ao fato de que a maioria das aeronaves Aliadas foi surpreendida no chão. Com 54 aeronaves destruídas e 67 tripulantes aéreos perdidos, a RAF foi para os céus e engajou o inimigo no ar, e isto foi exibido na proporção esperada do número de vítimas por aeronave.

Ao terceiro dia, os alemães tinham o controle de um corredor aéreo para Waalhaven. Isto permitiu que as aeronaves de transporte de tropas Ju-52 fossem reforçadas, enfatizando a natureza única desta guerra aérea. Em comparação com a Primeira Guerra Mundial, esta guerra estava se mostrando muito diferente, graças à adição do novo elemento: o apoio aéreo. O sucesso não dependia mais da conquista de terras. As tropas poderiam ser levadas de avião diretamente para seus locais designados no teatro de guerra enquanto o ar estava impugnado por um combate aéreo, reduzindo os defensores e os enviando de volta. Frequentemente, a chegada das forças terrestres elevava a intensidade do combate, mas a objetivo final estava mais próximo graças à guerra aérea, atuando de forma essencial tanto do lado dos atacantes quanto dos defensores.

A inadequação dos bombardeiros britânicos se tornou evidente quando a porcentagem de perda de esquadrões de batalha empenhados em ataques como parte de *Fall Gelb* aumentou de 40% no primeiro dia a 100% no segundo e 63% em 12 de maio. Embora a eficácia dos bombardeiros possa ter sido colocada em dúvida, a bravura dos pilotos não foi. Por exemplo, em 12 de maio, o oficial de voo D.E. Garland, piloto do Battle P2204, e o navegador, Sargento T. Gray, foram premiados postumamente à Cruz de Victoria pela persistência em atacar a ponte Veldwezelt sobre o Canal Albert, na Bélgica, a partir de baixa altitude e sob incessante fogo aéreo inimigo. Sua aeronave caiu e pegou fogo perto de Lanaken. A citação reconhece o "heroísmo demonstrado pelas tripulações ao empreenderem uma tarefa virtualmente suicida".

No entanto, este é apenas um entre incontáveis atos de bravura contra probabilidades esmagadoras o que, embora reconhecido ao mais alto nível, trouxe uma sensação de desesperança. Isto foi expresso em uma mensagem urgente do Chefe da Air Staff para Air Mshl Barratt: "Não podemos continuar indefinidamente com este ritmo de intensidade... Se nós gastarmos todos nossos esforços nos estágios iniciais da batalha, não poderemos operar efetivamente quando chegar, realmente, a fase crítica'.

Em 13 de maio, o tempo estava ruim, o que dificultou para os britânicos realizar voos de reconhecimento a fim de fornecer informações sobre o agravamento da situação. A Luftwaffe continuou a atacar as comunicações e o fornecimento de linhas Aliadas e os Hurricanes atacaram as forças alemãs que perseguiam os elementos de retirada do 7ème Armée francês. Durante a manhã, seis Defiants de dois lugares, do esquadrão Nº 264, Martlesham Heath, Suffolk, atacaram os bombardeiros Stuka Ju-87, mas eles foram derrubados por caças Bf-109, com cinco sendo abatidos e o sexto muito danificado, porém, reparável.

Também neste dia, o governo holandês informou a Londres que sua força aérea tinha deixado de existir e que o país estava à beira da capitulação. Planos foram formulados para evacuar a família real holandesa de Ijmuiden no contratorpedeiro britânico HMS *Codrington*. Tudo isso ao mesmo tempo em que o exército Belga estava se retirando para novas posições para defender Antuérpia e Lovaina. No entanto, os apelos frenéticos por mais caças resultaram no envio de 32 Hurricanes, juntamente com seus pilotos, através da Inglaterra para reforçar os esquadrões esgotados. No dia seguinte, as forças alemãs consolidaram suas posições para se ligar aos paraquedistas que haviam sido abandonados no primeiro dia e para se preparar para um ataque total a Roterdã.

> **POR BRAVURA EXCEPCIONAL**
> Embora impedidas de pilotar aeronaves em combate durante a Segunda Guerra Mundial, as mulheres desempenharam funções e responsabilidades vitais para a lubrificação das máquinas de guerra. Muitas vezes, no entanto, atos de bravura não foram reconhecidos, ou, no calor do conflito, foram ofuscados pela intensidade dos acontecimentos.
>
> Um desses atos de bravura, que foi devidamente reconhecido, ocorreu em 31 de maio de 1940, quando um Avro Anson (R3389) do esquadrão N° 500 voltou para RAF Detling, Kent, após atacar o transporte marítimo em Boulogne.
>
> Cpl Daphne Pearson estava na estação às 1h15 da manhã, quando o Anson atingido por tiros estava tentando pousar com um motor, tendo a perna do trem de pouso colapsada, um incêndio deflagrou-se após o impacto. Pearson se atirou para a aeronave em chamas e, enquanto puxava o piloto, Plt Off D.E. Bond, de seu assento, ele murmurou que ainda havia bombas a bordo e que elas poderiam explodir a qualquer minuto. Ela o puxou para mais longe a tempo de salvar sua vida quando as bombas detonaram, borrifando a área com estilhaços.
>
> Por esta notável demonstração de bravura, Daphne foi inicialmente premiada com a Medalha Empire Gallantry, em julho de 1940. Entretanto, quando a George Cross foi instituída pelo Rei Jorge VI, em setembro de 1940, ela foi convidada para devolver a Medalha Empire Gallantry para que pudesse receber o reconhecimento final da bravura da nação, tornando-se a primeira mulher a receber a George Cross.

GUERRA CONTRA A POPULAÇÃO CIVIL

Conforme a intensidade da agressão crescia em escala, havia oportunidades decrescentes para a RAF de conter a maré das incursões alemãs. Tal como aconteceu com a Polônia, a Luftwaffe foi destacada para operações ofensivas com pouca consideração pela população civil. Quando houve uma resistência feroz em Roterdã, um grande porto e ponto de comércio marítimo, em 14 de maio, um bombardeio concentrado forçou uma capitulação precoce. Esta importante cidade se rendeu duas horas depois de ser reduzida ao que Gen von Waldau relatou como "uma pilha de escombros", onde, uma vez, foi um grande centro de vendas e de comércio.

A destruição de Roterdã se desdobrou quando o general Rudolf Schmidt, comandando o XXXIX Armeekorps, emitiu um ultimato exigindo uma rendição até às 14h10, cerca de 50 minutos antes de uma barragem de artilharia planejada e ataque aéreo. Soldados holandeses contra-atacaram ferozmente e uma ação de paralisação por parte do grupo de negociação da cidade tentou adiar a resposta para ver como a luta progrediria. Por causa do pedido de esclarecimento ampliado sobre as demandas da rendição da cidade, Schmidt ordenou um adiamento da barragem. A Luftflotte 2 não tinha conhecimento da extensão e enviou 90 Heinkel He-111s de KG54 em duas formações, aproximando-se de Roterdã a partir de direções separadas. Cerca de 36 daqueles bombardeiros avistaram luzes vermelhas no chão, o que indicava que havia forças amigas nas proximidades, e abortaram, mas três aeronaves líderes não conseguiram ver as luzes. Os outros 54 bombardeiros não conseguiram ouvir as tentativas frenéticas de seu controlador no rádio e continuaram com o ataque, colocando suas bombas precisamente sobre os alvos, infligindo danos extensos e causando 750 vítimas civis holandesas.

Em toda a França, fortes bombardeios foram conduzidos pela Luftwaffe. A cidade belga de Namur chegou perto de cair quando a linha defensiva francesa ao longo o rio Meuse começou a desmoronar. Em 14 de maio, de 71 bombardeiros da RAF enviados de bases na Inglaterra, mais da metade foi abatida ou caiu devido a erros. As estimativas de perdas variaram entre 50 e 70%. No entanto, tão confusas foram as operações nessas duas primeiras semanas do assalto alemão que os registros são incompletos e é impossível conhecer a história detalhada desses dias agitados. O que é certo é que, nas três primeiras semanas de conflito, as perdas acumuladas totalizaram 75% das aeronaves enviadas para as excursões, com 100 bombardeiros de batalha perdidos, juntamente com 119 tripulantes aéreos.

O resultado dessas perdas mudou a direção da estratégia de planejando e retirou os Fairey Battle de todas as operações, exceto as noturnas. A aeronave era completamente inadequada para o combate, sem tanques autovedantes, sem proteção blindada, equipamento de mira de bombas mínimo e amplamente ineficaz e tripulações que tinham recebido pouco treinamento para técnicas operacionais, o que já era, de qualquer forma, ultrapassado e inaceitável. Se o público britânico tivesse conhecimento, no período em que as tripulações de voo da RAF estavam sendo enviadas em missões que introduziam palavras tais como "suicídio" em relatórios oficiais ultrassecretos de volta a Londres, o ânimo público, que tinha se mantido firme até então, poderia ter evaporado. Os números detalhados de perdas sobre as taxas das excursões e sobre a incapacidade total do Comando de Bombardeiros de atingir alvos, exceto os maiores e mais óbvios visualmente, permaneceram em segredo por, pelo menos, uma década após a guerra.

Entretanto, não eram apenas as forças aéreas Aliadas que estavam perdendo aeronaves. Em 15 maio, a Luftwaffe perdeu 104 aeronaves, com 52 destruídas e 52 danificadas, algumas que poderiam ser reparadas. As atividades diurnas da Luftwaffe concentraram-se no ataque às ferrovias e em perturbar o movimento das reservas francesas, para impedir a consolidação das forças terrestres, e em batidas em todas as redes de comunicações. Nisto, a Luftwaffe foi particularmente bem-sucedida.

Já sob a investida aérea, os refugiados abandonaram as armas. Eles bloquearam as rotas, inibindo o movimento das forças militares sobre as estradas adequadas para o tráfego mecanizado. O movimento em torno do campo aberto restante era um exercício de navegação terrestre, pois os civis carregavam pertences em carrinhos, vagões, tratores e veículos dilapidados. As mães com carrinhos de bebês eram seguidas por meninas com seus próprios carrinhos de bebê com bonecas dentro. Caminhões do exército destruídos e edifícios incendiados arrasados por bombardeios entupiam os cruzamentos e homens em velocidade uniforme, ao longo das bordas em meia pista, acrescentavam a sensação de pânico, mesmo entre aqueles pagos para ficar de pé e lutar.

A história foi semelhante para a tripulação aérea, que também estava caindo e andando longe do avanço da ponta de lança do exército alemão. Um deles foi Flg Off Edward Hall, do esquadrão N° 73, RAF. Ele escreveu em seu diário:

'Cada milha estava repleta de carros sem combustível, completamente abandonados por seus proprietários, que tinham precedido a pé. De algum modo, nós, gradualmente, seguimos nosso trabalho na falange apertada, felizes por descobrir que ocupavam apenas dois terços da estrada, o terço restante era mantido aberto pela polícia militar, embora com considerável dificuldade, para o uso exclusivo do tráfego militar também para o Sul. Qualquer tráfego propondo viajar para o Norte, bem, isso era um absurdo palpável. Perdemos nosso caminho e tivemos que oscilar de volta, em uma ampla curva em direção ao nosso destino. E, quando nos aproximamos ... [ficamos surpresos] ao ver uma coluna de pessoal da RAF marchando com força ao longo da estrada que conduzia na direção oposta à nossa. Paramos e perguntamos se estávamos... [indo na] direção certa para o aeroporto,

apenas para sermos informados de que eles estavam vindo de lá - evacuando-
-o com tanta pressa que aqueles para quem não havia transporte algum,
tinham que pegar suas mochilas e caminhar'.

A pressão para a França dar permissão para ataques no Ruhr, negada durante a fase inicial da agressão, foi concedida no terceiro dia, mas o mau tempo impediu estes até a noite de 16/17 de maio. Uma incursão no Ruhr na noite anterior envolveu 99 aeronaves do Comando de Bombardeiros, às quais foram atribuídos 16 alvos separados. Na mistura estavam 39 Wellingtons, 36 Hampdens e 24 Whitleys. Oitenta e uma destas aeronaves relataram bombardeios a seus alvos, mas havia poucas evidências de que qualquer uma destas aeronaves tinha realmente lançado bombas sobre alvos pretendidos. Um relatório anunciou que um homem, Franz Romeike, tinha sido morto - primeira vítima de bombardeio aéreo de Colônia - e uma outra reportagem em um jornal local disse que ele tinha ido ao banheiro, acendeu uma luz externa e, imediatamente, convidou uma chuva de bombas! O que se sabe é que uma aeronave foi perdida quando saiu de curso e colidiu contra uma colina.

DIAS SOMBRIOS

Em 15 de maio, o Primeiro-Ministro francês, Reynaud, implorou a Churchill que enviasse mais aeronaves, acreditando que sem elas a França estaria condenada. Os bombardeios não tiveram efeito mensurável na atividade alemã no Ruhr, os bombardeiros não tinham ideia real de onde eles estavam e parecia haver pouca razão para montar estas operações se não fossem para produzir resultados úteis. Apenas no dia anterior, Reynaud havia pleiteado mais caças, mas em 16 de maio o comandante de caças C-in-C Hugh Dowding se recusou a enviar mais, afirmando que fazê-lo iria expor a própria Grã-Bretanha a um grande perigo e que, sem a força que ele já tinha, seria incapaz de repelir um ataque alemão à Grã-Bretanha, que se acreditava estar próximo.

Churchill voou para a França e se encontrou com Reynaud, que reafirmou seu apelo por mais aeronaves. Apesar da oposição de Dowding, Churchill telegrafou para Londres e ordenou que mais seis esquadrões fossem enviados através do Canal da Mancha. Mais pessoas influentes resistiram e o Gabinete concordou com o chefe do pessoal aéreo, Cyril Newall, de que simplesmente não havia recursos intactos suficientes na França para acomodar esse número de aeronaves adicionais. Assim, os esquadrões foram mantidos no lado inglês do Canal, e enviados para as excursões para realizar ataques antes do desembarque e reabastecimento na França, retornando à luz do dia.

Ao negar à França aeronaves adicionais, os recursos foram retidos na Grã-Bretanha e uma força de defesa doméstica foi mantida intacta a espera de que a Luftwaffe viesse com sua fúria total para as Ilhas Britânicas. Muitos cidadãos franceses sentiram que tinham sido abandonados pelos britânicos, apesar da lógica na recusa de Dowding. Sem culpar seu próprio país, a França estava se tornando um dreno tanto para os homens quanto para as máquinas. Tal ponto de vista de que a derrota final da França poderia ter sido evitada se todo o complemento do Comando de Caças tivesse sido enviado através do Canal ainda pode ser ouvido hoje em dia. Na verdade, essa negativa provou ser crucial nos meses seguintes, em que a Grã-Bretanha enfrentou, sozinha, o poder total da Luftwaffe.

Desconhecida dos britânicos, uma diretiva de Hitler, de 24 de maio, autorizou a Luftwaffe a iniciar uma ofensiva aérea "em escala real" contra a Inglaterra, começando com um "ataque de retaliação devastador" pelo bombardeio britânico ao Ruhr. Dois dias mais tarde, a Luftwaffe entregou o resultado de uma análise que lançou dúvidas sobre se um resultado conclusivo poderia ser alcançado através de ataques às importações britânicas e que "a interrupção do sistema de serviços públicos (gás, água, eletricidade) poderia ser de importância decisiva". Para fazer isso, os céus acima precisariam estar limpos de caças, principalmente agrupados em aeroportos, no canto sudeste da Inglaterra. O coração industrial da Inglaterra só poderia ser aberto ao ataque se a própria RAF fosse derrotada.

É claro, então, que muito antes da Europa ser ocupada, os planos estavam sendo postos em prática para uma grande ofensiva contra a Grã-Bretanha. C-in-C Dowding tinha feito o julgamento correto. A RAF precisaria de todos os caças que tivesse para repelir as formações em massa de bombardeiros que Göring planejava enviar uma vez que a França estivesse segura.

A corrida para expulsar as tropas e aviadores britânicos da França se intensificou durante na segunda quinzena de maio. Com intenso apoio aéreo, o exército Alemão fez grandes progressos, com as divisões Panzer varrendo o noroeste da França, não de uma só vez, como os militares franceses temiam, mas apertando os exércitos Aliados contra a costa. Foi uma brilhante estratégia; cortando os britânicos no Norte, às forças francesas remanescentes ao Sul seria negado apoio, a força esmagadora do Exército alemão cortaria a defesa dos Aliados em dois.

No dia 19 de maio, a situação era caótica. As condições estavam ficando muito piores, com o Componente Aéreo da Força Expedicionária Britânica (BEF) comandando operações no Norte, enquanto a Força Aérea Avançada (AASF) controlava operações no Sul e voava apoiada pelo exército. No entanto, o quartel-general das Forças Aéreas Britânicas na França (BAFF) teve que ser deslocado para o Sul, para Coulommiers, o que o separou do contato geral com a sede suprema. Enquanto o Comando de Bombardeiro continuou com sua campanha de bombardeio, com o grupo N° 2 sob o comando duplo do Comando Bombardeiro e da BAFF, as operações francesas foram, também, divididas pela cunha alemã, agora no controle da região central da França através do Canal da Mancha.

OPERAÇÃO DYNAMO

Para o comandante britânico, general John Gort, a situação estava se tornando desesperadora e, sem dizer a seus homólogos franceses, em 20 de maio, ele começou a planejar uma evacuação em massa das tropas britânicas através do Canal da Mancha da área ao redor de Dunkirk. Havia pouca confiança de que os franceses poderiam aguentar. Os alemães estavam rodeando uma ampla faixa do noroeste da França a partir da fronteira com a Bélgica e até a Zeeland, até o sul de Boulogne. As forças Aliadas naquela área estavam presas e vulneráveis aos Panzers e ao ataque sustentado pela Luftwaffe. Conhecida como Operação *Dynamo*, a evacuação foi colocada nas mãos do Vice-Almirante (V-Adml) Bertrand Ramsay, de seu bunker de comando abaixo do Castelo de Dover, na costa de Kent. Nesse mesmo dia, o Brigadeiro-General (Brig Gen) Gerald Whitfield foi enviado a Dunkirk, na costa francesa, para organizar a evacuação a partir do solo.

Em 21 de maio, toda a estrutura de operações no continente havia mudado, com esquadrões de bombardeiros retirando-se de volta sobre o Canal para realizar batidas no solo inglês. O grupo N° 2 operava, principalmente, a partir de East Anglia, enquanto o Comando de Caças começou a se organizar em torno de uma estrutura de comando que melhor poderia contrapor ataques aéreos alemães lançados a partir da França ocupada. No dia seguinte, Churchill instruiu a BEF a atacar até a borda sul das linhas alemãs para coordenar com o Primeiro Exército do Gen Georges Blanchard, para juntar-se a outras forças francesas. O Gen Gamelin havia sido demitido três dias antes, devido a uma percepção de que ele estava fora de sua capacidade e Blanchard era, agora, o comandante supremo das forças francesas. Entretanto, percebendo a magnitude da situação, Gort abandonou o plano e, juntamente com Blanchard, fez seu caminho de volta do canal de Lys até Gravelines. As comportas do canal haviam sido abertas para inundar o campo como uma defesa contra as divisões Panzer alemãs em avanço.

Dois dias depois, em 24 de maio, os alemães ocuparam Boulogne e cercaram Calais. Ali, engenheiros alemães construíram rapidamente cinco pontes sobre o canal inundado e a rota para Dunkirk foi bloqueada por um único batalhão britânico. O Comando de Caças da RAF voou com patrulhas ao longo da costa norte da França e no interior, até Saint-Omer, mas outros dois aviões e seis pilotos foram perdidos.

No dia anterior, sob às ordens do Cor-Gen von Rundstedt, comandante do Quarto Exército, Generalfeldmarschall Günter von Kluge levou os Panzers a uma parada e, em uma notável mensagem enviada em transmissão aberta e sem código, declarou: "Por ordem do Führer ... a linha do Canal não deve ser atravessada". Mais tarde, durante à tarde, após consulta com Göring, Hitler ordenou à Luftwaffe que derrotasse as tropas britânicas e francesas cercadas e impedisse sua fuga.

As tropas britânicas e francesas ficaram presas em uma bolsa atrás de uma linha correndo por Ghent-Tournai-Arras-St Pol e, dentro desta linha de 127 milhas, não havia fuga por terra. Os alemães haviam acreditado erroneamente que nenhuma evacuação teria lugar através da Antuérpia e a pausa temporária do adiantamento alemão também foi utilizada para a estocagem de suprimentos adicionais. A decisão de deter as forças alemãs tinha sido debatida desde então e vários historiadores e escritores chegaram a uma série de conclusões. Na história geral da guerra aérea, a evacuação de mais de 300.000 homens das praias de Dunkirk não foi momento extraordinário, exceto para relacionar a cobertura concedida pela RAF a partir dos aeroportos na Inglaterra.

Havia alguma lógica na decisão de deter o avanço. Von Rundstedt já tinha expressado preocupação sobre a vulnerabilidade de seus flancos e sobre os suprimentos para seus blindados, bem como veículos sobre esteiras e sobre rodas. Ele tinha bons motivos para isto. O ritmo do avanço alemão tinha sido o esperado por muitos dos defensores doutrinários da guerra de blitzkrieg, mas não foi totalmente considerado pelos ramos de logística, transporte e suprimentos da Wehrmacht. Algumas unidades estavam perigosamente perto de ficar sem combustível, e o exame pós-guerra das quantidades antecipadas mostrou que cerca de 10% dos veículos iriam secar dentro de 12 horas. Além disso, as unidades Luftwaffe estavam perdendo aeronaves e homens e ainda havia uma região a ser disputada ao Sul, onde os combates eram intensos e continuavam a absorver recursos.

Havia, também, a questão do tipo de terreno versus o tipo de veículos e tanques disponíveis na área. Von Rundstedt ficou preocupado com isso e queria manter os Aliados estáticos. Ele aceitou que isto era um papel para o poder aéreo - entrar e destruir o equipamento restante para negá-lo ao inimigo. Ninguém do lado alemão previu uma evacuação por mar das praias de Dunkirk.

Fontes de confiáveis sugerem que Hitler estava indeciso sobre o que fazer com os britânicos. Hitler teve um fascínio pela Grã-Bretanha e assistiu a filmes que retratavam grandes triunfos no estabelecimento do Império. Em muitas ocasiões, ele expressou sua admiração pela forma como os britânicos governaram a Índia com relativamente pouco pessoal militar. Da mesma forma, nos últimos meses, os pilotos alemães passaram a ter grande consideração pela maneira como a RAF lutou nos céus pela Inglaterra, vendo "um adversário digno de nós", como diria Galland. Em contraste, os poloneses foram (erroneamente) denegridos por terem sido facilmente superados e os franceses foram considerados igualmente ineficazes em sua defesa da França a partir do ar. Um pouco de forma intuitiva, então, entre Hitler e sua Wehrmacht, havia um curioso respeito pelos britânicos.

Se isso afetou ou não o julgamento de Hitler quando se tratava de Dunkirk é discutível. O que sabemos, já que foi dito por vários generais alemães, não menos que o Gen Heinz Guderian, é que, permitir que os britânicos escapassem pelas praias foi um dos maiores erros da história da guerra. Esta visão foi endossada por Rundstedt quando ele a proclamou como "um dos grandes pontos de inflexão da guerra". Há outra voz a acrescentar. Em suas memórias escritas mais de 15 anos após a guerra, o General Walter Warlimont, vice-chefe de operações no Oberkommando der Wehrmacht (OKW, Comando Supremo da Alemanha das Forças Armadas) relacionou isso:

"No final da tarde do dia 23 de maio, Göring estava sentado em uma pesada mesa de carvalho, ao lado de seu trem, com seu chefe de pessoal [Gen Hans Jeschonnek] e seu oficial de sinais quando chegou a notícia de que o inimigo no Flandres estava quase cercado, Göring reagiu em um instante. Bateu seu grande punho e gritou: "Esta é uma oportunidade maravilhosa para a Luftwaffe. Devo falar imediatamente com o Führer. Ponha-me em contato".

"Na conversa telefônica que se seguiu, ele usou todo tipo de linguagem para persuadir Hitler de que esta era uma oportunidade única para sua força aérea. Se o Führer desse a ordem de que esta era uma operação apenas da Luftwaffe, ele daria uma garantia incondicional de que aniquilaria os restos dos inimigos; tudo o que ele queria era ter passe livre; em outras palavras, os tanques deveriam ser retirados suficientemente longe do lado ocidental do bolsão para garantir que não estivessem em perigo contra nosso próprio bombardeio.

"Hitler foi tão rápido quanto Göring em aprovar este plano com alguma consideração. Jeschonnek e Generalmajor Jodl [chefe de operações da OKW] fixou rapidamente os detalhes, incluindo a retirada de certas unidades blindadas e o momento exato do início do ataque aéreo".

Com a maior parte das unidades da RAF voltando para o Reino Unido, o Comando de Bombardeiros continuaria a montar ataques contra as forças alemãs no continente com o governo preparando um plano audacioso, convocando a Marinha Mercante, todos navios de guerra navais disponíveis e até os marinheiros de fim de semana com pequenas embarcações amarradas ao longo da costa leste e sudeste da Inglaterra. Eles levariam tudo à tona para tirar os homens das praias - uma tarefa que exigia uma cobertura aérea de proteção, desta vez, vinda da própria Inglaterra. RAF Hawkinge e RAF Lympne foram reservados como estações chave para acomodar os restos dos componentes aéreos e os quartéis de retaguarda foram estabelecidos com a sede em Hawkinge, com o Capitão do Grupo (Gp Capt) John Vachell no comando a partir de 21 de maio. Air Chf Mshl Blount chegou de volta da França na noite de 26 de maio para assumir o lugar de Air Chf Mshl Sir Joubert de la Ferté.

Enquanto os "pequenos barcos" - tripulados por voluntários civis, alguns dos quais tinham partido de toda a costa em East Anglia para se apresentar para o serviço - eram para transportar pessoal fora das praias durante o dia, os caças da base doméstica cobririam os ataques da Luftwaffe e manteriam as praias o mais livre possível de bombas e disparos dos caças alemães. Os barcos de maior porte atracariam pelo rio Mole e revezariam através do Canal da Mancha durante todo o tempo em que permanecesse aberto.

Os caças do grupo Nº 11, no sudeste da Inglaterra, eram insuficientes em número para conduzir operações em larga escala. Houve, também, a preocupação de que eles pudessem ser exigidos para neutralizar uma possível força de invasão que poderia estar se dirigindo através o Mar do Norte, enquanto a atenção se concentrava na parte mais estreita do Canal. Prudentemente, a RAF manteve uma distribuição equitativa de recursos, homens e aeronaves para enfrentar essas eventualidades. A Luftwaffe estava se destacando ainda mais a oeste da Europa ocupada, com bombardeiros já sondando mais ao longo do sul da costa da Inglaterra, em direção ao Oeste, e os combatentes sendo transferidos para os aeroportos franceses ocupados para aproximá-los da Inglaterra.

C-in-C Dowding ordenou a Air V-Mshl Keith Park, comandante do grupo Nº 11, comandar dois esquadrões em patrulha simultaneamente a partir de uma força de 18 esquadrões, intensificando até patrulhas de quatro esquadrões nos horários de pico de evacuação a partir de 29 maio. Durante o dia, os Blenheims atacaram os alemães circundantes, agora a menos de 5 milhas da costa, lançando fogo pesado sobre as praias.

Para os homens presos nas praias, expostos e à espera de resgate, a Luftwaffe parecia ter um caminho livre e o grito subiu "onde está a RAF? A resposta foi:

bem acima e um pouco acima do horizonte, mantendo à distância bombas e balas que, de outra forma, teriam se juntado à chuva de destruição já caindo nas fileiras expostas de evacuados em espera, somando-se ao fogo terrestre já intenso em suas posições indefesas.

Em 25 de maio, o Comando de Caças da RAF sobrevoou o continente com 151 excursões, fornecendo escolta próxima para os bombardeiros e aeronaves de reconhecimento. Enquanto o exército alemão estava pressionando as forças Aliadas sitiadas em Dunkirk, a Wehrmacht estava sustentando um ataque determinado no Sul, onde os franceses sofreram pesadas perdas. O mau tempo impediu que mais da metade dos bombardeiros RAF atingissem seus alvos.

No dia seguinte - apenas sete dias após o Gen H.R. Pownall, o chefe de pessoal do Gen Gort, ter discutido a retirada da BEF da França através dos ainda não ocupados portos na costa do Canal da Mancha – começou a Operação *Dynamo*. Era esperada a utilização de três portos franceses para evacuar o restante das tropas britânicas agora pressionadas nas praias, mas, em 26 de maio, apenas Dunkirk permaneceu aberto. Era agora responsabilidade do V-Adml Sir Bertram Ramsay organizar a maior evacuação das forças britânicas desde Gallipoli, em 1916. De seu bunker de operações, nas profundezas dos penhascos de Dover, Ramsay recebeu o comando oficial a partir de um sinal às 18h57, para iniciar as operações.

A mobilização do vasto inventário de pequenas embarcações ao redor da costa da Grã-Bretanha tinha, de fato, estado em andamento desde que a ofensiva alemã no Ocidente começou, em 10 maio. Reconhecendo que muitos navios mais seriam necessários para reabastecer as forças militares no continente, em 14 de maio, a BBC transmitiu um pedido aos proprietários de barcos de recreio autopropulsionados para se reportar ao Ministério da Marinha e oferecer suas embarcações para registro. Dentro de 12 dias, estes pequenos barcos, cada um com 30-100 pés de comprimento, tinham sido registrados, liberados para uso e requisitados para o serviço. No total, mais de 700 responderam ao chamado, de livre vontade ou não; o ritmo de requisição foi tal que muitos barcos foram levados sem o consentimento de seus proprietários, simplesmente porque eles não podiam ser localizados e, pelo menos um proprietário irado ao ver seu barco sendo levado de seus ancoradouros na parte superior do Tamisa, perseguiu-o rio abaixo, alertando a polícia a caminho!

Para dar a dimensão do esforço, durante o primeiro dia completo da evacuação, apenas 7.669 homens puderam ser recuperados. Isto subiu para 17.804 em 28 de maio, 47.310 no dia seguinte e 58.823 em 30 de maio. O pico da evacuação foi alcançado em 31 de maio, quando 68.014 homens foram retirados das praias, com 64.429 em 1º de junho e mais 26.256 da noite para o dia. Nessa época, quase todas as tropas da

BEF já estavam de volta à Inglaterra, mas a evacuação prosseguiu. Cerca de 26.746 tropas francesas foram trazidas para a Inglaterra, seguidas de mais 26.175 até o amanhecer de 4 de junho. Durante as horas da manhã daquele dia, uma força de 30.000 soldados franceses, lutando para manter os alemães à distância, rendeu-se e foi para o cativeiro. Às 14h23, Ramsay recebeu o sinal para terminar a Operação *Dynamo*.

No total, em nove dias, os "pequenos navios", juntamente com navios mercantes e navios navais, haviam tirado 338.226 homens das praias - um número incrivelmente superior à estimativa inicial de 45.000. Do total, 224.585 eram britânicos, o restante (33,6%), sendo das tropas francesas e belgas. A maioria dos evacuados tinham sido retirados pelo porto de Dunkirk, 239.555 do total, enquanto 98.671 foram retirados pelas praias.

UMA MENSAGEM DE REBELDIA

Quando os soldados, marinheiros e aviadores resgatados voltaram à Grã-Bretanha, o moral estava baixa. Havia uma sensação de alívio por tantos homens terem sido resgatados, mas havia, também, um cansaço nascido da derrota. Outros, porém, não viam as coisas dessa maneira, preferindo vê-las como uma expressão de rebeldia de que Hitler não tinha sido capaz de levar o melhor da juventude britânica e francesa para acrescentar à população em expansão dos campos prisionais que haviam sido criados em todos os estados conquistados.

Definindo essa resiliência nacional e determinação de não ceder, em 4 de junho de 1940, o Primeiro-Ministro Winston Churchill dirigiu-se ao mundo livre em um discurso perante a Câmara dos Comuns e, posteriormente, transmitido universalmente pela BBC:

> "Embora grandes extensões da Europa e muitos Estados antigos famosos tenham caído ou possam cair nas garras da Gestapo e de todos os aparelhos odiosos do domínio nazista, jamais bandearemos ou falharemos. Continuaremos até o fim. Lutaremos na França, lutaremos nos mares e oceanos, nós lutaremos com confiança crescente e força crescente no ar, nós devemos defender nossa ilha, seja qual for o custo. Lutaremos na praias, lutaremos no terreno de desembarque, lutaremos nos campos e nas ruas, lutaremos nas colinas; nunca nos renderemos e, mesmo se, o que não acredito por um momento, esta ilha ou uma grande parte dela estiver subjugada e faminta, então, nosso Império além dos mares, armado e guardado pela frota britânica, continuaria a luta até que, no bom tempo, o Novo Mundo, com todo seu poder e força, avançaria para o resgate e libertação do velho".

CAPÍTULO 7
Antecedentes da Batalha da Grã-Bretanha

DURANTE A HISTÓRICA EVACUAÇÃO, Dunkirk passou por um intenso e sustentando bombardeio da Luftwaffe, que destruiu a maior parte da cidade, queimou os depósitos de petróleo e criou um manto de fumaça preta como um dramático pano de fundo para os eventos extraordinários que se desdobravam nas praias. A Bélgica capitulou em 28 de maio 1940, duas semanas depois da Holanda neutra também ter assinado um documento de rendição. A França ainda resistia e, enquanto evacuava os soldados, marinheiros e alguns aviadores das praias de Dunkirk, lutas ferozes ainda persistiam no Sul.

Houve alguma moderação nos ataques aéreos dos alemães durante a evacuação devido ao mau tempo, mas assim que melhorou, em 29 de maio, o assalto da Luftwaffe se intensificou. Tendo aprendido os tempos registrados das patrulhas cíclicas montadas pela RAF a partir das bases no sudeste da Inglaterra, a Luftwaffe cronometrava com precisão seus próprios ataques aos evacuados em espera, evitando o risco de encontrar a RAF e de ser abatida. Os ataques foram eficazes, dois destroyers da Marinha Real foram afundados naquele dia. Para os homens nas praias, o bombardeio incessante parecia ser exacerbado pelo aparente desaparecimento da RAF. Churchill se esforçou para explicar o que estava acontecendo:

'Infelizmente, as tropas nas praias viram muito pouco deste conflito épico no ar, muitas vezes, a milhas de distância ou acima das nuvens. Elas não sabiam nada sobre a perda infligida ao inimigo. Tudo o que sentiram foram as bombas flagelando as praias, lançadas pelos inimigos que tinham passado, mas que, talvez, não tenham voltado. Havia até mesmo uma raiva amarga no Exército contra a Força Aérea, e alguns que desembarcavam em Dover ou nos portos do Tâmisa, em sua ignorância, insultavam os homens com uniforme da Força Aérea. Eles deveriam ter apertado suas mãos; mas, como poderiam saber? No Parlamento, me esforcei para espalhar a verdade'.

Um período do bombardeio alemão, em 30 de maio, viu a RAF voar 265 incursões durante o dia, mas com poucos encontros, enquanto o grupo 11 voou com Blenheims em densas nuvens, sem resultado. O grupo Nº 2 montou 68 incursões sem perdas. No entanto, a taxa de atrito dos últimos dias interrompeu os ataques por vários dias depois, proporcionando descanso enquanto as aeronaves e as tripulações de reposição eram trazidas até os aeroportos da linha de frente. Em 31 de maio, enquanto a Luftwaffe intensificava as operações novamente, e com melhorias no clima, três ataques realizados durante à tarde concentraram-se no transporte marítimo e nos pequenos barcos.

Mesmo quando à fase final da evacuação estava em andamento, a Luftwaffe começou uma campanha alinhada de bombardeios contra os alvos mais ao Sul, com uma grande incursão sendo montada contra Paris, em 3 de junho. A ala Nº 67, operando Hurricanes, foi incapaz de responder eficazmente devido a uma falha na comunicação. De modo geral, embora os detalhes precisos da Luftwaffe sejam desconhecidos, em 3 de junho, cerca de 600 bombardeiros participaram de uma incursão, escoltados por 400 caças.

Mais ao Norte, as últimas operações da RAF em apoio à Operação *Dynamo* terminaram ingloriamente no dia seguinte, sob uma densa névoa que cobriu a área de Dunkirk, o Canal da Mancha e até os aeroportos ao longo da costa de Kent, onde quatro aeronaves foram perdidas, incapazes de encontrar seus aeroportos ou de descer em segurança. Naquele dia, também, Winston Churchill deu um relatório completo à Câmara dos Comuns, informando a nação do "milagre da libertação".

'Devemos ter muito cuidado para não atribuir a esta libertação os atributos de uma vitória. As guerras não são vencidas por evacuações. Mas, houve uma vitória dentro desta batalha, que deve ser notada. Foi obtida pela Força Aérea'.

Ele próprio, um veterano de combate em três guerras, e agora líder nacional em uma quarta, Churchill estava ciente de que a RAF ainda não havia mostrado sua coragem e se levantado para ser a última barreira contra a ocupação nazista. No entanto, era isso que agora enfrentava a liderança política - gestão de uma defesa aérea da Grã-Bretanha que, juntamente com a Marinha, tornaria impossível a invasão alemã. Churchill tinha uma grande visão do que poderia ser realizado quando falou à Câmara dos Comuns:

'Quando consideramos quão maior seria nossa vantagem em defender o ar acima desta ilha contra um ataque ao exterior, devo dizer que encontro nestes fatos uma base segura sobre a qual pensamentos práticos e tranquilizadores podem descansar. Prestarei homenagem a estes jovens aviadores... Mas que a causa da própria civilização não seja defendida apenas pela habilidade e devoção de uns poucos de milhares de aviadores".

A segunda fase da agressão alemã começou em 5 de junho, com a *Fall Rot* ('Operação Caso Vermelho'), na qual a Wehrmacht deveria completar a superação da França e dos Países Baixos com uma derrota militar nos territórios do Norte e uma negociação de acordo com os nazistas para a metade sul da França - o famigerado governo Vichy. Antes disso, um violento bombardeio de artilharia abriu uma ofensiva final, com ataques primários ao longo do vale do Somme, em direção a Abbeville. Durante este ataque, os franceses colocaram 250 combatentes contra os alemães, voaram 487 incursões e reivindicaram 23 vitórias confirmadas e 35 não confirmadas pela perda de 19 aeronaves. A Luftwaffe reivindicou 58 caças Aliados, mas a resiliência das Forças Aéreas francesas veio como um choque para os alemães.

Todos os três esquadrões da AASF estavam na resistência e com grande necessidade de substituição de aeronaves. Apenas 18 Hurricanes em serviço puderam ser enviados, voando um total de até quatro incursões por dia. O apoio veio do Comando de Bombardeiros na Grã-Bretanha, com 24 Blenheims atacando as concentrações inimigas ao norte de Somme, entre Albert e Péronne, acompanhados por dois esquadrões de caças. Naquela noite, 48 Blenheims esmagaram as linhas de comunicação e infraestrutura em Cambrai, Le Cateau e Bapaume. E, assim continuou a luta pela sobrevivência nacional, com os franceses colocando uma forte resistência no ar e no solo, lutando por cada centímetro de terra e apoiados pelos demais esquadrões da RAF na França e pelas bases da RAF no sul da Inglaterra.

EVACUANDO A RAF

Em 8 de junho de 1940, as forças alemãs estavam movendo-se rapidamente para Rouen, com as forças britânicas recuando antes de um avanço rápido. Durante algum tempo, com apoio aéreo, os franceses tentaram tomar uma posição ao longo do território ao norte de Beauvais, porém, em vão. Para consolidar o apoio aéreo, o esquadrão de Hurricanes N° 17 voou para Le Mans de Hawkinge, juntando aeronaves com os esquadrões N° 73 e 501. Naquela noite, foi acordado que, devido ao perigo de serem esmagados por tropas terrestres, esquadrões operando a partir da Inglaterra não deveriam mais pousar na França antes de voltar para casa. Isto limitou o raio de operação, uma vez que cada aeronave tinha, agora, que conservar combustível suficiente a bordo para que pudesse voltar a atravessar o Canal.

No mesmo dia, Hitler ordenou uma nova diretiva com o objetivo de suprimir a resistência francesa à medida que suas forças empurravam para o Sul e enfrentavam uma oposição crescente, a própria sobrevivência de seu país estava claramente focada no exército francês. Era, também, o dia em que Churchill recebia outro pedido desesperado de mais esquadrões de caças para reforçar as unidades aéreas francesas. O Comitê de Defesa se reuniu para considerar o pedido e Churchill forneceu um resumo em duas alternativas:

'Poderíamos considerar a batalha atual como decisiva para a França e para nós mesmos, e lançar todos os recursos de nossos combatentes em uma tentativa de salvar a situação e trazer a vitória. Se falharmos, teremos, então, que nos rendermos. Alternativamente, devemos reconhecer que, enquanto a atual batalha terrestre for de grande importância, não será decisiva, de uma forma ou de outra, para a Grã-Bretanha. Se ela fosse perdida e a França fosse forçada a se submeter, nós poderíamos continuar a luta com boas esperanças de vitória final, desde que assegurássemos que nossas defesas de combate neste país não fossem prejudicadas; mas, se jogássemos fora nossa defesa, a guerra estaria perdida, mesmo que a frente da França fosse estabilizada, uma vez que a Alemanha estaria livre para virar sua força aérea contra este país, e nos deixaria à sua mercê'.

Durante os dias seguintes, a progressão das forças alemãs para o Sul pareceu imparável e o apoio aéreo das bases na Inglaterra manteve a pressão sobre as linhas de abastecimento alemãs e as colunas blindadas. A RAF estava lutando contra uma operação muito tática, com um Comando de Bombardeiros configurado e equipado para uma guerra estratégica. Em 10 de junho, as forças alemãs atravessaram o Sena. Onde quer que encontrassem bolsões de resistência francesas, simplesmente os contornavam, isolando as tropas francesas onde poderiam ser retidas pelos escalões inferiores. Com ameaças iminentes de uma iniciativa alemã ao longo da frente Saar-Rhine, a situação na França estava se tornando crítica, e a

RAF colocou um ataque sustentado nas travessias. Embora a Luftwaffe não tenha conseguido contestar os ataques, dois bombardeiros britânicos foram abatidos por caças franceses, que os confundiram com aviões alemães.

Nesta data, a queda da França parecia inevitável. Uma outra complicação foi acrescentada quando a Itália entrou na guerra, ostensivamente para apoiar seu aliado, a Alemanha, mas, na realidade, era para conseguir um assento na mesa quando os vários países da Europa fossem esculpidos para distribuição. Liderados por Benito Mussolini, os fascistas italianos tinham uma base comum com Hitler e os nazistas, e queriam estar ao lado da Alemanha na guerra que estava rapidamente engolindo o continente. Na Primeira Guerra Mundial, a Itália tinha sido um aliado da Grã-Bretanha, França e Rússia, mas a transformação de seu núcleo político deslocou sua fidelidade para longe da democracia. Entretanto, a Itália ainda era uma monarquia e o rei Victor Emmanuel III (1869-1947) recusou-se a sancionar esta mudança até que foi pressionado por Mussolini, como último recurso, apenas para evitar que a Itália perdesse poder no continente e em outros lugares.

A intervenção da Itália viria a ser notável durante a Batalha da Grã-Bretanha e levaria a Itália ao Sul, para iniciar um longo e arrastado conflito através da costa do Mediterrâneo, no norte da África. Esta zona de conflito envolveria fortemente a RAF e a Luftwaffe quando a Itália falhou em corresponder às expectativas e incitou os britânicos a partir dessa frente. Imediatamente, isso ressuscitou os planos para tal eventualidade, que tinha sido redigida antes do ataque alemão à França. Assim, as unidades da RAF se deslocariam para aeroportos no sul da França, para atacar alvos industriais em Gênova, Milão, Turim e Veneza. Quando a Itália entrou na guerra, a RAF, tanto na França quanto na Inglaterra, estava preocupada e havia pouco estômago para dispersar recursos existentes para atacar outro inimigo.

Os franceses também não estavam particularmente interessados em atacar a Itália. No entanto, o Conselho de Guerra em Paris havia acordado, em 3 de junho, que os Aliados fariam uma incursão aos alvos industriais e petrolíferos no noroeste da Itália o mais rápido possível. Esta ação foi chamada de 'Haddock' e foi dada ao comodoro aéreo de campo e ala N° 71 em Nantes. Eles se prepararam prontamente para identificar os aeroportos disponíveis para um ataque a ser apoiado por combatentes franceses. Quando a operação exigiu que 20 esquadrões fossem enviados da Grã-Bretanha, no entanto, a noção fantasiosa foi demolida pela lógica e a operação sofreu forte resistência do Primeiro-Ministro francês Reynaud, que temia represálias italianas contra as conurbações francesas.

No entanto, em 11 de junho, dois esquadrões de Wellingtons chegaram ao Salon para reabastecer. Enquanto se preparavam para decolar, os franceses locais receberam ordens para estacionar seus caminhões na pista de decolagem, ameaçando o início de um incidente internacional. Convencidos de que era vantajoso para a França, e que apenas algumas aeronaves poderiam causar devastação no triângulo industrial da Itália, enquanto estava na sede francesa, na pequena cidade de Briare, o Marechal Aéreo Barratt telefonou a Churchill para reclamar. Furioso por sua aeronave estar sendo mantida praticamente por ameaças, Barratt acelerou durante à noite e chegou a Briare apenas horas depois que Churchill havia recusado outro pedido de mais esquadrões da RAF para repelir os alemães. Agora, os britânicos estavam pedindo permissão francesa para bombardear a Itália! Reynaud concordou com esta iniciativa e oito bombardeiros Wellington partiram para Gênova, na noite de 15/16 de junho. Apenas um encontrou o alvo e deixou cair suas bombas. Na noite seguinte, 14 bombardeiros conseguiram encontrar Gênova e Milão.

Mas, as coisas estavam mudando rapidamente, e tendo enfrentado uma situação impossível, o gabinete francês se dividiu em se render, fazer um armistício ou lutar, Reynaud se demitiu e o Marechal Pétain tomou seu lugar. Em 16 de junho, a evacuação das tropas britânicas de Brest, Cherbourg, Nantes e Saint-Nazaire começou. Cerca de 50.000 homens embarcaram para a Grã-Bretanha, deixando a França a cargo de seu novo governo, ainda encarregado de uma resistência cada vez menor contra as forças alemãs. Outro ataque 'Haddock' ocorreu com nove Wellingtons, mas quatro não conseguiram encontrar seus alvos na escuridão da noite e, em seu retorno para Salon, foram imediatamente ordenados a voltar à Inglaterra. Assim, terminou a campanha de bombardeios da RAF a partir de solo francês.

Na manhã de 17 de junho, os britânicos foram alertados, pela primeira vez, de que os franceses estavam intervindo pela paz. Pétain estava, agora, encarregado por um grupo desmoralizado, de certa forma, com pessoas frustradas, muitas das quais já estavam sob a tutela da ocupação da Alemanha, enquanto outras estavam lutando por suas próprias vidas e pela da França. As estradas para os portos fora da França estavam muito congestionadas com o tráfego, especialmente aquelas que se aproximavam de Saint-Nazaire e Nantes, embora as saídas de Brest, na península de Cherbourg, estivessem relativamente livres.

Em Saint-Nazaire, cerca de 10.000 pessoas estavam amontoadas em campos de passagem. Apesar disto, a maioria do pessoal da RAF conseguiu chegar até o transatlântico *Lancastria*, que estava atracado no estuário de Loire. Ao meio-dia, cerca de 7.000 soldados, aviadores e mulheres com crianças foram amontoados a bordo de um navio projetado para acomodar 1.300 passageiros. Mesmo considerando as condições do momento, isso era mais carga do que o navio normalmente transportaria. Com bombardeiros alemães aparecendo, outros navios de evacuação decidiram ir para o mar, mas, em vez de arriscar com os submarinos inimigos, o *Lancastria* permaneceu ancorado. Com os Hurricanes da RAF no final de seu alcance, a Luftwaffe tinha um caminho livre e um bombardeiro lançou quatro bombas para um impacto direto sobre o navio. Impossibilitado de utilizar os barcos salva-vidas devido ao volume de pessoas a bordo, o transatlântico afundou com a perda de mais de 3.500 homens, mulheres e crianças. Muitos morreram no mar quando as bombas lançadas incendiaram os lagos de petróleo sobre a superfície.

Estas evacuações da costa oeste do centro e sul da França foram parte da Operação *Ariel*. Era um plano um pouco mais formal, e com menos ameaças de ataque do que tinha sido a Operação *Dynamo*, e cobriu uma vasta área de Cherbourg até Bayonne, perto da fronteira com a Espanha. Outra evacuação, a Operação *Cycle*, também estava sendo encenada através de Le Havre. Embora tenha terminado, oficialmente, em 25 de junho, nos termos do armistício assinado pelos franceses, a última destas operações não foi concluída até 14 de agosto. Naquele tempo, um total de 558.032 militares e trabalhadores civis foram retirados da França e trazidos para Grã-Bretanha, dos quais 368.491 eram militares britânicos.

Com a intensificação dos ataques à França, houve uma preocupação crescente em Whitehall, onde a estratégia para o esforço britânico estava sendo mobilizada para que os alemães pudessem intensificar seus esforços e pressionar fortemente para uma invasão imediata do sul da Inglaterra. O Exército Britânico estava esgotado em termos de homens e material capaz de montar uma resistência significativa e houve um entendimento inicial sobre como a Grã-Bretanha teria que defender suas fronteiras. A maioria acreditava que a Marinha era essencial para a sobrevivência e, de fato, foi, pois se as vias marítimas não fossem mantidas abertas, então, o país acabaria por ficar sem alimentos e matérias-primas para manter a produção. A Alemanha estava aumentando seu domínio com submarinos na marinha mercante e a frota de superfície era uma ameaça séria e muito presente para a Marinha Real.

Muitos viam a RAF como crucial, mantendo a Luftwaffe à distância para preservar a segurança da Marinha. Mas, um novo papel para o Comando de Caças era inexoravelmente crescente mais próximo das costas da Grã-Bretanha: as bases continentais próximas ao Canal da Mancha eram onde os alemães poderiam montar incursões intensivas em alvos profundos no interior da Grã-Bretanha. O plano estratégico da RAF na guerra era o de esmagar alvos inimigos na Alemanha, usando o Comando de Bombardeiros na ofensiva e o Comando de Caças para abater os bombardeiros alemães que estavam atacando a Grã-Bretanha. Devido à distância envolvida e ao alcance limitado de seus caças, ataques montados pela Luftwaffe, dos aeroportos na Alemanha, não teriam proteção de caças ao se aproximar da Inglaterra. Foi por essa razão que o Spitfire foi o favorito como um interceptor rápido e de alta escalada para abater os bombardeiros. Os Hurricanes não foram selecionados para o papel de combate corpo a corpo com os caças inimigos e, nesse trabalho, não eram tão manobráveis quanto o Messerschmitt Bf-109 que, de certa forma, era um caça superior.

Mas, o equilíbrio estava mudando. Dos aeroportos na Alemanha, os bombardeiros da Luftwaffe não poderiam atingir alvos muito além de uma linha de Dover, através do Thames Estuary e até os lugares ao redor de Wahs, que dividia Lincolnshire de Norfolk. Operando a partir de aeroportos no Ruhr e nos Países Baixos, os bombardeiros da Luftwaffe poderiam estender seus ataques aproximadamente a partir de Southampton, a oeste de Londres e até Humber, que separava Yorkshire de Lincolnshire. A partir de aeroportos na Bélgica e na Holanda, bombardeiros como o Heinkel He-111 poderiam atingir alvos tão distantes quanto uma linha que abrangia Plymouth, Cardiff, Manchester e Newcastle, enquanto os bombardeiros médios como o Dornier Do-17 e os Junkers Ju-86 poderiam atacar em qualquer lugar no Reino Unido.

Nunca tinha sido realmente contemplado que a Grã-Bretanha teria que lutar com a Alemanha por via aérea contra bombardeiros que operavam a partir de aeroportos tão próximos da costa da Inglaterra. Pior, o desenvolvimento mais chocante foi que a queda da França significava que a Luftwaffe poderia montar ataques de bombardeio na Grã-Bretanha com apoio total e eficaz de seus caças. O Comando de Caças teria que nocautear os bombardeiros ao mesmo tempo em que se afastava dos Bf-109s e Bf-110s, algo que não tinha sido previsto quando os britânicos elaboraram planos para uma guerra aérea em potencial. A situação, entretanto, havia sido prevista pela Luftwaffe. Em 1938, o general Hellmuth Felmy havia informado a Wehrmacht sobre meios de atacar a Grã-Bretanha por via aérea, concluindo que isso só seria possível a partir de bases na Holanda e na Bélgica.

A RENDIÇÃO FRANCESA

Em 20 de junho, o Primeiro-Ministro francês, Marechal Pétain, solicitou formalmente que a Alemanha acabasse com as hostilidades e colocou o destino da França nas mãos de Hitler e da Wehrmacht. Ao anunciar esta decisão ao público francês, ele prestou homenagem aos serviços armados, alegando que "a aviação francesa havia lutado em desvantagem de um para seis" e essa derrota tinha sido infligida porque a França tinha "muitos poucos amigos, também poucas crianças, poucos braços, poucos aliados". No dia seguinte, os resquícios do governo francês tentaram negociar com os alemães condições aceitáveis, tais como um acordo no qual a França mantivesse uma administração independente de seus próprios territórios, mas desprovidos de equipamentos militares. As figuras-chave foram chamadas para uma compensação no Forét de Compiègne - o vagão ferroviário onde a Alemanha tinha assinado o Armistício em 1918 - e receberam um ultimato: rendição ou o aniquilamento. Os franceses foram embora para discutir o assunto, anunciando, posteriormente, na tarde de sábado, 22 de junho, que para a França, a guerra havia terminado. Hostilidades terminaram oficialmente em 25 de junho, após os termos de rendição terem sido acordados com a Itália.

O BALANÇO ATÉ O MOMENTO

Os números que antecederam a rendição da França foram indicativos da ferocidade da guerra aérea desde que as operações haviam começado. Entre o início de setembro de 1939 e 9 de maio de 1940, no dia anterior ao ataque no Oeste, os ingleses haviam perdido 133 aeronaves e 123 pessoas; os franceses, 175 aeronaves e 163 homens; os holandeses, 18 aviões e 8 pessoas e os belgas, 23 aviões e 13 homens. A Luftwaffe tinha perdido 354 aeronaves e 445 tripulantes aéreos. No total, os Aliados haviam perdido 349 aeronaves e 307 homens.

Ao final das hostilidades, em 24 de junho de 1940, os Aliados registraram uma perda acumulada de 3.020 aeronaves e 2.137 homens, enquanto a Luftwaffe perdeu um total de 1.814 aeronaves e 3.278 homens. Entrando tarde na guerra e fazendo um papel mínimo, os italianos perderam 9 aeronaves e 21 tripulantes aéreos. A Luftwaffe havia perdido 1.460 aeronaves e 2.833 homens na subjugação da França.

Apesar da capitulação da França, não foi uma ocupação total. Sob os termos da rendição, as forças alemãs ocuparam uma linha mais ou menos até o paralelo 47, no sul e no sudeste do país, mas não a uma certa distância da costa atlântica. Esta zona desocupada foi administrada por um governo em Vichy e tinha a responsabilidade de policiar a população, fornecendo trabalhadores, utilizando a indústria francesa para abastecer os alemães e, quando solicitado, erradicando os judeus, homossexuais e ciganos, e enviando-os para campos de concentração.

Já a Força Aérea Francesa se dividiu: alguns elementos escaparam para a Inglaterra e contribuíram para as Forças Francesas Livres, enquanto outro grupo ficou para trás, renomeado como Força Aérea do Armistício Francês e sob o controle dos políticos de Vichy. Quando os britânicos atacaram a Marinha Francesa, em 3 julho de 1940, para evitar que caísse em mãos alemãs, o governo de Vichy cortou todos os vínculos com os britânicos e os alemães aprovaram a Armée de l'Air de Vichy para que pudessem se defender contra novos ataques.

RESISTÊNCIA E RESILIÊNCIA

As últimas operações da RAF em solo francês foram realizadas em 18 de junho, o dia em que Churchill pronunciou as palavras fatídicas que trouxeram um sentido do destino iminente do povo britânico, se enfrentariam o mesmo destino que a França. A partir daí, a maioria das pessoas desenharam uma perversa sensação de força em que, se afundassem, ao menos, todos estariam juntos:

> "O que o General Weygand chamou de Batalha da França acabou. Eu espero que a Batalha da Grã-Bretanha esteja prestes a começar. Desta batalha depende a sobrevivência da civilização cristã... Toda a fúria e o poder do inimigo devem, logo, ser direcionados sobre nós, nesta ilha. Se conseguirmos enfrentá-lo, toda a Europa poderá ser livre e a vida do mundo poderá avançar em vastos planaltos iluminados pelo sol... Deixem-nos, portanto, prepararmo-nos para nossos deveres e, assim, nós suportaremos que, se o Império Britânico e sua Comunidade durarem mil anos, os homens dirão: "Este foi o seu melhor momento"".

A coesão implícita de Churchill da sociedade britânica foi uma tentativa de unir uma nação que ainda estava separada por rígidos limites sociais. Ciente de que o país tinha que ter um senso de trabalho compartilhado e um único conjunto de valores para passar os próximos meses e anos, Churchill falou por todo o país quando apelou para um esforço conjunto contra um inimigo comum. Apesar das exigências do posto, a RAF desempenhou um grande papel em demolir muitas dessas divisões de classe, o sargento piloto era igual ao tenente de voo ou o líder do esquadrão quando se tratava da igualdade de perigo no ar, do senso de valor em um esquadrão ou como membro de uma tripulação de voo.

Na Grã-Bretanha, havia uma incerteza considerável sobre o que aconteceria em seguida. Havia, também, algum grau de incerteza na Wehrmacht. O objetivo de longo prazo de Hitler era voltar-se para o Leste; ele não teve nenhuma discussão com a Grã-Bretanha e expressou a preferência por manter o Império Britânico intacto como um estabilizador de força no resto do mundo. Que esta era, de alguma forma, uma visão lógica é anulada ao entender que o Japão estava em uma guerra sangrenta com a China desde 1937 e que seus objetivos a longo prazo eram expandir-se para o Sul, libertar os países "orientais" de seus senhores "ocidentais" e obter acesso aos recursos ilimitados dos países vizinhos. Assim como a indústria alemã, a indústria japonesa estava vivendo mais de sua capacidade de autonomia dentro das fronteiras existentes. Mais cedo ou mais tarde, o Japão iria contra os interesses britânicos, sobretudo em Cingapura, que era, na época, a maior base de comutação telefônica do mundo e o centro de rádio e comunicações telefônicas em todo o sudeste asiático.

No entanto, um "apelo à paz" muito público foi lido em Reichstag, em 19 de julho, oferecendo à Grã-Bretanha a conciliação de um acordo de via livre sobre a Europa Continental - uma epístola que ficou sem resposta. Em 2 de julho, Hitler informou a Wehrmacht que, se as circunstâncias estivessem certas, poderia ser possível fazer um desembarque na Inglaterra. A neutralização da capacidade militar da Grã-Bretanha era desejável para que Hitler não fosse ameaçado por uma guerra em duas frentes quando atacasse a Rússia. Duas semanas depois, Hitler pediu a intensificação dos preparativos para a antecipação de um desembarque em meados de agosto.

Tanto o Exército alemão quanto a Marinha queriam resolver a questão sobre a Grã-Bretanha sem ter que invadir. Seria uma expedição arriscada, na melhor das hipóteses. Se a Luftwaffe tivesse total superioridade aérea sobre o Canal da Mancha, qualquer invasão teria grandes probabilidades de sucesso. Além disso, a Marinha Real teria alvos fáceis sob a forma de barcaças de invasão de curso lento, que seriam despachadas através do estreito caminho na água, com apenas 20 milhas em seu ponto mais estreito, separando a Inglaterra da França. E se a Luftwaffe não tivesse destruído totalmente a RAF, os caças britânicos estariam engajados no combate em seu próprio campo, enquanto os caças alemães teriam um tempo de combate limitado no sudeste da Inglaterra.

No final de julho, o pessoal de operações navais havia decidido que a Operação *Seelöwe* ("Sealion") não seria possível durante 1940. Com os britânicos no controle dos mares, a Marinha Real seria o único obstáculo mais difícil e sem a total erradicação das forças aéreas e navais tal operação estaria condenada ao fracasso.

Quando os argumentos foram apresentados, Hitler admitiu que uma invasão deveria ser considerada somente como um último recurso e duvidou que fosse alcançada. Nisto, sua visão coincidiu com a de Churchill, que considerou a ideia como absurda e suicida para a Alemanha. Entretanto, Churchill observou que o susto de uma invasão seria bom para o povo britânico, na medida em que aumentaria seu senso de consciência e moral reforçado - porque o medo de uma ameaça universal une as pessoas em uma causa comum.

No entanto, a OKW elaborou planos detalhados de como uma invasão poderia ser possível. O assalto inicial se daria ao longo de uma ampla faixa de mais do que 200 milhas de costa que se estende de Worthing a Margate. A 6ª tropa partiria da península de Cherbourg e aterrissaria em toda a área de Weymouth; a 9ª partiria de Caen e Dieppe e das terras a leste de Portsmouth para Brighton; e a 16ª saltaria de Calais e Ostende e desembarcaria nas praias de Hastings a Margate. As praias rasas e os excelentes bancos de terras ao longo de Camber Sands e Romney Marsh eram os únicos aspectos brilhantes do plano. A primeira linha de ocupação se estenderia de Portsmouth através de uma área ao sul de Londres, curvando para o nordeste, para o estuário do Tamisa. Para ser assegurada pela 9ª tropa e pela 16ª, a segunda linha teria que ocupar todo o sul da Inglaterra, de Bristol a Maldon, no centro de Essex, no nordeste de Londres.

Apesar das incertezas, Göring recebeu a tarefa de eliminar a RAF. Ele procurou fazer isto bombardeando os aeroportos britânicos e derrubando suas forças de combate. Mas, nessa época, a Grã-Bretanha já estava em uma base de guerra efetiva e a infraestrutura estava tão pronta quanto capaz de resistir. O Comando de Caças implantou o grupo 11 a partir de uma linha imediatamente a oeste da Ilha de Wight, nordeste para uma linha ao norte de Londres, através de Cambridge e para a costa, logo ao sul de Norwich. Tudo ao sul desta linha estava sob seu comando e o C-in-C Dowding tinha metade do complemento do Comando de Caças nesta área. Tudo ao oeste daquela linha estava sob o controle do grupo 10 com o grupo 12 pegando o Norte para uma linha que atravessa, aproximadamente, o centro da Inglaterra, ao norte de York e ao sul de Catterick. O grupo 13 controlava o Norte e a Escócia.

Em oposição a estes esquadrões estava a Luftflotte 3, cobrindo o sul e o oeste da Inglaterra; a Luftflotte 2, no sudeste e leste da Inglaterra; e a Luftflotte 5 da Noruega e da Dinamarca, cobrindo regiões ao norte de Lincolnshire. De modo geral, a Luftwaffe tinha uma dotação específica de 3.609 aeronaves, mas uma força real de 3.358, das quais, apenas 2.550 eram utilizáveis. Curiosamente, de uma dotação de 1.313 caças, apenas 1.029 estavam disponíveis para ação. Enquanto os números podiam ser taxas de perdas gerais enganosas (estabelecimento versus capacidade de serviço, etc.) mostram porque as pressões sobre a Wehrmacht foram consideráveis. Desde o início das hostilidades, em 1º de setembro de 1939, até o final de agosto de 1940 a Luftwaffe havia perdido 11.345 pessoas para a ação. Apenas de maio a julho, a Werhmacht havia perdido 51.500 homens - mortos, desaparecidos ou prisioneiros de guerra - além dos 16.600 perdidos na campanha contra a Polônia alguns meses antes.

A Grã-Bretanha, que já havia perdido um terço de seus pilotos, precisava compor a vantagem de poder voar e lutar sobre território amigável, enquanto a Luftwaffe estaria sobre a Inglaterra e qualquer aeronave abatida teria de entregar os sobreviventes aos campos de prisioneiros por toda a duração do conflito. Além disso, os britânicos sabiam quando e para onde o inimigo estava indo - outra vantagem que não era plenamente apreciada pelos alemães na época. As frotas aéreas inimigas foram detectadas, pela primeira vez, por 52 estações RDF que corriam a costa a partir de Pembrokeshire até as Ilhas Shetland. Elas detectavam e seguiam aeronaves até um máximo de 75 milhas para altos voos, muito menos para aqueles que se aproximam em baixa altitude.

Cada grupo foi dividido em setores, um dos quais era a Estação de Controle Setorial, todos respondiam à sede do grupo e, por sua vez, ao Comando de Caças com sede em Stanmore, Middlesex. As estações RDF reportavam à sala de filtros na sede que, depois, passava as informações para o grupo e, depois, para os níveis do setor. Os postos do Corpo de Observadores relatavam ataques depois que cruzassem a costa, passando os detalhes sobre a altitude dos combatentes e o número de aeronaves, antes enviar as informações para os centros do Corpo de Observadores e, depois, para a sede do grupo. Eles, por sua vez, as enviavam para a sede do Comando de Caças para integração com os relatórios da RDF. Isto mantinha as parcelas de ataques atualizadas.

Além disso, as informações eram transmitidas para cima ou para baixo até o nível de Controle Setorial, que poderia alertar utilmente os locais para colocar um balão de barreira, forçando o inimigo a voar alto, o que dificultava os bombardeios. No início de agosto, a Grã-Bretanha tinha 1.500 balões de barreira para defesa passiva, com 1.300 artilharias antiaéreas pesadas e 700 leves. O controle do setor alertaria os locais antiaéreos e os caças, enviando-os para os invasores que chegassem. Sem isso, o tempo e o combustível eram desperdiçados em patrulhas contínuas ao longo da costa, que teriam sido irregulares, deixando alguns ataques passarem despercebidos.

ANTECEDENTES DA BATALHA DA GRÃ-BRETANHA

Fundamentalmente, a capacidade de enviar aviões de caça em direção ao inimigo dependia do controlador, obtendo informações das estações de Direction Finding (DF), que se reportavam à sua Sala de Controle do Setor local. Estas informações subiam a cadeia de comando da mesma forma que as informações do Corpo de Observadores era tratada, e eram transmitidas a todos os setores. Desta forma, a perda de uma única Sala de Controle Setorial não desativaria a capacidade de funcionamento do Comando de Caças efetivamente.

A chave para os relatórios RDF era a tela de raios catódicos onde o radar sinalizava e, primeiro, indicava a um monitor com olhos de águia a presença de um ataque. Parecendo um pouco com as primeiras telas de televisão, as telas de raios catódicos tinham uma série de indicadores, com números de zero a 100 em toda a parte superior, da esquerda para a direita, revelando a distância em milhas da aeronave que chegava. Na parte inferior esquerda da tela estava uma indicação do rumo do sinal de retorno dos alvos refletidos, e na parte inferior direita da tela estava a hora em GMT. Os blips nos traços CRT mostravam a intensidade da reflexão, o que era uma indicação do tamanho da frota aérea devolvendo o sinal refletido de cada aeronave. Havia dois tipos de blip: estruturas locais próximas ao receptor do radar dariam grandes respostas próximas a zero, em milhas de distância, enquanto um blip a, digamos, 40 milhas, seria um sinal seguro de aproximação de aeronaves.

CAPÍTULO 8
A Tempestade Desencadeada

UM GRANDE PROBLEMA ao analisar a Batalha da Grã-Bretanha é saber quando começou e quando terminou. Livros, websites, históricos oficiais e opiniões acadêmicas variam. O que é apresentado aqui é um dos pontos de vista, o "oficial" da RAF, e nós iremos com isso. Por conseguinte, a luta pela sobrevivência, tanto para o país como para a RAF, pode ser separada em cinco fases distintas.

A primeira fase abrange de 26 de junho a 16 de julho de 1940, e consiste em uma série de *Störangriffe*, ou ataques incômodos. Estes foram, inicialmente, reconhecimentos específicos e voos de sondagem das unidades Luftwaffe, compilando uma fotografia detalhada, visualmente, à situação verbalmente relatada das áreas costeiras e do interior imediato da Grã-Bretanha. Além disso, foram realizadas atividades de colocação de minas e mapeamento geral, como observação e relatórios sobre a marinha mercante e operações navais e atividades associadas nos portos e arpoadores. Tudo isso contribuiu para a pesquisa inicial que foi montada na trégua enquanto a Luftwaffe esperava uma decisão final da Wehrmacht e de Hitler sobre o curso da ação a ser tomado. Houve, também, uma série de ataques costeiros durante a primeira semana deste período, até que uma ordem emitida pelo Alto Comando Alemão, em 2 de julho, sinalizasse um aumento dos bombardeios. Estes foram, em sua maioria, ataques isolados e não tiveram a esperada coordenação que muitos temiam que fosse desencadeada imediatamente após o colapso da França.

A partir de 10 de julho - uma data que alguns historiadores consideram como o início da primeira fase propriamente dita - houve um aumento das operações aéreas contra o transporte marítimo. Batizadas de *Kanalkampf*, estas eram batalhas pelo Canal da Mancha e que se preocupavam, em grande parte, com o transporte e atividade naval. Na verdade, exercícios de treinamento por procuração, deram aos pilotos da Luftwaffe experiência com uma forma diferente de guerra - caçar alvos em movimento lento sobre a água - e mantiveram a pressão sobre a RAF, forçando-a a montar operações defensivamente. Os alemães, também, começaram a prestar alguma atenção à rede domiciliar de estações RDF na costa sul durante este período. Embora os alemães tivessem apenas ideias vagas sobre seu potencial, estavam cientes de que eram algo relacionado aos radares.

Na terceira semana de julho, havia uma força de oposição de 606 caças *monoplace* e 101 caças de dois assentos da RAF, além de pouco mais de 500 bombardeiros enfrentando 824 caças da Luftwaffe e mais de 1.100 bombardeiros em serviço. Uma das questões que provaram ser de difícil abordagem foi a diminuição do número de pilotos experientes. Oficialmente, em 9 de julho, a RAF tinha 1.450 pilotos. No entanto, o número real, em nível de esquadrão, era 1.253, agora, a maioria dos homens eram relativamente inexperientes e não tinham as táticas de batalha de pilotos mais antigos e mais testados. Se tornariam "garotos de guerra" no ar - uma guerra em que os jovens teriam de aprender a lutar no céu, enquanto eram confrontados pelo inimigo.

Em um esforço para combater estas proporções negativas, cada esquadrão foi aumentado por quatro aeronaves, levando o complemento a um ideal de 16 caças. Isto colocou mais aeronaves à disposição dos pilotos. Para ajudar a compensar os baixos números de pilotos, 68 homens da Frota Aérea do Exército foram destacados para o Comando de Caças, mas, somente até 1940, quando as pressões no cenário de guerra no Mediterrâneo exigiam sua presença ali.

Os números são inadequados para avaliar as chances de sucesso de ambos os lados, o objetivo principal de cada um sendo o mesmo: corroer a força aérea adversária além do ponto em que era sustentável, forçando um fim à defesa ou ofensiva. A Luftwaffe tinha as vantagens de estar muito mais próxima da Grã-Bretanha do que em qualquer outro momento, suas aeronaves podiam transportar o máximo de cargas de bombas, e seus combatentes poderiam estender seu alcance aos céus britânicos dentro de minutos após a decolagem. A RAF, por sua vez, tinha a vantagem de lutar em seu próprio território e ser capaz de reciclar pilotos 'abatidos' de volta às operações. Além disso, possuía outras vantagens que eram desconhecidas dos alemães.

Ao longo deste período, estavam ocorrendo mudanças significativas que colocavam a Grã-Bretanha em uma posição muito melhor do que a que ocupava no início da guerra. Por exemplo, os alemães desconheciam que, com uma ajuda considerável dos poloneses, os britânicos haviam decifrado as máquinas codificadoras Enigma, que eram utilizadas para transmissão de mensagens por rádio, criptografadas, entre unidades alemãs e os postos de comando e entre os centros de campo e o Alto Comando. Em termos práticos, durante a Batalha da Grã-Bretanha, as informações foram, frequentemente, descodificadas tarde demais para ter qualquer efeito significativo, embora esta situação mudasse. Na guerra como um todo, a descodificação das mensagens forneceu uma ajuda considerável para os Aliados.

Outra vantagem estava na comunicação reunida todos os dias pelas estações Y, um serviço de escuta que poderia fornecer informações sobre as conversas entre indivíduos e unidades que falavam via radiofone. Adicionadas às mensagens criptografadas que chegavam através da máquina Enigma, as estações Y proporcionavam uma visão melhor para a Grã-Bretanha sobre o que estava acontecendo com a Wehrmacht, sobre as atividades dos alemães. Na verdade, o conhecimento dos alemães sobre os preparativos na Grã-Bretanha era tão escasso que cerca de 20 espiões foram desembarcados na Inglaterra a fim de informar sobre aspectos da infraestrutura do país. Muitos deles sabiam falar pouco inglês e, aparentemente, se destinavam a infiltrar-se em grupos de refugiados e outros estrangeiros que chegavam ao Reino Unido vindos da Europa ocupada. Não funcionou e todos eles foram cercados e presos.

Outra vantagem, mais precisa, era o trabalho forense conduzido pelo Dr. Reginald V. Jones que, aos 28 anos de idade, em setembro de 1939, foi o primeiro cientista a ser empregado pela seção de inteligência do Ministério da Aeronáutica. Ele logo exibiu uma aptidão para ligar a inteligência da Enigma ao Bletchley Park, o centro de descodificação de sinais criptografados enviados através das máquinas Enigma, para ajudar a desvendar os sistemas que estavam sendo introduzidos pela Luftwaffe. Isto permitiu aos britânicos mirar com mais precisão seus alvos em distâncias maiores. De interesse específico foi o Sistema *Knickebein*, que foi uma versão desenvolvida do sistema de aterrissagem "as cegas" alemão *Lorentz*. Em um teste especial, na noite de 21 de junho de 1940, um voo sancionado por Churchill 'escutou' as frequências que os bombardeiros alemães estavam usando, verificando as previsões de Jones e tornando possível o desenvolvimento de uma ampla gama de métodos de interferência - técnica que 'dobrava' os feixes, fazendo com que a Luftwaffe lançasse bombas em áreas rurais livres, em vez das áreas povoadas previstas.

Talvez, a vantagem mais efetiva de todas tenha sido o sistema de canais de controle do Comando de Caças formulado pelo C-in-C Dowding e descrito anteriormente – a ligação entre a detecção por RDF e por postos do Corpo de

Observadores, e o posicionamento de esquadrões individuais sobre os fluxos específicos de ataque que chegavam. Antes da implementação deste sistema, a probabilidade de qualquer aeronave individual atacar o inimigo era de cerca de 30%. Depois que foi colocado em operação para a Batalha da Grã-Bretanha, atingiu, na pior das hipóteses, 75% e, às vezes, 100% de interceptações específicas por aeronave. Os alemães não tinham nada parecido com isto e só introduziriam uma estrutura de interceptação de ar eficaz utilizando radares bastante tarde na guerra.

UM NOVO NÍVEL DE ATAQUE

A segunda fase da batalha começou em 17 de julho, quando a Luftwaffe avançou seus ataques à navegação costeira, alvos navais e aeroportos, com ataques noturnos em aeroportos e plantas de produção de aeronaves da RAF. Foi um esforço organizado para matar de fome o povo britânico, evitando alimentos e suprimentos essenciais a serem entregues por mar e negar à RAF seus aeroportos, para que não pudesse atacar bases alemãs no continente.

A terceira fase da batalha decorreu de 13 de agosto a 6 de setembro, e foi planejada pela Alemanha como um esforço total para destruir a RAF. Ela foi definida por uma estratégia acordada pela Luftwaffe em 6 de agosto, que se baseou, em grande parte, na inteligência. Acreditando que a RAF já estivesse seriamente deflacionada e perto da derrota, Göring tinha a impressão de que uma agressão generalizada seria capaz de liberar rapidamente os céus sobre a Grã-Bretanha. A operação seguinte ficou conhecida como *Adlerangriff* ('Ataque da Águia'). *Adlertag* ('Dia da Águia') foi marcado para 13 de agosto.

Naquele primeiro dia, o mau tempo manteve a maioria dos bombardeiros da Luftflotte 2 no chão durante a manhã, mas alguns Dornier Do-17s do KG-2 partiram logo antes do amanhecer. Controladores trabalhando através das estações RDF detectaram formações começando a se desenvolver na área de Amiens e logo duas formações de 30 aeronaves foram avistadas. Não foi encontrada nenhuma cobertura aérea de escolta esperando para acompanhá-las – os caças tinham ficado em terra por causa das nuvens e da névoa – e, incapazes de serem contatados por rádio, eles partiram através do Canal para Eastchurch, na Ilha de Sheppey, Hornchurch e Manston. Em seguida, além dos 60 bombardeiros alemães que já estavam entrando, mais 100 foram observados se formando sobre Dieppe, 40 foram detectados perto de Cherbourg e um grupo menor estava se formando não muito longe das Ilhas do Canal da Mancha.

Os esquadrões 43 e 601 partiram de Tangmere para guardar o flanco oeste do grupo 11, enquanto Spitfires e Hurricanes de Kenley guardavam o Estuário do Tamisa. Ao final da manhã, mais de 100 caças da RAF estavam no ar enfrentando até 300 aeronaves inimigas, os defensores organizados em setores em vez de operar como esquadrões independentes. Este era o segredo para posicionar os caças sobre os bombardeiros e evitar que as formações desperdiçassem tempo operando individualmente. O Dornier 17s do KG-2 não tinha escolta de caças, mas se dirigia às bases do Comando Costeiro em Eastchurch e Sheerness, mas 74 esquadrões estavam engajados acima do nível médio das nuvens e as primeiras unidades de Spitfire e Hurricane, com armamento de canhão, juntaram-se à briga.

Durante o dia, aeronaves do 10 Bombengeschwader participaram de incursões no que se tornaria um dos períodos mais intensos da batalha. A primeira perda alemã foi um Do-17P perto da costa de Kent, derrubado pelo Sqn Ldr "Marinheiro" Malan, às 6h20. Enquanto os bombardeiros convencionais iam para os aeroportos e as instalações da RAF, em uma ampla faixa do sudeste da Inglaterra, uma unidade de teste conhecida como Erp-210 (Erprobungsgruppe 210), voando o novíssimo Messerschmitt Me-210, dirigiu-se para ataques rápidos contra Rye, Pevensey e Dover, além de aeroportos próximos.

Em serviço pouco mais de um ano após seu primeiro voo, o Me-210 era muito semelhante em aparência ao Bf-110, mas com uma velocidade máxima superior a 360 mph e, como tal, mais rápido do que qualquer outra aeronave existente. Outras unidades envolvidas incluíram a Stg-2 (Sturzkampfgeschwader 2) e Stg-77, cada um com bombardeiros de mergulho Stuka. Estes eram hábeis em atingir pequenos alvos e ideais para atacar os mastros das estações de radares, mas eram altamente vulneráveis ao ataque de Hurricanes e Spitfires. O Stg-77 foi para os navios e instalações no porto de Portland, onde operações de barcos voadores estavam baseadas.

Três esquadrões da RAF – N° 151, 111 e 74 - cobriram os comboios no Tamisa, e a área ao redor da RAF Hornhurch e RAF Manston (ambas em Kent), respectivamente. Em seguida, o esquadrão N° 238 foi enviado para cobrir a RAF Warmwell, enquanto foi ordenado ao N° 257 patrulhar a área ao redor de Canterbury. Mais quatro esquadrões – N° 601, 213, 64 e 87 – receberam ordens para apoiar aqueles já transportados por via aérea e consolidar as defesas aéreas. Tendo o tempo ficado limpo por volta do meio-dia, houve um aumento nas atividades durante à tarde. As operações começaram por volta das 16h00 com um grande ataque ao longo de uma frente de 40 milhas de largura. Por volta de 40 bombardeiros Junkers Ju-88, bimotores, da KG-54 e elementos da LG-1, da Luftflotte 2 em direção às obras da Supermarine, em Southampton, para Middle

Wallop e mais para o Oeste. Aqui, 30 bombardeiros Stuka precederam mais de 50 do mesmo tipo, estes escoltados por Bf-109s da JG-27. Outro contingente de caças Messerschmitt da JG-53 varriam entre a Ilha de Wight e a baía de Lyme. Em resposta, o esquadrão Nº 152 enviou seus Spitfires e, uma vez que a escolta de bombardeiros alemães teve que voltar à base devido à falta de combustível, eles foram capazes de se lançar sobre os Stukas com grande vingança.

Os ataques alemães, naquele dia, foram oportunidades desorganizadas, perdidas, pois a tripulação aérea acreditou que a RAF estivesse em fuga e que seu trabalho estava praticamente concluído. O que não foi o caso, já que o esquadrão Nº 56 lançou feroz resistência contra um enxame de aeronaves Ju-87 e Bf-110, que lançaram suas bombas nas áreas de Canterbury, pois seu alvo pretendido de Rochford estava coberto de nuvens. Os Stukas estavam tendo dificuldades para sobreviver aos ataques dos Spitfires e Hurricanes. Como um exemplo de táticas desenvolvidas pela Luftwaffe para evitar interceptação, quando 40 Ju-87s entraram para atacar o aeroporto em Detling, eles estavam protegidos por caças alemães, o que atraiu taticamente os caças de defesa do esquadrão Nº 65. Detling sofreu danos significativos, perdendo 22 aeronaves e 67 homens, incluindo o comandante da estação, Capitão Gp E. David.

Em outros lugares, os ataques à navegação continuaram durante todo o dia com bombardeiros Heinkel He-111 tentando um ataque noturno de precisão contra o Castelo de Bromwich, onde a fábrica da Spitfire funcionava. Bombas foram lançadas em uma área dispersa próxima a Wolverhampton e Herefordshire. Tanto a RAF quanto a Luftwaffe sofreram perdas significativas, com o Comando de Caças perdendo 47 aeronaves, 19 das quais eram Spitfires e Hurricanes, enquanto os alemães perderam 52, incluindo 25 caças monomotores e bimotores. Com implicações a longo prazo, a Luftwaffe perdeu 28 bombardeiros naquele dia - aeronaves que jamais poderiam retornar para ameaçar a Inglaterra. Por mais feroz que a luta tivesse sido até então, no entanto, o pior ainda estava por vir.

Em 14 de agosto, a Luftwaffe organizou cerca de 500 incursões, abrindo com uma de alta velocidade para Manston, onde o esquadrão Nº 56 foi apanhado de surpresa pela brusquidão do ataque, que viu duas dúzias de caças bimotores Bf-110 correndo para bombardear o aeroporto. Ao lançar suas bombas, uma força de Stukas dividida em duas correntes, atacando Hawkinge e Dover. O Comando de Caças afastou os primeiros ataques enquanto outras aeronaves atacavam o *Folkstone Gate Lightvessel*, afundando-o. Foi observado que os sobreviventes foram bombardeados na água por caças alemães. Esta não era uma ocorrência incomum, mas que não era praticada universalmente.

Durante aquela tarde e noite, ataques aleatórios de bombardeiros e caças de combate varreram uma frente de 100 milhas, Do-17s atacando a estação RDF Pevensey, mas outras efetivamente combatidas pelo uso das defesas de radar.

Deve-se notar que não foi apenas a Inglaterra que foi atacada. He-111s de Vannes, na Bretanha, atacaram alvos em Belfast, Irlanda do Norte, atingindo a fábrica Short, onde o novo bombardeiro de longo alcance da RAF - o Short Stirling - estava em desenvolvimento.

No final do dia, a RAF tinha a vantagem: havia perdido oito caças, enquanto a Luftwaffe perdeu dez Bf109s. No total, os britânicos perderam um total de 15 aeronaves, os alemães 19. As perdas no dia seguinte seriam as piores que os alemães haviam sofrido até aquela data.

Os relatórios que retornavam a OKW eram agressivamente otimistas, supostamente relatórios de 'inteligência' da Luftwaffe de Göring alegando que 300 combatentes da RAF tinham sido destruídos, que 30 aeroportos e grandes fábricas tinham sido reduzidas a escombros e que 40.000 toneladas de navios mercantes tinham sido destruídas. De sua alta posição, Göring criticou os métodos de planejamento da Luftwaffe, culpando os estrategistas por selecionar alvos inadequados, deixando os vulneráveis Stukas e os bimotores Bf-110s sem defesa, e criticou a integração defeituosa entre os escalões superiores e a tripulação do avião. No futuro, ordenou que três Bf-109s fossem designados para cada Ju-87 como escolta. Esta foi uma atitude insensata. O caminho lógico teria sido a retirada dos Stukas completamente - algo que eles foram forçados a fazer a partir de 18 de agosto, quando 18 Stukas foram perdidos, destruídos ou seriamente danificados.

Mais tarde, os eventos ocorridos em 15 de agosto foram os mais intensos - sem dúvida, os mais importantes, com os alemães incursionando um maior número de aeronaves do que em qualquer outro momento. A RAF foi avisada através dos vários nós de inteligência, tais como informações de inteligência e das comunicações da estação Y. Estas pegaram as primeiras varreduras feitas pelos caças alemães ao longo da costa Sul e do interior, e o reconhecimento de um Do-17 que precedeu o ataque principal. Como resultado, duas patrulhas do grupo 11 foram montadas no estuário do Tamisa. Entretanto, quando o ataque chegou, uma grande força de Stukas voou do Pas-de-Calais, escoltada pelos Bf-109s; 40 dos Stukas tinham a intenção de atacar sobre Hawkinge e Lympne. Vinte e quatro foram separados para atacar Folkestone, mas foram feitos danos suficientes para colocar Lympne fora de ação pelos próximos três dias.

No início da tarde, uma formação de 30 aeronaves foi avistada ao leste do Firth of Forth, em direção à Escócia ou ao norte da Inglaterra. Chegando devagar, eles foram identificados como hidroaviões Heinkel He-115. Estes simulavam voar na direção de Montrose antes de 41 esquadrões do grupo 13 partirem de Catterick para engajá-los.

A Luftwaffe pensou, erroneamente, que o Comando de Caças tinha reunido todos os seus recursos no sudeste da Inglaterra. A Luftflotte 5 foi, portanto, instruída a atacar aeroportos no Norte, acreditando que eram alvos indefesos. Entretanto, um erro de navegação colocou uma força de 65 bombardeiros He-111 muito longe do Norte, onde foram interceptados a 40 milhas da costa pelo esquadrão 41. A formação alemã foi empilhada em grupos de três a 18.000 pés, com a escolta de caças Bf-110 posicionada 1.000 pés acima. À medida que o esquadrão 41 se espalhou, a formação começou a se romper, alguns em direção a uma cobertura de nuvens, outros rompendo completamente com as escoltas de bimotores, formando-se em um círculo defensivo, mais para salvar a si mesmos do que os bombardeiros que estavam protegendo. Com a formação alemã se dividindo em duas - uma para o Sul, outra para Tyneside - foram atacados a partir do esquadrão 79 em direção a Newcastle, onde foram atingidos pelo esquadrão 605, a maior parte das bombas caíram no mar.

Durante toda à tarde, outras formações alemãs vieram de bases na Dinamarca para atacar a costa leste até o Humber, onde 50 Ju-88s foram abordados pelo grupo 12. Vários alvos britânicos foram atingidos e alguns caças Blenheim foram bem-sucedidos no ataque às aeronaves alemãs. Anteriormente, o Blenheim foi descrito como um bombardeiro leve, mas vários esquadrões foram equipados com uma Mk 1 para operar como um "caça doméstico", com sucesso, incluindo o Nº 219. A intensidade dos ataques trouxe uma resposta determinada da RAF, pilotos individuais que recorreram à busca frenética para derrubar o inimigo, como o piloto combatente Hugh 'Cocky' Dundas lembrou, mais tarde, em seu livro *Flying Start*:

> "Eu tracei o rumo e bati o acelerador "até o máximo", para conseguir a potência máxima de saída, permitida apenas por um período limitado. Alguns dos outros estavam à minha frente, outros atrás. Nós não nos preocupamos em esperar um pelo outro ou preencher formas em voos e seções. Nós corremos individualmente através da costa e para o mar. Cerca de 15 milhas a leste de Bridlington eu os vi, à esquerda e um pouco abaixo – as formas de lápis fino de bombardeiros bimotores alemães, voando soltos e com um peso muito grande, formação dispersa em direção à costa.
>
> Liguei meu refletor, fixando o alcance para 250 jardas, girei o botão da arma para a posição de "fogo". Desci em um mergulho curvado em direção

aos bombardeiros mais próximos, julgando meu ritmo de curva e mergulho para me trazer à popa. Uma luz piscou a partir da posição do artilheiro da retaguarda e balas de traçador vieram como mangueiras de uma forma preguiçosa. Quando abri as minhas oito Brownings [metralhadoras], o fogo de retorno parou. O bombardeiro virou e perdeu altura. Primeiro um jato de fumaça preta, depois, um fluxo constante derramado de suas capotas de motor e caiu, abruptamente, em direção ao mar calmo do verão".

Durante a tarde de 15 de agosto, um sofisticado complexo de batidas começou a se desdobrar. Sessenta Bf-109s apressaram-se à frente dos Torniers do KG-3, enquanto alguns Bf-110s rumavam à estação experimental da RAF, em Martlesham. Alguns relatórios indicaram que os Stukas foram usados para ataques pontuais à Bawdsey Manor, um dos locais onde a Watson-Watt desenvolveu o RDF. Enquanto isso, Spitfires e Hurricanes emaranharam-se com intrusos sobre Kent, precedidos por outros bandos de caças alemães, na esperança de limpar uma faixa para os bombardeiros que se aproximavam. Mais tarde, cerca de 80 bombardeiros alemães foram abordados pelo grupo 10 ao longo da costa sul e de Swanage e Portland, porém, mais uma vez, os Stukas acharam difícil avançar e golpear, lançando suas bombas e sendo perseguidos pela defesa dos caças. Fora da Ilha de Wight, mais 60 Ju-88s, com 40 Bf-110s como escolta, lutaram com afinco em seu caminho em direção a Southampton, enfrentando cinco esquadrões de Spitfires e Hurricanes, que não foram capazes de evitar alguns danos às instalações no terreno.

No início da noite, Air V-Mshl Keith Park enfrentou um grande desafio com outro grande ataque montado, compreendendo Dorniers da KG-1 e KG-2 escoltados por Bf- 109s. Os pilotos de Park já estavam muito estressados por terem voado duas ou três incursões naquele dia. No entanto, eles foram novamente enviados para cima, cinco esquadrões colocados no ar para interceptar os alemães. Lutando contra alguns intrusos, conseguiram passar e atingiram West Malling em vez de atingir o alvo pretendido de Biggin Hill.

O último grande evento do dia foi uma pequena batida liderada por Walter Rubensdörffer, comandando Erp-210. Ele se dirigiu para a RAF Kenley em alta velocidade, mas a baixa luz solar fez com que o grupo ultrapassasse o noroeste e atingisse Croydon. Este marco foi definido por ser o primeiro ataque ao que era considerada uma grande cidade do subúrbio de Londres, alvos civis que até então estavam fora dos limites sob um acordo geral aderido por ambas as partes. Alguns historiadores atribuem este ataque sobre Croydon a uma decisão de Churchill de bombardear Berlim.

Em 15 de agosto, a Luftwaffe se gabou de ter enviado mais de 2.000 incursões, enquanto o Comando de Caças tinha voado 974 no que foi, geralmente, considerado o "Maior Dia" da batalha. Havia reivindicações selvagens e muita propaganda de especulação, pois cada lado reivindicava superioridade no ar. Na verdade, os alemães perderam 83 aeronaves destruídas ou seriamente danificadas, enquanto a RAF perdeu 5 – a relação mais desequilibrada que seria registrada em todas as batalhas.

Apesar disso, os alemães permaneceram convencidos de que a RAF estava praticamente de joelhos. O registro mostrava o oposto. Enquanto o número de aeronaves em serviço oscilava para cima e para baixo ao longo dos dias, o número de pilotos da RAF era constantemente edificado. Em julho, havia cerca de 1.200 pilotos disponíveis, aumentando para 1.400 em 1º de agosto, cerca de 1.450 em setembro e 1.600 até outubro. No mês seguinte, eram 1.800. O número de caças em serviço havia caído ligeiramente durante julho, mas se manteve estável e começou a aumentar durante agosto e setembro. Principalmente, devido à Organização Civil de Reparos (CRO).

A ORGANIZAÇÃO CIVIL DE REPAROS

A CRO tinha sido formada em 11 de setembro de 1939 como uma organização que podia utilizar instalações civis de engenharia leve e pesada que tivessem sido convertidas da produção de bens em tempo de paz, em fábricas de reparo e substituição para devolução de materiais militares para uso operacional. Em 14 de maio 1940, a administração da CRO foi colocada sob a tutela do Ministério da Produção Aeronáutica (MAP) e um alto número de pequenas, médias e grandes empresas prontas para o trabalho, restaurando as estruturas aéreas danificadas e naufragadas, devolvendo-as para uso em serviço. A primeira unidade deste tipo foi instalada na fábrica em Cowley da Morris Motores, onde a produção de veículos militares compartilhava espaço de oficina com reparos de aeronaves.

Unidades de apoio também foram estabelecidas para a entrega de aeronaves que haviam sido colocadas de volta em condições de serviço. Inicialmente, as aeronaves eram devolvidas para o serviço operacional depois de passar pelos aeroportos da Unidade de Manutenção Aérea, mas, depois, canalizadas através da CRO. No final de 1940, quase 5.000 aeronaves tinham sido colocadas em ação novamente pela CRO.

O fato de que a RAF estava defendendo o país, impedindo ataques aéreos em vez de se arriscar em ataques ofensivos contra aeroportos sob a proteção e controle alemão na Europa ocupada, significou que algumas aeronaves que foram derrubadas em solo britânico poderiam, eventualmente, voltar à ação e que os pilotos que saltavam de paraquedas poderiam ser devolvidos às suas unidades. Por outro lado, os pilotos alemães que pulavam de paraquedas se tornavam prisioneiros de guerra (POWs) e cada aeronave Luftwaffe que caía na Grã-Bretanha, danificada ou não, era perdida para o inimigo. Os pilotos alemães que saltavam no Canal da Mancha eram recolhidos pelos mesmos barcos de resgate que coletavam os pilotos da RAF, e se tornavam prisioneiros de guerra.

O estresse psicológico de voar através do Canal para atacar um país inimigo era imenso. Os pilotos temiam ser abatidos na água e se afogarem antes de serem resgatados. Voltando ao nordeste da França em um bombardeiro danificado, eram presas fáceis de Spitfires e Hurricanes. Alguns caças alemães danificados, mas que ainda podiam voar, foram pegos de surpresa pelos Spitfires da RAF justamente quando eles acreditavam que sua fuga estava segura. Isto era, em parte, porque ao final da noite, o sol já estava no Oeste - e brilhava na visão traseira dos espelhos das aeronaves de volta à França - o que significava que os pilotos pouco podiam ver em sua retaguarda e eram ainda mais vulneráveis a ataques repentinos.

O DESTINO DOS PILOTOS POLONESES

Após a queda da Polônia, em setembro de 1939, foi formada a Força Aérea Polonesa na França, por acordo entre o governo francês e o polonês no exílio. Apesar da derrota, os poloneses permaneceram convencidos do direito de sua causa, antecipando o dia em que poderiam retornar à sua pátria e libertá-la da opressão. Assim, durante a batalha pela França e os Países Baixos, entre maio e junho de 1940, 174 aviadores poloneses foram designados para unidades de combate. Os franceses, no entanto, desconsideraram completamente a experiência e as qualidades de combate dos aviadores poloneses, proporcionando-lhes treinamento de aeronaves e equipamentos inadequados. No entanto, os pilotos poloneses derrubaram 52 aeronaves inimigas e danificaram várias outras antes que a França capitulasse.

O primeiro dos 8.384 aviadores poloneses que chegariam à Grã-Bretanha no final de julho de 1940 aterrissou em Eastchurch, Kent, em 8 de dezembro de 1939, dois dias depois de deixar a França. Eles a chamaram de "A Ilha da Última Esperança". Os britânicos, primeiro, acreditaram na atitude de desprezo da máquina de propaganda nazista e sua afirmação de que os pilotos poloneses eram inaptos e incompetentes, e que sua força aérea havia sido derrotada em três dias. Foi, portanto, com alguma relutância que os aviadores poloneses foram integrados à RAF. Entretanto, suas capacidades logo se tornaram evidentes. Isto, e uma aceitação de que estes eram, afinal de contas, as pessoas para quem a Grã-Bretanha tinha ido à guerra, significava que a RAF "polonesa" dedicada logo formaria esquadrões - notadamente o N° 302 e N° 303 com um total de 66 pilotos - e mais 79 pilotos poloneses foram distribuídos em outros esquadrões.

Aqui, eles se absolveram com valentia. No total, durante a Batalha da Grã-Bretanha, os pilotos poloneses foram responsáveis por 203 das 1.733 aeronaves inimigas abatidas durante o conflito - quase 12% do total. Ao longo da guerra, a tripulação aérea polonesa da RAF foi creditada com 769 vitórias em combate aéreo, com mais 252 danificados e um "provável" adicional de 177.

Os poloneses se saíram bem em outras áreas da vida na Grã-Bretanha, também. Vários homens poloneses casaram-se com mulheres britânicas e se estabeleceram no Reino Unido depois da guerra. Outros voltaram à pátria controlada pelo comunismo e enfrentaram acusações de espionagem e intenções subversivas. Alguns pilotos destacados da Batalha da Grã-Bretanha foram, posteriormente, presos e outros foram condenados à morte. Vergonhosamente, durante a Guerra Fria, a Grã-Bretanha não conseguiu garantir um porto seguro para homens que haviam lutado pela liberdade em uma terra estrangeira. A dívida que a Grã-Bretanha tinha com os poloneses que lutaram contra o inimigo nunca poderia ser reembolsada.

UM PROFUNDO SENSO DE DEVER

A Batalha da Grã-Bretanha foi frenética, às vezes, caótica, nunca executada no ar como planejada em terra, intensamente assustadora, violenta e sem compromisso. Às vezes, era tingida de euforia, às vezes, manchada de horror, sempre triturando a sanidade, nunca sem remorsos e tão impiedosa, assim como sangrenta.

No entanto, apenas sete anos antes, em 9 de fevereiro de 1933, uma moção havia sido aprovada por 275 votos a 153 em um debate da Oxford Union Society - designado "Juramento Oxford" – que "Esta Casa não lutará, em nenhuma circunstância, por seu rei e país". Apesar do resultado, entretanto, deve ser notado que os jovens da Oxford Union que chegaram a este julgamento ainda não tinham enfrentado o teste do medo provocado por um desafio imediato e envolvente para as próprias instituições que detinham. Além disso, quando seu modo de vida foi ameaçado diretamente por uma força do mal totalitária, eles foram sacudidos de seu debate clínico. Foi assim que, em 1940, muitos desses estudantes se atiraram voluntariamente na defesa da Grã-Bretanha para conter a maré de agressão nazista. Não apenas para o "rei e país", mas por razões mais profundas. Por uma determinação muito pessoal, como a Batalha da Grã-Bretanha, como o veterano Bob Doe disse, para não ter "algumas botas nazistas a passear pelo caminho do jardim da mamãe'! Essa foi a essência da razão pela qual os homens corajosos foram para o risco, e para perderem suas vidas nos céus sobre a Inglaterra, em 1940. Não há nenhum mito nisso. Mas, há um verdadeiro heroísmo do tipo que a lenda se lembra.

A verdadeira história é, certamente, de feitos heroicos, mas é mais do que isso. Trata-se de uma geração que emergiu de seu idílio rural, de cidades e vilarejos da nação, para responder ao chamado às armas, para se elevar ainda mais nos céus sobre a Grã-Bretanha e defender seu país, seus princípios sobre fé e liberdade, e para fazê-los através da devoção, dignidade de propósito e com um profundo senso de dever.

Havia uma inevitabilidade inviolável sobre onde eles estavam, fazendo o que fizeram e experimentando emoções que somente aqueles que voaram em combate podem compreender verdadeiramente. Como escreveu Sqn Ldr Peter Townsend:

"Alguns de nós morreriam nos próximos dias. Isso era inevitável. Mas, você não acreditava que seria você. A morte sempre esteve presente, e nós sabíamos. Se tivéssemos que morrer, estaríamos sozinhos, esmagados, em pedaços, queimados vivos, ou afogados. Alguns véus estranhos e protetores mantiveram o pesadelo de pensamentos fora de nossas mentes, assim como a perda de nossos amigos. Seus desaparecimentos nos pareciam menos um golpe sólido do que uma sombra escura que arrefeceu nossos corações e passou adiante".

Há muito aqui para comparar com o conto dos ingleses de Henrique V em Agincourt, os universalmente temidos arqueiros ingleses que, ao levantarem seus arcos para os franceses, deram um sinal atemporal de desprezo desafiador por presunçosas reivindicações de um inimigo pervertido por sua própria ambição. Em outra batalha, para a Grã-Bretanha, em 1940, os pilotos da RAF, mais uma vez, vestiram o manto de atos cavalheirescos para se erguerem contra o desprezo desafiador através da valentia e da defesa do país contra um inimigo agressivo.

CAPÍTULO 9
O "Dia Mais Difícil"

QUANDO 15 DE AGOSTO foi considerado o dia mais intenso de ataques por parte da Luftwaffe, os eventos de três dias a partir de então nomeariam o dia 18 de agosto como 'o dia mais difícil' da batalha aérea. Após um dia de luta feroz, em 16 de agosto, as atividades foram reduzidas drasticamente em 17 de agosto - ambos os lados estavam cansados e se reagrupando para um esforço revitalizado - quando a RAF perderia 53 aeronaves (todas, exceto oito, sendo Spitfires e Hurricanes) e a Luftwaffe perderia 73 destruídas ou danificadas. Do total alemão, 18 eram Ju-87 Stukas. O modelo que nunca se recuperaria destas perdas e foi retirado das operações sobre a Inglaterra, pois não valia a pena tantas perdas. Eles tiveram seu valor, mas não na guerra aérea sobre a Grã-Bretanha e em nenhum lugar em que fossem vulneráveis à nova geração de caças.

Os eventos de 18 de agosto começaram por volta da meia-noite, com uma batida em Aberavon, Coventry e Liverpool, enquanto outros ataques lançaram quase 600 bombas incendiárias e 22 bombas altamente explosivas na fábrica da Spitfire, em Castle Bromwich. Em um exercício de perseguição com notável sucesso, um único caça Blenheim Mk 1 pegou um bombardeiro Heinkel He-111 solitário cerca de 15 milhas a sudoeste de Chester, observando as luzes da retaguarda para segui-lo através de Newark, sobre Lincoln e para o Mar do Norte. Lá, foi derrubado a 10 milhas a oeste da embarcação Cromer Light Vessel. No entanto, tais encontros isolados foram raros.

Quando o sol nasceu no dia mais difícil, algumas aeronaves de reconhecimento foram escolhidas, um Bf-110 de alto voo, que foi abatido a partir de uma altitude de 31.000 pés sobre Manston. Ao longo do dia, onda após onda de ataques, os bombardeiros forçaram as rotas defendidas por Spitfires e Hurricanes para que passassem com aeronaves em grupos paralelos e convergentes. Cada lado atingiu o pico de capacidade tanto em ataques quanto em defesas, sem descanso desde o amanhecer até o anoitecer. À medida que os resultados chegavam, Göring descarregava sua fúria sobre a Jagdwaffe - as unidades de caça alemãs e seus pilotos - que não tinham sido capazes de evitar as perdas dos Stukas. A Luftwaffe também achou seu Bf-110 muito difícil de pilotar para superar os ágeis Spitfires e Hurricanes, perdendo 14 para a ação inimiga enquanto 19 Bf-109s também foram derrubados.

Também, nesse dia, Winston Churchill visitou a sala de operações subterrâneas do grupo 11 na RAF de Uxbridge. Enquanto se sentava em silêncio, os dentes se apertavam em torno de seu charuto, assistindo ao acúmulo de aviões inimigos se aproximando do outro lado do Canal. Ao perguntar quantas reservas existiam, o C-in-C Dowding respondeu que não havia nenhuma. Mais tarde, ao entrar em seu carro, ele pronunciou as palavras agora históricas: "Nunca, no campo do conflito humano, tanto foi devido, por tantos, a tão poucos". Dois dias depois, ele esteve na Câmara dos Comuns e repetiu essa frase e, mais tarde, ainda a gravaria para ser transmitida pela BBC.

Ansioso para estar o mais próximo possível da ação, e com uma presciência assombrosa, Churchill visitou novamente Uxbridge em 15 de setembro, após o que, referindo-se às luzes individuais enquanto cada esquadrão entrava em ação, escreveu em seu diário que "todas as lâmpadas brilharam de vermelho", indicando que todos os esquadrões estavam no ar combatendo a Luftwaffe.

Diante de uma taxa de desgaste insustentável, tanto das aeronaves quanto da tripulação aérea, e com muitas das fábricas britânicas de aeronaves fora do alcance, em 19 de agosto, Göring ordenou que as missões prosseguissem "enquanto as defesas inimigas ainda estão fortes". Estas deveriam ser realizadas apenas por aeronaves individuais, e quando as condições climáticas fossem favoráveis. Ele tinha a intenção de destruir a capacidade da Grã-Bretanha de reconstituir suas forças e reabastecer as unidades esgotadas, cercando o inimigo "dia e noite". Ele explicou:

"Entramos no período decisivo da guerra contra a Grã-Bretanha. Tudo depende do uso de todos os meios possíveis para derrotar a força aérea do inimigo. Para alcançar isto, nosso primeiro objetivo é destruir seus combatentes. Se eles evitarem o combate no ar, devemos atacá-los no solo ou forçá-los a aceitar uma luta usando bombardeiros para atacar alvos dentro do alcance de nossos caças. Além disso, devemos intensificar constantemente a batalha contra os bombardeiros inimigos, atacando suas unidades de apoio terrestre. Quando a força aérea inimiga for derrotada, a Luftwaffe continuará seus ataques contra alvos vitais então definidos".

O fornecimento de pilotos para a RAF vinha aumentando constantemente enquanto os números disponíveis para a Luftwaffe estavam, por vezes, um terço inferior ao complemento necessário. Na Alemanha, havia divisões sobre a melhor maneira de atuar, o que provocou uma discussão entre o Alto Comando da Luftwaffe e os pilotos em si, muitas vezes em função da natureza arrogante de Göring. Ali tinha sido dada pouquíssima atenção à degradação do agrupamento de pilotos de caça: em 1º de maio, a Jagdwaffe tinha 1.010 pilotos operacionais, mas, durante aquele mês, 6,8% foram perdidos, em 1º de junho, o total disponível havia caído para 839, mais 7,8% de perda, em 1º de julho, havia 906, mas as perdas durante o mês foram de 124 ou 11% do total; no final de agosto, havia 735 pilotos operacionais do Bf-109 - uma perda de 27% em relação ao número registrado pouco antes da campanha no Oeste começar, no dia 10 de maio.

A raiz do problema para a Luftwaffe estava na incapacidade da Jagdwaffe em fornecer cobertura aérea suficiente para que os bombardeiros sobrevivessem. Em um ponto no início de setembro, Göring visitou suas unidades de combate no Pas-de-Calais e as repreendeu por não fazerem mais para proteger os bombardeiros. Quando perguntado o que era necessário para fazer o trabalho, a estrela em ascensão na força de combate, Adolf Galland, respondeu que ele gostaria de um esquadrão de Spitfires! Essa resposta focalizou claramente sobre uma crítica persistente à exigência de Göring de que os caças de um só assento ficassem perto dos bombardeiros para que pudessem protegê-los da RAF. Enquanto o Bf-109 teve um desempenho comparável ao do Spitfire e, em alguns aspectos, ao do Hurricane, no extremo superior de sua capacidade de desempenho, às velocidades mais lentas, faltavam a aceleração e a agilidade dos dois caças da RAF.

Ao responder a esta pergunta, para o aborrecimento de Göring, Galland tocou numa ferida que o colocaria em oposição aos seguidores mais velhos da liderança. Mas, na verdade, ele estava correto. As experiências dos jovens pilotos alemães de caça deixaram claro que, em vez de permanecerem agrupados ao redor dos bombardeiros, que se movimentavam a pouco mais de 200 mph, seriam mais efetivamente empregados saltando à frente dos bombardeiros para engajar e destruir o inimigo. Galland ofereceu duas opções: dar a eles a liberdade de enfrentar o inimigo em seus próprios termos, onde o Bf-109 era igual ao melhor que a RAF podia oferecer, ou dar uma aeronave com o desempenho do Spitfire em velocidades lentas, se fosse preciso, para proteger os bombardeiros.

MUITO POUCOS

Enquanto isso, a RAF não tinha tudo como gostaria; a segunda metade da terceira fase da Batalha da Grã-Bretanha viu uma ameaça significativa emergir de sua própria perda de pilotos. Os historiadores estão divididos em suas conclusões sobre essa fase crítica, entre 24 de agosto e 6 de setembro. Os registros mostram que a RAF perdeu 295 caças em ação ao receber um total de 269 da linha de produção e dos depósitos de reparo. No entanto, isto deve levar em conta 171 aeronaves muito danificadas, fazendo com que 466 fossem retiradas da disponibilidade imediata. Além disso, com 231 pilotos mortos, desaparecidos ou feridos, a taxa de desgaste semanal era de cerca de 12% do total de aproximadamente 1.000 em todo o Comando de Caças. Em agosto, as Unidades de Treinamento Operacional (OTUs) formaram cerca de 260 novos pilotos de caça para reabastecer os esquadrões que perderam 300 naquele mês e isso representa a redução de 26 para 16 na média do complemento de pilotos por esquadrão. Em períodos de pico, a situação era muito pior; entre 8 e 18 de agosto, a RAF perdeu 154 pilotos de caças, enquanto teve apenas 63 substitutos. A partir de 24 de agosto a 6 de setembro, mais aeronaves foram destruídas em ataques a aeroportos no sudeste da Inglaterra do que estavam sendo substituídas.

Por todas estas razões, os alemães mantiveram sua estratégia de atacar os aeroportos, engajando o Comando de Caças no ar para destruir aeronaves, a extrapolação de todas as tendências mostrava que, até o final de setembro, a RAF seria derrotada.

A quarta fase da Batalha da Grã-Bretanha começou quando a Luftwaffe se afastou de tentar esmagar a RAF e concentrou-se em atacar as cidades, inaugurando o que ficaria conhecido como Blitz (abreviação de blitzkrieg). A compreensão de que derrotar os britânicos era mais difícil do que eles haviam previsto, levou o normalmente otimista, doutor nazista, Dr. Joseph Goebbels, a informar seu ministério da propaganda de que seria necessário "preparar gradualmente a nação para a possibilidade de que a guerra pudesse continuar durante o inverno". Esta gestão de expectativas foi importante. Enquanto a Grã-Bretanha trabalhava no auge dos esforços para sobreviver tanto a um bloqueio de submarino em seus portos quanto a repetidos bombardeios a suas cidades e vilas, civis alemães tinham, até então, pouca experiência de guerra - até agora, sempre havia sido em ou sobre países estrangeiros. Isto significava, por exemplo, que ao contrário de Londres, lá não havia apagões para esconder as luzes brilhantes da vida noturna de Berlim. A máquina de propaganda de Goebbels, portanto, precisava trabalhar duro para tranquilizar o público e manter o moral quando fossem informados de que a guerra se arrastaria.

É muito fácil dividir as várias fases da Batalha em fases bem definidas, objetivos e pacotes-alvo. Na realidade, houve mais uma sobreposição, uma mudança de transição do que uma mudança repentina. Por exemplo, em 24 de agosto, o OKW começou a mudança em direção às metas da cidade. Durante uma incursão em Londres, no dia seguinte, 100 bombardeiros atacaram a capital britânica e, em 31 de agosto, a Luftwaffe ordenou à Luftflotten 2 e 3 que preparassem um "ataque de retaliação a Londres" em resposta a um ataque britânico em Berlim, seis noites antes. No dia seguinte, além de atacar alvos industriais e 30 fábricas, o Alto Comando da Luftwaffe ordenou o uso secundário do bombardeio urbano para aterrorizar a população com um "grande ataque a Londres", que se distinguia dos ataques disruptivos ao armamento e instalações portuárias.

A quarta fase da Batalha, portanto, começou em 7 de setembro, com um grande ataque a Londres, que envolveu 400 bombardeiros e 600 caças de escolta, principalmente, visando as áreas ao redor do East End. Um assalto prolongado continuou durante a segunda metade do dia e durante à noite.

Esta série de ataques foi maior do que qualquer coisa que a cidade tinha experimentado até o momento. Era um sinal visível de que a Luftwaffe havia trocado seu objetivo tático em favor de um desejo mais generalizado por parte do governo alemão de desgastar o povo britânico e, de alguma forma, causar uma revolta. As principais figuras nazistas persistiram em seu desejo de colocar a Grã-Bretanha de joelhos e, depois, fazer um acordo que lhes ajudaria a ter o caminho livre ao resto do mundo.

Havia algum precedente nisto. Durante a Primeira Guerra Mundial, as batidas alemãs em East End, Londres, fizeram com que os trabalhadores portuários e suas famílias marchassem sobre o Palácio de Buckingham, onde eles tentaram derrubar algumas de suas grades para protestar contra as desigualdades que os condenaram a viver em condições pouco habitáveis de moradias. A partir daquele dia, os guardas foram colocados no palácio, onde permanecem até hoje.

A ação principal no dia 7 de setembro começou no final da tarde, quando começaram os incêndios que eram vistos em locais tão distantes quanto Cambridge. Ao cair da noite, as notícias das seis horas da BBC trouxeram informações alarmantes, que pouco fizeram para amenizar o medo de todas as pessoas na Grã-Bretanha. Até então, as atividades aéreas tinham consistido em combates nas alturas dos céus sobre a Inglaterra, salpicado de ataques alvos estratégicos em todo o país. Agora, esta mudança de alvos de bases militares para conurbações civis levava a crer, entre o público em geral, que uma invasão era iminente. Não havia nenhum outro meio de obter informações a não ser através das estações de rádio da BBC. As pessoas em todo o país, portanto, correram para casa para ligar seus aparelhos e para se prepararem.

Crianças em East End, Londres, 1940, sentadas fora das ruínas de suas casas bombardeadas, aguardando notícias sobre onde iriam dormir naquela noite.
Arquivo David Baker

Os bombeiros lutam para extinguir os incêndios, restam algumas conflagrações que foram deixadas queimando. Arquivo David Baker

Chocadas pela aparente brusquidão desta mudança de estratégia por parte dos alemães, as pessoas passavam informações quando saíam de Londres no caminho de volta para casa. Por exemplo, um homem em um trem da estação de Liverpool Street descreveu como tinha testemunhado o início da queima das docas e que ouvira que uma força de invasão maciça atravessava o Canal. Enquanto as pessoas observavam de um amplo raio em todo o sul da Inglaterra, os incêndios apareciam em intensidade, com o ataque sustentado continuando durante toda à noite - uma noite que chegou cedo para East End, com a fumaça preta espessa sobre a área, apagando o sol e aumentando a sensação de desesperança.

Desde 1666, a capital não tinha visto tal devastação em uma única noite. Foram lançadas bombas em Nunhead, Beckenham, Rochford, Brentwood, Dartford, Purfleet Stone, Cory's Wharf, instalações petrolíferas e Shorehaven antes das bombas padrões se aproximarem do centro de Londres, de Woolwich, Plumstead, Falconwood e Crayford. Armazéns dos comerciantes, lojas, fábricas, as instalações da Shell-Mex, barcaças e embarcações atingidas e a maior parte de Londres explodindo sob o intenso bombardeio, com altos explosivos e incendiárias caindo do céu, somando-se a outros ataques já realizados em Camberwell, Croydon, Putney e Kensington.

Todas as principais docas de Londres estavam em chamas naquela noite, as erupções e explosões ferozes de materiais e produtos altamente inflamáveis. As batidas tinham vindo com uma fúria tão repentina e inesperada que o exército foi oficialmente ordenado a ficar preparado e que a invasão era iminente. Na própria noite mais escura de um ano negro e fatídico, havia uma crença universal de que os tanques Panzer de Hitler estariam rolando pelas praias do sul da Inglaterra ao amanhecer. Apesar de tudo isso, no entanto, as expectativas alemãs de um colapso do moral estavam equivocadas, pois os ataques foram, em vez disso, enfrentados com uma determinação universal de resistir estoicamente ao agressor.

A intensidade repentina das batidas ativou a primeira operação combinada envolvendo formações maciças de combatentes da RAF, reunindo recursos do grupo 11, sob o comando de Air Chf Mshl Trafford Leigh-Mallory e do grupo 12, sob a liderança Air V-Mshl Keith Park. Encorajados a fundir os compromissos operacionais para um único objetivo, este ficou conhecido como a "Big Wing", e surgiu como resultado da experiência sobre Dunkirk, em junho. Foi um conceito incentivado por Leigh- Mallory e por Douglas Bader - um piloto de caça que tinha perdido ambas as pernas em um voo acidental em dezembro de 1931 e que se tornou o único piloto de caça sem pernas na RAF. Bader exerceu considerável influência, até mesmo por causa de seu total desrespeito por formalidade e cadeias de autoridade estabelecidas para que as coisas fossem feitas.

A Big Wing tinha sido formada por três esquadrões da RAF Duxford, perto de Cambridge, colocada geograficamente para servir uma ampla área do centro e do sul da Inglaterra. A Big Wing estava, portanto, idealmente situada para responder aos ataques aos prédios de Londres na tarde do dia 7 de setembro. Escalada para cobrir o norte de Weald, nordeste de Londres, chegou tarde demais para interceptar a força principal, mas conseguiu abater 11 aeronaves alemãs. Park se opôs amargamente a este encontro pontual, livremente montado para um ataque em massa nas formações inimigas, mas Bader estava convencido de que o que tinha funcionado em Dunkirk poderia funcionar na Inglaterra. No entanto, havia falhas no plano: os Spitfires tiveram que subir à velocidade mais lenta dos Hurricanes, desperdiçando tempo para alcançar a altitude; e a formação, uma vez montada, era desajeitada e, frequentemente, atrasada na chegada aonde era necessária.

Esse era um assunto que enfurecia muito depois de terminada a guerra e trazia Park e Leigh-Mallory a um conflito amargo. No final, foi C-in-C Dowding quem foi culpado por manter uma separação entre o grupo 11 no Sul e o grupo 12 nas Terras Médias, sendo sua opinião de que era melhor mordiscar o inimigo do que envolver-se em batalhas que poderiam corroer as forças defensivas de forma improdutiva. Dowding pagaria por essa visão após uma série de confrontos com o Ministério da Aeronáutica sobre suas táticas durante a batalha, que resultaram em sua demissão em novembro de 1940, após Churchill enviá-lo em uma missão aos EUA.

UMA LINHA FINA

Após a Luftflotte 2 ter completado suas batidas designadas, no final da noite, a Luftflotte 3 saiu da área de Caen para alimentar o fogo já queimando em Londres. As baixas estavam aumentando e a Brigada de Bombeiros foi desafiada a tratar de todos os incidentes - alguns impossíveis de reprimir. Em um incidente trágico, por exemplo, a fábrica da Tate & Lyle queimou furiosamente, transformando açúcar e melaço em rios pegajosos de açúcar derretido que se arrastavam como fluxos de lava para as ruas vizinhas e casas, incendiando-as. Toda a área de Silvertown teve que ser evacuada.

Após os altos explosivos vieram as bombas, que incendiaram as linhas de gás e queimaram as fontes de alimentação e caixas de junção. Misericordiosamente, porém, as vítimas foram muito inferiores ao que se temia.

Ao amanhecer de 8 de setembro, 600 aparelhos para conter os incêndios haviam sido esgotados durante toda à noite, 292 pessoas haviam sido mortas e havia 1.285 feridos graves. O último bombardeiro tinha partido às 4h30 da manhã. A Luftwaffe havia operado durante toda à noite sem desafios sérios devido à ausência de uma força de combate noturno eficaz. Lembre-se, estes foram apenas os primeiros dias dos bombardeios 24 horas por dia! No total, a Luftwaffe perdeu 48 aeronaves, das quais, cerca da metade escoltava caças durante o dia, enquanto a RAF perdeu 57, metade dos quais eram Hurricanes. Para os britânicos, os aspectos positivos da mudança de tática dos alemães foi que o Comando de Caças foi dispensado da pressão implacável que havia sido colocada, anteriormente, sobre seus aeroportos e homens. O negativo foi que o grupo 12 havia falhado repetidamente em proteger os aeroportos do grupo 11; o controle eficiente e coordenado das operações do Comando de Caças foi um trunfo por conflitos interligados entre Park e Leigh-Mallory, e mantidos juntos apenas pela administração sensível e considerada de Hugh Dowding.

Subindo em seu Hurricane no aeroporto de Northolt, Park voou para o Leste através de Londres e viu, por si mesmo, os danos que haviam sido causados. Ele comentou mais tarde: "Estava queimando tudo pelo rio abaixo. Era uma visão horrível. Mas, eu olhei para baixo e disse "Graças a Deus por isso", porque sabia que os nazistas haviam trocado seu ataque às estações de combate achando que estavam destruídas. Elas não estavam, mas estavam bastante atordoadas".

Outra vantagem na mudança dos alvos dos aeroportos no Sudeste para cidades mais ao interior era que os caças alemães de escolta, particularmente os Bf-109s, estavam, agora, tão esticados em termos de alcance que tinham apenas dez minutos de tempo de combate sobre o alvo. Um caça mais poderoso e indiscutivelmente mais eficaz, com maior alcance estava, neste momento, saindo da prancheta de desenho e entrando nas fábricas da Alemanha - a Focke-Wulf Fw-190 era uma máquina de nariz de touro, acionada por um motor radial BMW de 1.660 cv, que lhe deu uma velocidade máxima superior a 400 mph – mas, ainda estava a alguns meses de distância. Por enquanto, a Luftwaffe tinha que contar com os Bf-109 E F, alimentados por um motor em linha de 1.200 cv da Daimler-Benz, para produzir uma velocidade máxima de cerca de 355 mph.

Durante sete dias, os pilotos e a tripulação de terra do Comando de Caças tiveram uma pausa; por alguns dias, os pilotos sequer foram acionados. Isto permitiu algum descanso, recuperação e oportunidades de reparo de aeronaves e de instalações de apoio. Refletindo depois, os pilotos e os oficiais julgaram que, se isso não tivesse ocorrido, a estreita margem entre o sucesso e a derrota ficaria reduzida a uma linha muito fina.

Nos dias seguintes, as batidas foram repetidas e, em 14 de setembro, houve uma particularmente intensa; a tripulação aérea da Luftwaffe retornou com descrições vívidas de ter visto quase toda a Londres sob grossas palmeiras de fumaça, incêndios iluminando a mortalha escura que pairava acima, de fumaça à deriva, lentamente, através do Estuário do Tamisa, de aeroportos de crateras ao sul de Londres, com bombardeios e explosões de edifícios. Tais visões os tornaram muito mais seguros em sua certeza de que a RAF estava derrotada. No entanto, a dúvida de que este era realmente o caso começou a pairar e, em 14 de setembro, Hitler questionou se todo o esforço deveria ser cancelado. Em resposta, o comandante da Luftwaffe, Hans Jeschonnek, suplicou que fosse permitido continuar um pouco mais a fim de provocar a devastação total nas áreas urbanas da Grã-Bretanha e colocar o povo de joelhos. No dia seguinte, o assalto começou e decidiria o resultado da Batalha da Grã-Bretanha.

UM DIA DE VERÃO INGLÊS PERFEITO

No domingo, 15 de setembro, a Luftwaffe montou um intenso esforço para derrotar a RAF e quebrar a espinha dorsal do povo britânico. Desta vez, a fim de maximizar seu potencial de sucesso, os bombardeiros viriam pelo Canal em relativa altitude; eles nunca souberam por que, mas os alemães haviam notado que sempre que voavam acima dos 20.000 pés, a RAF se atrasava na interceptação de suas formações. Isto era devido à incapacidade das estações RDF de detectar aeronaves voando acima dessa altitude.

Nas unidades de caça no Pas-de-Calais, os pilotos estavam frustrados e zangados em igual medida, como, mais tarde, foi expresso por Adolf Galland: "Falha em alcançar qualquer sucesso notável, mudando constantemente as ordens, traindo a falta de propósito e juízo errado óbvio da situação pelo [Alto] Comando, e injustificadas acusações tiveram um efeito muito desmoralizador sobre nós, pilotos de caças, que já estávamos sobrecarregados pela tensão física e mental".

Em um desses encontros fortuitos, mas não intencionais, neste dia tão decisivo, Churchill e sua esposa tinham decidido visitar Air V-Mshl Keith Park na Sede do grupo 11, em Uxbridge. Às 9h30 da manhã, o RDF e os observadores notaram formações sobre o Canal perto de Dover, em direção ao estuário do Tamisa. Os esquadrões foram, portanto, enviados de Hornchurch, Gravesend e Croydon. Quando os bombardeiros chegaram ao continente, os caças foram ordenados a se afastar, uma ocorrência não muito comum. Uma hora depois, mais formações foram observadas, com estimativas de várias centenas de aeronaves inimigas agrupando-se lentamente nos céus logo após o Canal. Enquanto Park mantinha

Churchill atualizado, mais aeronaves continuaram a se reunir - pelo menos, 200 bombardeiros com um número indeterminado de caças. Às 11h00 da manhã, as formações estavam se dirigindo em linha direta para Dungeness, então, o grupo 11 decolou os Spitfires e Hurricanes de 12 esquadrões através de aeroportos em Biggin Hill, Northolt, Kenley, Debden, Martlesham, Hornchurch e Warmwell. Cerca de 30 minutos depois, mais 11 esquadrões foram lançados enquanto os bombardeiros alemães se aproximavam pela costa oeste de Kent. Para consolidar a defesa aérea, Park decidiu recorrer à Big Wing de Leigh-Mallory e aplicá-la à defesa de Londres, deixando esquadrões do grupo 11 para fazer o máximo de dano possível aos invasores que se aproximavam pelo sudeste do país.

Ao meio-dia, os bombardeiros tinham feito alguns lançamentos entre Maidstone e Ashford, e os Spitfires foram direcionados para interceptá-los, experimentando, excepcionalmente, um combate pesado, enquanto atacavam os intrusos. Várias centenas de combatentes Bf-109 estavam voando em torno de uma ampla área enquanto a força inimiga cambaleava em direção a Londres. O artilheiro frontal em um Dornier Do-17, Hans Zonderlind, lembrou:

"Tudo à nossa volta eram dogfights enquanto os caças iam atrás uns dos outros, então, como estávamos nos preparando para nossa abordagem do alvo, vimos o que deveria ser uma centena de caças da RAF que viam em nossa direção. Pensamos que seriam todos os aviões da RAF no ar, ao mesmo tempo, mas, de onde eles vinham, já que tinham nos dito que os caças da RAF estavam muito próximos da extinção".

Com os combates cada vez mais intensos, mais Spitfires e Hurricanes chegaram ao local para engajar um número cada vez maior de alvos, como descrito por Sqn Ldr J. Sample, do esquadrão 501:

"Cada um de nós selecionou seu próprio alvo. Nosso primeiro ataque os separou bastante. O Dornier que ataquei com um estouro que durou vários segundos, começou a virar para a esquerda, longe de seus amigos. Eu lhe dei cinco segundos, e ele foi embora com o fluxo de fumaça branca atrás dele. Quando me separei e comecei a fazer uma curva ascendente íngreme, olhei para o lado. Reconheci o rio imediatamente abaixo de mim através de um buraco nas nuvens. Eu vi as curvas e as pontes e me perguntava onde eu estava. Depois, vi o Kennington Oval, e pensei: "É lá que eles jogam críquete".

Eram 12h15min e os Bf-109s estavam sendo detidos à força por todo o céu acima de Kent com a chegada da Big Wing de Bader, colocando 52 caças para a defesa de Londres. Nove esquadrões atacaram simultaneamente com devastadora força e efeito brutal, martelando com força os bombardeiros, desprovidos da maioria de suas escoltas, ainda cambaleando sob intenso assédio para o sudeste de Londres e fora de alcance. No total, mais de 160 Hurricanes e Spitfires esmagaram os Dorniers enquanto lutavam para encontrar alvos, dar a volta, largar suas bombas para aliviar a carga e fugir. Rapidamente, o assalto organizado da Big Wing virando uma confusão caótica - em benefício da RAF - com pilotos individuais, em êxtase com a intensidade de seu impacto, atirados para o céu, caçando os bombardeiros alemães. Seja em virtude da breve pausa de sete dias ou por pura determinação, havia um afloramento de intensidade, adrenalina e excitação enquanto os pilotos se atiravam para a briga.

Com as formações de bombardeiros fortemente perturbadas, os danos a Londres foram menores do que o previsto, embora bombas tenham caído em Battersea, Lambeth, Clapham, Victoria e em todo o caminho até Westminster. Um piloto de Hurricane esteve perto de um bombardeiro que ele atacou, este explodiu com tal intensidade que sua aeronave girou fora de controle. Enquanto a tripulação do bombardeiro caía e vinha em direção ao campo de críquete Oval, o piloto do Hurricane desceu em seu paraquedas e pousou precisamente no meio de um aterro de lixo!

De volta ao continente, os bombardeiros de Kesselring estavam sendo contados, enquanto os caças estavam sendo reabastecidos e rearmados, prontos para a próxima onda. Na Grã-Bretanha, os mesmos procedimentos estavam sendo realizados nas estações de Comando de Caças no sudeste, e mais ao Norte, onde a Big Wing desembarcou para mais combustível e mais munições.

Como membro do corpo diplomático dos EUA que observava os eventos, o adido militar em Londres, Raymond Lee, relatou que:

"Eu não posso, pela minha vida, confundir o que os alemães estão fazendo. Eles têm grande poder aéreo e, ainda assim, o dissipam em ataques infrutíferos e sem objetivo, todos sobre a Inglaterra. Eles devem ter uma ideia exagerada dos danos que estão fazendo e os efeitos de suas batidas no moral pública... Assim como termino escrevendo isto, as armas pesadas começam a dar o que falar e o pequeno irlandês, a empregada saíram debaixo da cama. Eles foram até Victoria para ver o avião que se despedaçou ali e estavam muito contentes porque viram a tripulação alemã morta, extraída dos destroços"

ROTEIRO

Crédito por uma mudança significativa na forma como os pilotos de caças conduziam as aeronaves de guerra foi dado ao sul-africano Adolf 'Sailor' Malan a quem, em 8 agosto de 1940, foi dado o comando do esquadrão N° 74. Ele escreveu "Dez de Minhas Regras de Combate Ar-Ar", que se tornou algo como um mantra para os jovens pilotos. As regras eram:

"1. Espere até ver o branco dos olhos deles

2. Enquanto atira, não pense em mais nada, segure o corpo, mantenha as duas mãos no manche

3. Mantenha um olhar atento

4. A altura lhe dá a iniciativa

5. Sempre vire e enfrente o ataque

6. Tome decisões prontamente

7. Nunca voe reto e nivelado por mais de 30 segundos

8. Ao mergulhar para atacar, deixe sempre uma parte de sua formação acima como guarda superior

9. INICIATIVA, AGRESSÃO, DISCIPLINA AÉREA e TRABALHO em EQUIPE

10. Entre rapidamente – bata forte - saia".

O clima deste domingo era de um perfeito dia de verão inglês - céu azul e uma luz solar clara e forte. Isto proporcionou um contraste desconcertante ao caos nos céus, que pararam por um tempo, enquanto as forças se reagrupavam diante de outro choque de gladiadores. Às 13h30min, começaram a chegar relatos de que uma verdadeira formação de choque, de mais de 150 Dorniers e Heinkels, estava se organizando em todo o Canal, na região de Calais-Boulogne. Como o tempo mostraria, os alemães estavam prestes a dividir a agressão para que, após a primeira onda ter sido combatida pelo grupo 11, a segunda onda chegasse quando os pilotos da RAF estivessem no reabastecimento e rearmamento em solo. Com recursos cada vez menores, os alemães estavam tentando táticas que pudessem multiplicar o efeito e compensar os números. Mesmo o tempo da onda inicial foi medido cuidadosamente para pegar os Spitfires e Hurricanes no chão nas duas horas necessárias para reposicioná-los desde a manhã e colocá-los de volta no ar.

Às 14h15, o inimigo fez uma aterrissagem entre Dungeness e Dover e, novamente, a maioria dos bombardeiros foram desviados do curso pelos esquadrões atacantes que conseguiram chegar ao ar. As formações se depararam com intervalos de 15 minutos, a numeração total da força entre 150 e 200 aeronaves com, aproximadamente, 400 caças de escolta - uma massa de 600 aeronaves em direção a Londres espalhadas por 30 milhas de céu. Muitos bombardeiros chegaram a Londres, mas 49 caças da Big Wing atacaram-nos mais uma vez, com outros esquadrões entusiasmados convergindo para o ataque, aumentando o número total para mais de 170 Spitfires e Hurricanes, que golpeavam e cortavam os Dorniers e Heinkels.

O flanco ocidental das formações ficou à sua esquerda e retornou a Londres a partir de uma direção oeste. Os escoltadores puderam ficar com os bombardeiros mais tempo devido aos tanques de combustível descartáveis que levavam sob a central da fuselagem, e ao fato de que os Bf-109s estavam fortemente cercados pelos Spitfires e Hurricanes, afastando-os, assim, dos bombardeiros que outros esquadrões poderiam atacar. Quando os tanques de combustível foram soltos, os caças se tornaram mais ágeis, mas, com pouco combustível restante, seu tempo de combate era ainda mais limitado. Isto se devia ao fato de que eles estavam mais longe das bases na região de Pas-de-Calais, do que se estivessem em Essex, Kent ou Sussex.

Os bombardeiros tinham seu próprio armamento defensivo, o que significava que as táticas adotadas pelos caças interceptores tiveram de ser muito diferentes das utilizadas quando atacavam outros caças. As lutas entre os caças resultaram em alta acrobacia e manobrabilidade extrema, com segundos fugazes para obter um "acerto" sobre o adversário; o melhor modo de derrubar os bombardeiros era através de "ataques com golpes", entrando rápido, com velocidade de fechamento a partir da popa, às vezes, superior a 100 mph, onde uma pausa de um segundo poderia significar uma distância de 150 pés.

No auge da batalha, a RAF tinha 300 caças no ar, atacando os intrusos. A ferocidade do tumulto era evidente em todo o céu acima de Londres e a sudeste da Inglaterra, onde foram tecidos fios de condensação finos através do céu azulado, como teias de aranha caóticas, sem forma ou estrutura, mas pintando o céu com evidência de carnificina mortal. De fato, tão prolíficas foram estas condensações que traçavam os caminhos de voo de facções em guerra que as nuvens começaram a ser formar e o céu perdeu sua luz.

A pura energia dos pilotos do Comando de Caças demonstrou uma resistência nova e profundamente determinada - que fez com que os bombardeiros alemães fugissem para outras regiões menos contestadas do céu, desmontando as formações precisas dos bombardeiros realizadas mais cedo naquele dia, quando chegaram às costas da Inglaterra pela primeira vez. Outros fugiram para casa, alguns foram interceptados e derrubados sobre o Canal. Como eles se retiraram, a atração de perseguir esses restos feridos e danificados foi ótima e alguns pilotos da RAF se viram muito próximos das costas francesas antes de voltarem para casa, perseguidos pelos combatentes da Luftwaffe caçando os isolados que se alimentavam dos aflitos. No entanto, a batalha ainda não havia terminado. Até mesmo enquanto os aviadores exaustos se reagrupavam para mais uma briga, mais uma formação de aeronaves alemãs foi apanhada a caminho de Southampton no último ataque do dia. Neste dia decisivo da Batalha da Grã-Bretanha, a Luftwaffe perdeu 80 aeronaves para 37 da RAF destruídas, danificadas ou abatidas. Estas foram perdas que os alemães não poderiam sustentar. A decisão de mudar a direção tática a fim da Grã-Bretanha se ajoelhar, falhou.

UM RETIRO TÁTICO

Göring realizou uma conferência em 16 de setembro para analisar a situação geral, que foi assistida pela liderança sênior dos vários líderes da Luftflotten. Sua avaliação era de que a RAF seria destruída em um prazo máximo de cinco dias. Ele, portanto, ordenou uma blitz sustentada contra Londres e outras grandes cidades; pequenas batidas em tempo inclemente, formações maiores quando o tempo permitisse. Além disso, para as áreas urbanas, os alvos prioritários eram portos e fábricas de aeronaves, a serem atingidos de dia e à noite, com ênfase em patrulhas de caças para engajar a RAF sempre que possível. Poucos eram os que sentiam agora que Göring mantinha o controle da realidade; a liderança sênior da Luftwaffe sabia que eles estavam lutando contra as probabilidades – que não importava como eles batessem nas cidades, o público britânico nunca cederia. E, enquanto isso, como esse exercício aparentemente inútil estava sendo sustentado, a Luftwaffe estava sangrando lentamente até a morte.

Quando as atenções mudaram dos ataques diurnos para os noturnos, a RAF fez preparativos para interceptação, movendo seis aeronaves Blenheim do esquadrão 600 para Redhill, de onde poderiam realizar uma resposta rápida. Além disso, Redhill tinha um Beaufighter que tinha sido especialmente equipado com radar. Isto trouxe resultados rapidamente, como consequência, um Ju-88 foi atacado e abatido sobre o mar.

UM CAVALO DE TRABALHO ADAPTÁVEL

A Bristol Beaufighter surgiu em 1938 como o primeiro fabricante de alto desempenho equipado com radar de 'interceptação aérea' (AI), na época, uma aplicação em terra altamente secreta da RDF para interceptações noturnas de transporte aéreo. O modelo havia voado, pela primeira vez, em 17 de julho de 1939 e a versão primária, o 1F, foi colocado em produção na fábrica de Bristol, em Weston-super-Mare e em Filton, Bristol. A RAF recebeu o Beaufighter 1F em Tangmere, em 12 de agosto de 1940. Até a data de sua implantação em Redhill, ele ainda estava passando por testes intensivos e avaliações.

Acionado por dois motores radiais Bristol Hercules de 1.670 hp, o Beaufighter tinha uma velocidade máxima de mais de 330 mph e um alcance de até a 1.470 milhas, embora este número fosse, como em qualquer aeronave, muito dependente das condições climáticas, da carga transportada e do estado da aeronave. O Beaufighter se tornou um verdadeiro cavalo de batalha para as operações de combate especializado, vendo serviço no Norte da África, Oriente Médio, Extremo Oriente e outros locais de guerra. Armado com quatro metralhadoras montadas no nariz, tinha uma carga máxima de 2.127 lb (na forma de um torpedo) e era muito bem-sucedido contra navios ou, com oito foguetes montados nas asas, contra alvos terrestres de precisão atacados a partir de baixa altitude.

A introdução do Beaufighter equipado com AI, em setembro de 1940, marcou outro ponto de inflexão para a RAF - um ponto em que a tecnologia na forma de radar avançado estava começando a desempenhar um papel significativo – e anunciou uma nova geração de aeronaves de alto desempenho. O sucesso deste tipo viu-o permanecer em serviço por 20 anos, até sua aposentadoria em 1960.

A aplicação do Beaufighter, na noite de 16 de setembro, foi uma reviravolta - algo que as tripulações aéreas da Luftwaffe vieram a temer. As operações neste dia foram, em grande parte, restritas devido ao clima, fazendo com que Park fizesse mudanças sutis no caminho do grupo 11 operado. Ele observou que, em geral, os esquadrões demoravam muito para se agrupar e que outros não se esforçavam para fazê-lo, dirigindo-se diretamente para as formações inimigas sem qualquer integração com outros esquadrões. Para melhorar a alocação geral de funções, ele organizou os Spitfires de Biggin Hill e Hornchurch para atacar os Bf-109s que voavam na cobertura superior dos bombardeiros, alocando os três esquadrões de Hurricanes de Tangmere e Northolt para atacar os bombardeiros voando a média altitude.

SOB OS TÚNEIS

Planos para colocar os londrinos no metrô durante as batidas foram implementados no início das Blitz. Com a energia para as linhas ferroviárias desligada, muitas pessoas passavam à noite nos trilhos oleosos, deitadas nos jornais. Havia poucas oportunidades para dormir. Não havia condicionamento de ar adequado, havia ruído ininterrupto e crianças cansadas, ansiosas com o drama, bebês chorando, pais inquietos, idosos incapazes de cuidar de si mesmos, doentes e feridos que necessitavam de atenção. Tudo isso, acrescentado ao combate noturno, agravado pelo medo de que o dia trouxesse cenas de mais morte e destruição, edifícios desmoronados, doentes em macas, moribundos na parte de trás das ambulâncias. Em seguida, vieram os constantes avisos de ruptura da rede de gás e a descoberta repentina de bombas não detonadas. Esta era a realidade da guerra aérea moderna para civis que sofreram a primeira campanha sustentada de atentados terroristas.

Para encontrar segurança durante a 'Blitz', quando bombardeiros alemães invadiram Londres e as cidades-chaves de toda a Grã-Bretanha, os civis encontraram refúgio no subsolo da capital, a energia para as linhas de metrô era desligada para permitir espaço extra de descanso. Arquivo David Baker

O dia 17 de setembro começou com mau tempo. Havia pouca expectativa de grandes ataques, embora, 17 aeronaves alemãs e 13 da RAF tenham sido perdidas. No dia seguinte, uma campanha de bombardeio sustentado foi realizada em Londres, mas a taxa de perdas ainda favoreceu os britânicos. Ataques espasmódicos foram montados contra outras cidades e cidades da Grã-Bretanha, incluindo Birmingham, Swansea e Southampton, esta última, enfrentando alguns bombardeios intensos. Até o final do mês, o atrito foi alarmante para os membros seniores do Alto Comando da Luftwaffe. Göring, no entanto, manteve sua crença consistentemente expressa de que a RAF estava de joelhos e o país estava sendo queimado em submissão. Entre 7 e 30 de setembro, os alemães perderam 433 aeronaves contra 242 da RAF.

A quinta e última fase da Batalha da Grã-Bretanha começou em 2 de outubro. Ela duraria até o final do mês. Agora, a Luftwaffe restringiria seu tempo de operações diurnas de bombardeios leves, mantendo um ataque sustentado a Londres noite após noite. Durante estes intensos períodos de fortes bombardeios, grandes e heroicos episódios de sacrifício se tornaram comuns entre os cidadãos da capital, o centro do que ainda era, então, um império global, lutou hora a hora para sobreviver e levar adiante até, mais uma vez, o dia amanhecer e realizarem a liberação de escombros, a limpeza dos mortos, o cuidado com os feridos e o realojamento dos sem-teto. A cada novo amanhecer, as pessoas que haviam passado a noite refugiando-se no metrô de Londres - o "Tube" - saíam para trabalhar.

Os ataques leves, à luz do dia, eram conduzidos por caças adaptados para transportar bombas – particularmente o Bf-109-7 'Jabo', que foi equipado com uma única bomba de 500 lb sob sua fuselagem. Atravessando o Canal em alta altitude e consumindo mais combustível devido ao peso, depois de liberar sua carga única, havia poucas oportunidades para descobrir todo o potencial da aeronave como um caça, a autonomia limitada que ainda permanecia nos tanques de combustível já esgotados, era consumida com o retorno à França. Estas batidas começaram a diminuir com o passar das semanas e, no final do mês, os únicos ataques diurnos concentraram-se nos aeroportos do sudeste. No entanto, as Blitz continuaram, noite após noite, além de 31 de outubro - a data que marca oficialmente o fim da quinta e última fase da Batalha da Grã-Bretanha. Apropriadamente, este foi o dia mais calmo durante quatro meses; nem um único alemão ou os aviões britânicos se perderam em operações sobre a Inglaterra.

A CONTA

Uma avaliação dos ganhos e perdas tanto da Luftwaffe como da RAF revelou o sucesso britânico concentrado no desgaste das forças numéricas disponíveis para os alemães. Os britânicos haviam perdido 1.542 tripulantes aéreos mortos, 422 feridos e 1.744 aeronaves destruídas. Os alemães haviam perdido 3.510 tripulantes aéreos mortos ou capturados, 735 feridos e 1.977 aeronaves destruídas. De modo geral, os alemães foram muito maltratados na ofensiva no Ocidente e seu impulso na Grã-Bretanha. Nos cinco meses, de maio a setembro de 1940, inclusive, a Luftwaffe perdeu 3.064 aeronaves, cerca de 57% das 5.349 aeronaves que tinha em 4 de maio. Desse total, os alemães perderam 65% de seu complemento original de bombardeiros, 57% de seus caças monomotores (o Bf-109), e 94% de seus caças bimotores (Bf-110).

Além disso, de outubro a dezembro de 1940, a Luftwaffe perdeu 384 bombardeiros de um complemento médio de 1.412 no início de cada mês - uma taxa de desgaste de 27%. A maioria das perdas foi resultado de operações de bombardeios à noite, com baixa visibilidade, apenas com perdas mínimas em combate real. Durante o mês de outubro, as perdas dos bombardeiros totalizaram 171, das quais, apenas 64 (37%) foram durante as operações, seguidas de 17% em novembro e 48% em dezembro.

A relação entre o número de tripulantes totalmente operacionais e as aeronaves autorizadas caiu a um nível inaceitável. Tendo já sido fortemente afetada por perdas durante a campanha na França e nos Países Baixos, talvez, não seja surpreendente que, entre 7 de julho e 21 de setembro, as tripulações de bombardeiros da Luftwaffe declinaram de 75% dos níveis operacionais para 59%, com um declínio acentuado após o início dos atentados à bomba nas cidades, em 7 de setembro. Talvez, mais do que qualquer outro dado, o número de aeronaves autorizadas disponíveis para serviço nas respectivas unidades da Luftwaffe diminuiu de 99% em setembro de 1939 a 91% quando a ofensiva de maio começou, e a 80% no final do ano.

Durante os meses de setembro e outubro, Hitler pouco fez para desencorajar os planos para a invasão da Inglaterra, apesar da dúvida crescente, correspondendo à opinião de Göring de que tal objetivo era possível. Tanto o exército quanto a marinha eram contra uma invasão por razões altamente práticas. Como ditado pelas marés, pelos padrões meteorológicos e pelas condições gerais da preparação de barcaças, rebocadores, equipamentos navais, homens e materiais, as mais precoces datas possíveis para tal invasão entre canais havia sido 24-27 de setembro. Esta foi mudada para 8 de outubro, quando se percebeu que a Luftwaffe não teria destruído a RAF até as datas anteriores. Mas, Hitler também estava pessoalmente preocupado que qualquer grande ataque a cidades britânicas traria uma resposta do Comando de Bombardeiros da RAF. Mesmo as próprias equipes de bombardeiros da Luftwaffe que haviam conduzido ataques de bombardeios à Grã-Bretanha expressaram o horror de que tal destruição pudesse, alguma vez, ser nas cidades alemãs e registraram esses pontos de vista para a posteridade.

Em 14 de setembro, Hitler informou a seus comandantes que, apesar do "enorme" sucesso da Luftwaffe, as condições para uma invasão ainda não existiam, mas que qualquer data além de meados de outubro correria o risco das más condições climáticas no Canal. Por este motivo, em 19 de setembro, foram emitidas ordens de montagem de barcaças e rebocadores a serem reunidos no caso de uma invasão ser autorizada.

Em 2 de outubro, porém, Hitler ordenou que todos os preparativos para uma invasão fossem, "em grande parte, desmantelados". A oportunidade para a Alemanha invadir a Grã-Bretanha tinha evaporado porque a RAF tinha lutado com sucesso contra a Luftwaffe. Em uma guerra de atrito, os britânicos estavam vencendo.

Em 18 de dezembro de 1940, Hitler emitiu outra diretiva, ordenando à Wehrmacht para fazer preparativos para "esmagar a Rússia soviética em uma campanha rápida", e para fazer isso antes mesmo do fim da guerra com a Grã-Bretanha. Chamada Operação *Barbarossa*, seria a maior invasão de terras da história registrada e se estabeleceria em movimento, processo que, eventualmente, resultaria no colapso catastrófico da máquina de guerra alemã e da Alemanha nazista. Isto é o que o governo britânico estava esperando: uma mudança na relação entre a Alemanha e a Rússia e a entrada dos EUA na guerra, desviando a atenção do Reino Unido e expandindo, grandemente, a base de produção e mão-de-obra das nações Aliadas. Isso aconteceu em 1941.

CAPÍTULO 10
Na Ofensiva

AS TÁTICAS utilizadas pelos pilotos de caças da Luftwaffe durante a Batalha da Grã-Bretanha eram muito diferentes das utilizadas pela RAF. Um *Staffel* de aproximadamente 12 aviões era composto por quatro *Schwärme* (grupos) e liderado por um *Staffelführer* (líder de esquadrão). Cada Schwarm era liderado por um Schwarmführer e cada par, ou *Rotten*, por um Rottenführer. Cada Rotte funcionava como uma única unidade de combate, ligeiramente escalonada lateralmente e em elevação de modo que uma cobrisse a outra. Desta forma, os pilotos conseguiam extrair o máximo potencial das suas aeronaves, reforçando, ao mesmo tempo, a cooperação entre os caças. Ao virar um Schwarm, a formação era capaz de executar uma mudança de direção de 90 graus, fazendo arcos relativamente apertados, invertendo as posições da aeronave ao ter uma sobreposta à outra ao seu lado, mantendo uma velocidade elevada constante e completando a mudança rapidamente.

A RAF, entretanto, entrou na guerra acreditando que a artilharia aérea era algo que podia ser aprendida a nível de esquadrão. Muitos pilotos, portanto, chegaram para o serviço operacional sem nunca terem disparado suas armas. Os caças voavam em formação 'Vic', um triângulo com um avião em cada canto. Uma variação, conhecida como 'finger-four', mantinha a forma triangular, mas acrescentava um quarto avião, posicionado diretamente numa linha desde o avião líder através do caça traseiro esquerdo até um local equidistante, numa linha atrás. Normalmente, cada esquadrilha teria quatro aviões, cada um dos quais com uma cor específica, mas cada Vic operaria como uma única unidade de ataque. Mesmo na volta, eram treinados para manter a mesma formação, a aeronave interior tinha de acelerar para trás e fazer uma mudança de direção apertada, enquanto a aeronave líder e a exterior na formação tinham de acelerar para fazer cerca de um quarto de volta. Isto era incômodo e pesado - especialmente em uma batalha - uma vez que o piloto líder teria que se concentrar no alvo à frente em vez de dar atenção à manutenção da formação apertada e à prevenção de colisões com os seus parceiros.

À medida que a Batalha da Grã-Bretanha se desenrolou, a RAF mudou de táctica e dispensou a formação Vic. Onde anteriormente Dowding tinha ensinado seus pilotos de caça a convergir o seu fogo a 1.200 pés e, assim, atingir o bombardeiro enquanto ainda estivessem fora do alcance das armas do seu adversário, agora, harmonizavam as armas para convergir a 750 pés e colocavam maior ênfase na velocidade, agilidade e na capacidade do piloto individual de entrar rapidamente, fazer pontaria mortífera, disparar uma rajada e sair.

A iniciativa tomada durante a Batalha da Grã-Bretanha escreveria o manual de táticas de combate que foi utilizado para esta guerra e durante todo o período do pós-guerra. Deu ao Comando de Caças a confiança para substituir um papel defensivo por ofensivo, e para levar a luta à Luftwaffe sobre a França, a Alemanha e a outros países ocupados. As operações de combates aéreos de 1940 foram, portanto, um ponto de mudança decisivo para a RAF, e não apenas para as suas operações de combate. Com a entrada em linha de novos e mais capazes bombardeiros pesados, no final de 1941, a própria guerra estava mudando de um conflito continental para um assunto verdadeiramente global, com uma sequência de desenvolvimentos técnicos, operacionais e de produção que transformariam uma possível derrota em vitória garantida para os Aliados.

Longe da ação nos céus, outras atividades estavam construindo um investimento para a expansão da produção e a entrega de um maior número de aviões à RAF. Criado em 15 de maio de 1940, o Ministério da Produção Aeronáutica (MAP), assumiu a responsabilidade do Ministério da Aviação pelo fornecimento de aviões das fábricas aos esquadrões. Sob a direção de Lord Beaverbrook, era também responsável pelo fornecimento, inspeção e reparação de aeronaves e todo o seu armamento e equipamento, pela concepção e desenvolvimento, e pelo armazenamento até a entrega. Uma das desvantagens desta organização era a falta de novos tipos específicos ou desenvolvidos, sendo a ênfase colocada no aumento do número dos mesmos desenhos, mais especificamente os bombardeiros Wellington, Blenheim e Whitley e os caças Hurricane e Spitfire. No entanto, uma vez que se sentiu que a mudança era essencial para um programa de produção eficaz, para um ambicioso plano de desenvolvimento de aeronaves novas e mais capazes, o Coronel (Col) Moore-Brabazon (mais tarde Lord Brabazon de Tara) substituiu Lord Beaverbrook em 1º de maio de 1941.

Com a evolução do MAP, em setembro de 1942, o Coronel John J. Llewellyn substituiu Moore-Brabazon e, um mês mais tarde, o Air Chf Mshl Sir Wilfred Freeman assumiu o cargo de chefe executivo. Sob a sua autoridade, foram dados grandes passos na transformação da produção e introduzidos novos modelos. Foi neste contexto de autoridade suprema sobre a indústria, mão-de-obra e produção que foi definido o futuro pós-guerra da indústria aeronáutica britânica, um futuro no qual o governo assumiria um maior controle da indústria privada - algo que o governo trabalhista dos finais de 1945 definiu - forjando um precedente de sucessivos governos conservadores que lutaram para se afastar disso.

BOMBAS DE LONGO ALCANCE

Se 1940 foi caracterizado pelo choque de forças de combate, o resto da guerra testemunharia a ascensão, sem remorsos, dos bombardeios estratégicos. Isto infligiria aos países do Eixo - Alemanha e, eventualmente, ao Japão - uma chuva de ruína, ao contrário de tudo o que se verificou até a data. Quando os americanos entraram na guerra, no final de 1941, começaram a desenvolver seriamente bombardeiros de alto nível, com compartimentos de tripulação pressurizados, com capacidade de desencadear uma enorme destruição em áreas industriais e urbanas e de, eventualmente, lançar bombas atômicas únicas em duas cidades do Japão. O caminho para esse fim foi desenvolvido e empregado pela RAF sobre a Alemanha entre 1941 e 1944.

Os bombardeiros britânicos que iriam emergir durante este período tinham uma capacidade de transporte de bombas muito maior que os tipos equivalentes operados pela Luftwaffe. Estavam, também, mais fortemente armados e tinham um alcance muito maior. Cada um deles foi concebido para um papel estratégico, não para apoiar a guerra de blitzkrieg, como foram os bombardeiros alemães. A separação distinta das operações terrestres tornou o Comando de Bombardeiros da RAF ideal para um papel estratégico e um potente sucessor da Força Aérea Independente de Trenchard, de 1918 que, por sua vez, tinha justificado a formação de um braço aéreo independente, separado do Exército e da Marinha. Onde o Comando de Caças tinha feito muito para proteger a Grã-Bretanha da invasão, no Comando de Bombardeiros, a RAF tinha os poderosos meios para levar a luta ao coração do inimigo e para infligir danos em uma escala sem precedentes.

A Luftwaffe tinha pouca ou nenhuma experiência com bombardeios estratégicos antes de 1940, tendo desenvolvido uma classe de aviões militares concebidos para apoiar operações terrestres e, na melhor das hipóteses, para preparar o campo de batalha antes dos compromissos do exército alemão no terreno. Isto mudou durante a Blitz, de 7 de setembro de 1940 até fevereiro de 1941. Sob o codinome 'Loge', foram realizados ataques a Londres durante oito semanas, após o que, a partir de meados de novembro, as áreas alvo foram alargadas para incluir outras cidades e, em particular, o coração industrial das West Midlands, tais como Birmingham e, especialmente, Coventry. Esta campanha continuou até fevereiro de 1941.

Os números eram espantosos. Durante o período da Blitz, a Luftwaffe lançou um total de 16.500 toneladas de bombas em Londres, matando 28.500 pessoas e ferindo gravemente mais 25.500, com um total de feridos estimado em 139.000. Bombas incendiárias e altamente explosivas causaram destruição em uma escala colossal, tal como as novas "bombas de fogo" lançadas pelo KG-100, que lançaram um total de 10.000 dispositivos deste tipo. Estas eram pequenas em tamanho, mas devastadoras no seu efeito.

Em outras partes do Reino Unido, este intenso período de bombardeio resultou em mais 12.500 mortes. Por ordem de tonelagem, a área de Liverpool e Merseyside recebeu 1.700 toneladas; Birmingham, 1.600 toneladas. Glasgow e Clydeside receberam 1.200 toneladas e Plymouth, 1.100 toneladas. Doze outras cidades foram também bombardeadas, embora com menos de 1.000 toneladas em cada uma.

O bombardeio consistente de cidades e plantas industriais estava tendo algum efeito, mas não o resultado conclusivo que Hitler e os líderes seniores da Luftwaffe esperavam. Com o impulso da Kriegsmarine, o seu C-in-C Erich Raeder propôs uma mudança seminal na estratégia, passando da destruição de instalações industriais para ataques a navios mercantes, que eram vitais para a salvação de uma Grã-Bretanha sitiada. Na Diretiva 23, emitida por Hitler em 6 de fevereiro de 1941, o ataque à economia de guerra britânica deveria, agora, ser levado a cabo principalmente pela marinha alemã. Esta mudança de rumo não foi, em grande parte, apoiada pela Luftwaffe, que se resignou ao fato dos ataques aéreos ao Reino Unido não terem conseguido pôr a RAF de joelhos, não terem conseguido levar o país à mesa de negociações e não terem reduzido ou dificultado significativamente a produção britânica de material de guerra.

O fato era que, embora a Luftwaffe tivesse lançado um total de 41.000 toneladas de bombas sobre a Grã-Bretanha durante a Blitz, houve apenas uma redução moderada na produção de munições pela indústria britânica, que continuou a aumentar lentamente ao longo deste período. Provavelmente, o efeito mais notável foi a redistribuição da produção; numa tentativa de escapar como alvo específico das fábricas e instalações de produção, cuja localização era conhecida dos alemães, as empresas britânicas tiveram de se realocar.

Do lado britânico, ao observar e absorver todos os detalhes da ofensiva alemã no ar, o governo tinha conseguido reunir informações que ajudariam a RAF a desenvolver uma estratégia para a sua própria campanha de bombardeios. As avaliações dos danos dos bombardeios indicavam que uma focalização em locais específicos era mais benéfica do que nos aleatórios, e que as armas incendiárias eram mais eficazes do que as altamente explosivas, porque eram mais perturbadoras. Com base nestas análises, a estratégia de bombardeio da RAF foi modificada, e houve uma mudança na política de desmoralização do público alemão através da guerra econômica e da destruição da base industrial da Alemanha.

Em geral, o Comando de Bombardeios nunca adotou uma política de matar, principalmente, civis através de bombardeios, tendo observado que a blitz na Grã-Bretanha não conseguiu alcançar os objetivos desejados pelos alemães através de "bombardeios terroristas". Infelizmente, porém, o Comando de Bombardeiros acabou por ser forçado a adotar uma estratégia de bombardeio de área porque o equipamento fornecido à sua tripulação aérea era inadequado para ataques de precisão a partir de certa altitude. Os planos só seriam tão eficazes na aplicação se os meios para os entregar também fossem. Dito isto, a melhoria significativa nas capacidades de uma nova geração de bombardeiros tornou possível uma vasta gama de opções.

NOVAS FERRAMENTAS

Durante os primeiros três anos da guerra, o Comando de Bombardeios da RAF tinha três modelos principais - o Blenheim, Whitley e Wellington - que eram utilizados com efeito variável para o bombardeio estratégico de alvos alemães. No entanto, estes eram inadequados para as operações previstas que se seguiriam. A RAF tinha sido sempre influenciada por objetivos estratégicos elevados, acreditando que a única forma de ganhar uma guerra era conduzir uma intensa campanha de bombardeio, tanto para destruir a capacidade de um país inimigo de produzir equipamentos essenciais aos esforços de guerra, como para bombardear as fábricas e outros locais de trabalho que mantinham o país em geral. Para isso, precisavam de uma força de bombardeiros muito grande.

Três grandes tipos de bombardeiros britânicos de quatro motores surgiram entre 1940 e 1942, destinados a realizar bombardeios estratégicos numa escala inimaginável antes da guerra: o Short Stirling, o Halifax e o Lancaster, este último, uma evolução do efêmero bimotor Manchester. Haveria, também, outros tipos, incluindo o Havilland Mosquito, um bimotor muito rápido, com uma velocidade máxima de 380 mph, que foi introduzido em serviço operacional como bombar-

O Boeing B-17E foi o primeiro bombardeiro americano a chegar à Inglaterra, em meados de 1942, no início de uma longa campanha para levar a guerra até o coração da própria Alemanha. USAF

A produção foi fundamental para vencer a guerra aérea, pois, aqui, os Boeing B-17 eram construídos para atender à Inglaterra na luta contra a Alemanha nazista em uma escala sem precedentes. Boeing

deiro em maio de 1942, mas, posteriormente, foi adaptado para reconhecimento e como caça noturno. Com uma estrutura primária construída em madeira, era único na sua adaptabilidade para operações e na sua multiplicidade de papéis. No entanto, mais aviões seriam adquiridos nos EUA e operados pelo Comando de Bombardeiros. Estes incluíam o Boeing B-17 Fortress, o Douglas Boston, o Lockheed Ventura e o North American B-25 Mitchell, todos em número relativamente pequeno.

O primeiro bombardeiro monoplano de quatro motores operado pela RAF, o Short Stirling, foi concebido em 1936 com a especificação B.12/36. Este seria o modelo necessário para o Halifax e o Lancaster, sendo cada bombardeiro nomeado em homenagem a uma cidade britânica. O Stirling era alimentado por quatro motores Bristol Hercules de 1.650 hp, tinha uma velocidade máxima de 270 mph e um alcance de pouco mais de 2.000 milhas quando estava carregado com 3.500 lb de bombas, ou 590 milhas com uma carga máxima de 14.000 lb. Este foi um grande aumento na capacidade quando comparado com o seu antecessor mais próximo, o Wellington. Construído sob subcontratação da Short Brothers de Rochester, Kent, da Short & Harland em Belfast, o Stirling tinha uma má reputação, como resultado tanto do desenho das baías de bombas, que impedia o transporte de algumas bombas da RAF, como do seu desempenho marginal.

O primeiro Stirling entrou em serviço operacional com o esquadrão Nº 7 da RAF Leeming, Yorkshire, em agosto de 1940, substituindo os Hampdens daquele esquadrão. Este último tinha uma capacidade limitada de carga de apenas 4.000 lb, uma velocidade de cruzeiro de apenas mais de 160 mph e um alcance máximo de 1.200 milhas totalmente carregado. A chegada do Stirling foi antecipada com grande entusiasmo. Quando o modelo começou a ser utilizado, no entanto, foi observado que sua taxa de desgaste era maior do que a de outros de seu tipo, tais como o Halifax e o Lancaster. Isto, provavelmente, foi atribuído a sua menor altitude operacional (15.000 pés), onde era mais vulnerável aos ataques antiaéreos e à interceptação por caças noturnos.

O Handley Page Halifax foi, inicialmente, projetado de acordo com uma especificação que utilizava dois motores Rolls-Royce Vulture em linha. Devido à escassez do Vulture, a exigência foi alterada e o Halifax surgiu alimentado por quatro Motores Rolls-Royce Merlin Mk X, de 1.280 hp - variantes dos modelos utilizados pelo Spitfire e o Hurricane. O Mk 1 fez seu primeiro voo em outubro de 1939 e entrou em serviço com o esquadrão Nº 35, em novembro de 1940. Várias adaptações e variantes foram feitas, com o armamento mudando entre as marcas conforme a experiência operacional ditava. Por exemplo, o Mk 1 incorporou duas armas 0.303 no nariz e quatro em uma torre na cauda, com algumas aeronaves tendo armas nos raios da fuselagem central. As marcas posteriores dispensariam as armas de viga, retendo uma 0.303 na fuselagem central no nariz e com quatro na cauda e nas torres dorsais. Com uma carga máxima de bombas de 13.000 lb, o Halifax tinha um alcance de 1.260 milhas, aumentando para 1.869 milhas com 5.800 lb de carga.

O Lancaster tinha evoluído rapidamente para além do Avro Manchester, transformando-se em, sem dúvida, o mais famoso bombardeiro da Segunda Guerra Mundial. Um único exemplar tem sido preservado em condições de voo no Memorial da Batalha da Grã-Bretanha da RAF. O Manchester, de onde surgiu o Lancaster, foi projetado para a mesma especificação do Halifax, e o protótipo fez seu primeiro voo em julho de 1939, propulsado por dois Vultures de 1.769 hp. Em sua breve vida, o Manchester experimentou várias mudanças. Por exemplo, inicialmente, tinha três aletas verticais, mas estas foram rapidamente reduzidas a duas e sua área de superfície foi aumentada. O Manchester entrou em serviço com o esquadrão Nº 207 da RAF Waddington, nos arredores de Lincoln, em novembro de 1940 e o primeiro voo operacional ocorreu na noite de 24/25 de fevereiro de 1941. As operações duraram pouco mais de um ano antes que o modelo fosse retirado em favor de seu protegido de quatro motores, o Lancaster.

O Lancaster levou o essencial do Manchester, mas os dois Vultures foram substituídos por quatro motores Merlin de 1.460 hp e o layout geral foi refinado em uma aeronave muito mais eficiente, inicialmente, sem a característica de torres dorsal e ventral. Nos primeiros modelos, aquelas torres a mais do nariz e da cauda (as ventrais eventualmente removidas) abrigavam quatro metralhadoras 0.303. Com uma velocidade de cruzeiro de 210 mph, um alcance de 1.660 milhas com uma carga de bomba de 14.000 lb e um teto de 24.500 pés, o Lancaster foi adaptado ao longo do tempo e acabou por ser a única aeronave a transportar as bombas Tallboy de 22.000 libras. O Lancaster fez seu primeiro voo em janeiro de 1941 e se juntou ao esquadrão Nº 44 em Waddington para o serviço de triagem no mês de setembro.

Estes três tipos de bombardeiros pesados seriam a principal força por trás da crescente pressão do Comando de Bombardeiros sobre a indústria alemã, seus sistemas de transportes, pátios de triagem, portos, ancoradouros e - cada vez mais - nas vilas e cidades que abrigavam as forças de trabalho alemã. Graças a estas atividades, grande parte da experiência e muitas práticas operacionais, técnicas e táticas haviam sido construídas e adquiridas pelo Comando de Bombardeiros até o momento em que os americanos, operacionalmente, se envolveram, em meados de 1942.

NOVOS ALVOS

Apesar dos jornais contemporâneos e das tendências dos livros de história posteriores se concentrarem no Comando de Caças durante os meses de testes, entre maio e outubro de 1940, os desafios enfrentados pelo Comando de Bombardeiros e pelo Comando Costeiro foram igualmente intensos, se não, tão espetaculares de se ver.

Na Batalha pela França, o Comando de Bombardeiros tinha perdido 145 aeronaves, em grande parte, nas operações improdutivas, apoiadas por apenas metade da força que possuía quando a ofensiva alemã começou, em maio de 1940. No entanto, havia poucos meios de verificar quão precisos ou produtivos esses ataques eram, na verdade, desde que as provas foram retiradas diretamente dos relatórios verbais dos próprios tripulantes aéreos que, embora feitas de boa-fé, eram frequentemente incorretas e enganosas.

O desafio seguinte veio nos dias incertos entre a Batalha pela França e a Batalha da Grã-Bretanha, quando cerca de 3.000 barcaças alemãs foram vistas atracadas em portos costeiros, de frente para o Mar do Norte e Canal da Mancha. O Comando de Bombardeiros foi incumbido de destruir o maior número possível destas. Com a luz do dia atraindo níveis insustentáveis de atrito, o Comando de Bombardeiros recorreu à noite, em um esforço para manter a pressão sobre os alemães enquanto permanecessem dentro dos limites de perdas aceitáveis. Enquanto a Batalha da Grã-Bretanha estava sendo travada sobre a Inglaterra, o Comando de Bombardeiros estava, portanto, abrindo uma "segunda frente" em seus ataques aos alvos alemães.

Na realidade, porém, a ausência de verificação encobriu um desempenho terrível por parte dos bombardeiros - um deles só foi revelado quando as câmeras, cujos obturadores eram acionados automaticamente quando a carga da bomba era liberada, foram ajustadas à parte inferior dos aviões. Enquanto isso, o Comando de Bombardeiros em terra estava passando por uma mudança de liderança e enfrentava incertezas inerentes à natureza precisa de sua tarefa.

Esses foram os dias em que os Whitley, os Blenheim e os Wellington eram os únicos meios de realizar um ataque significativo contra a própria Alemanha. Ao final de 1940, o Ministério da Aeronáutica havia entregado uma longa lista de prioridades, a maior das quais era a indústria petrolífera alemã, seguida por indústrias específicas que sustentavam o esforço de guerra do inimigo: ferrovias, pátios de triagem e instalações de carga em importantes cidades e aeroportos alemães, de onde poderiam ser montados ataques à Grã-Bretanha. Entretanto, os ataques às cidades alemãs foram considerados particularmente importantes para impulsionar o moral na Grã-Bretanha. Apesar das objeções morais de alguns líderes religiosos e alguns ateus, a opinião da maioria do público britânico era favorável à destruição vingativa das cidades alemãs com pouca reflexão sobre o sofrimento que isso causaria. Apesar deste apetite por destruição, no entanto, ataques diretamente sobre as cidades alemãs demoraram a acontecer.

Em reação, em parte, ao bombardeio de áreas civis pela Luftwaffe durante na Batalha da Grã-Bretanha, o Gabinete de Guerra aprovou uma incursão em Berlim, que estava no extremo do alcance disponível para as aeronaves do Comando de Bombardeiros. Este foi devidamente conduzido na noite de 25/26 de agosto de 1940. No total, 103 aeronaves foram designadas à capital alemã, assim como a Bremen, Colônia e Hamm. Hampdens e Wellingtons foram para Berlim, onde fizeram poucos danos dentro da fronteira da cidade, sendo a única destruição notória uma casa de verão de madeira, ferindo duas pessoas. Foi um início pouco auspicioso para o que se tornaria uma grande campanha da maior força de bombardeio estratégico já reunida. Mas, isso levaria algum tempo para ser realizado.

Sir Richard Peirse assumiu o Comando de Bombardeiros em outubro de 1940, substituindo Air V-Mshl Portal, que foi promovido a Chefe do Pessoal Aéreo e estava essencialmente a cargo da RAF. Agora, o Comando de Bombardeiros tinha uma força de 532 aeronaves, das quais, 217 eram Blenheims e 100 eram Wellingtons. Ao longo dos cinco meses seguintes, o inventário de Blenheim caiu para 150 e os 85 Battles foram todos aposentados. Então, quando Peirse assumiu o comando, ele tinha um inventário funcional de apenas 230 aeronaves capazes de operações noturnas de inverno. Isto foi reduzido a dez quando problemas de manutenção e o emprego de tripulantes inexperientes foi levado em conta. Como resultado, nos meses de inverno, o número de aeronaves despachadas nas batidas caiu drasticamente em proporção às capacidades potenciais da força.

Agindo de acordo com a Diretiva 23 de Hitler, emitida em 6 de fevereiro de 1941, a Kriegsmarine intensificou as operações de submarinos nesse ano. Em resposta, Churchill especificou metas que apoiavam a guerra contra os submarinos alemães como prioridade máxima para o Comando de Bombardeiros; mais importante, que as linhas de vida marítimas da Grã-Bretanha fossem mantidas abertas mais do que o esforço geral de guerra alemão fosse corroído. Isto, portanto, tornou-se o objetivo principal entre março e julho de 1941. Com três estaleiros de submarinos, Kiel era o alvo principal e estava bem ao alcance das bases na Inglaterra. Hamburgo tinha dois estaleiros de submarinos, e havia outros em Bremen e Vegesack. As marinas que desenvolviam os trabalhos com motores diesel em Mannheim também eram visadas. Outras fábricas de motores em Augsburg, Baviera, estavam muito longe para as curtas noites e os longos voos, que iriam expor os bombardeiros ao ataque inimigo. Quando os navios *Scharnhorst* e *Gneisenau* entraram no porto de Brest, em 22 de março de 1941, o Comando de Bombardeiros apontou-os também como alvos de um grande ataque.

Neste ponto, Peirse planejou que sua força havia sido removida do ataque estratégico às indústrias petrolíferas e de manufaturas da Alemanha para apoiar o que considerou uma questão tática da Marinha. Portal, entretanto, não estava inclinado a esse planejamento. Ele sabia que o Comando de Bombardeiros, provavelmente, estava longe de ser eficaz em seus ataques sobre alvos estratégicos. Além disso, estava preocupado que a nova aeronave que viesse para o serviço deveria ser operada de forma eficaz e eficiente. Para que isto acontecesse, uma avaliação de quão precisa seria a campanha de bombardeio era crucial, especialmente, em função dos recursos necessários para a fabricação de aeronaves e do treinamento das tripulações.

Em 9 de julho de 1941, o Comando de Bombardeiros foi direcionado para mudar as prioridades de volta à ofensiva estratégica de deslocar o sistema de transporte alemão e destruir o moral tanto da população civil quanto, em particular, dos trabalhadores industriais. Os planos de Peirse estavam de volta ao caminho certo e os bombardeiros estavam voltando para a estratégia inicial. Para fazer isso, precisão e capacidade eram essenciais, mas houve problemas.

O exame das práticas atuais de bombardeios e sua eficácia tinham exposto fraquezas na capacidade que impossibilitavam a RAF a bater, efetivamente, a indústria petrolífera da Alemanha ou de seus suprimentos. Isto equivale a uma admissão de fracasso. As notícias pioraram um mês depois, quando um relatório datado de 18 de agosto de 1941 revelou quanto a eficácia desta campanha tinha sido limitada até o momento. Conhecido como o relatório Butt, foi encomendado pelo Professor Frederick A. Lindemann (Lord Cherwell), um físico e confidente de Churchill e chefe do conselheiro científico do Gabinete. Usando fotografias tiradas pelos bombardeiros durante as noites de operações, foi uma confirmação alarmante das alegações da tripulação aérea da falta de sucesso no bombardeio de alvos prescritos. Baseado puramente em fotografia e excluindo as declarações feitas pela tripulação, o relatório concluiu que, de todas as aeronaves despachadas, em média, apenas uma em cada três chegou a menos de 5 milhas do alvo, duas em três ao atacar portos franceses, uma em quatro sobre alvos na Alemanha, e uma em cada dez sobre o parque industrial do Ruhr. Quando havia lua cheia, a taxa era de duas em cinco ou uma em 15 nas noites sem lua. A partir de muitos detalhes e análise realizados após a guerra, foi julgado que quase metade de todas as bombas caíram em campo aberto durante os 12 meses até maio de 1941.

No entanto, os números do relatório Butt excluíam aeronaves que haviam decolado, mas que tinham voltado devido a falhas técnicas, aquelas abatidas no caminho, as que foram para longe de seus locais designados pelas condições do tempo, ou aquelas que poderiam, simplesmente, não encontrar o alvo. Incluindo todas estas aeronaves designadas a um alvo, apenas 5% lançaram suas bombas num raio de 5 milhas de distância de onde estavam destinadas.

Estas estatísticas chocaram o Comando de Bombardeiros e elevaram a consternação no Ministério da Aeronáutica e no Gabinete. Os bombardeiros eram considerados a ponta da lança em termos de atacar a Alemanha e colocar o regime nazista de joelhos. Somente os caças poderiam ter vencido a Batalha da Grã-Bretanha, mas somente os bombardeiros poderiam fazer o tipo de dano necessário para que a Grã-Bretanha tivesse qualquer chance de ganhar a guerra. Não havia uma solução óbvia, nenhuma tecnologia mágica para dar uma resposta rápida. A forma como a guerra aérea foi levada a cabo teria que ser ajustada para poder ser entregue dentro das limitações da navegação, objetivo e execução dos bombardeios.

Lindemann concluiu - e recomendou ao Gabinete, através de um documento que circulou em 30 de março de 1942 - que qualquer tentativa de bombardeio de alvos pré-selecionados era inútil. A única capacidade real era o bombardeio por área, portanto, criando uma definição de uma estratégia ofensiva. No que ficou conhecido como o plano de "desabastecimento", Lindemann propôs que o Comando de Bombardeiros fosse usado para lançar quantidades muito grandes de bombas sobre as cidades, com o objetivo de destruir as casas e abrigos da força de trabalho envolvida na produção industrial.

A exposição das falhas nas capacidades da força de bombardeio provocou uma reação do exército e da marinha. Ambos propuseram que os recursos finitos – financeiros e materiais - seriam melhor gastos em guerras terrestres e marítimas do que, em seu ponto de vista, sendo desperdiçados no ar. Vendo nesta crítica um meio de preencher suas próprias deficiências de financiamento, soldados superiores e marinheiros empurraram o argumento de que a guerra só poderia ser vencida por homens que lutassem em terra ou no mar, engajando diretamente o inimigo.

Churchill, entretanto, estava comprometido com o uso do poder aéreo como a segunda frente da guerra contra a Alemanha e se esforçou para equilibrar as necessidades do Comando de Bombardeiros, pressionando os concorrentes dos outros dois serviços por dinheiro, homens e materiais. Assim, o plano de desabastecimento tornou-se o imperativo fixo para a RAF, mantendo um foco pré-guerra em ataque preventivo em vez de defesa reativa como o caminho para vencer a guerra. Como os acontecimentos mostrariam, isto não era totalmente possível, mesmo com recursos ilimitados, e foi apenas uma arma no arsenal da vitória.

Curiosamente, houve variações sutis entre aqueles que concordaram com a estratégia de desabastecimento. Alguns acreditavam que a forma de maior valor não estava na destruição por atacado das cidades e no aumento do impacto na produção dos trabalhadores, mas sim, através dos recursos do inimigo, tal campanha seria travada. Isto incluía a defesa civil, tropas antiaéreas e combatentes que o inimigo teria que estabelecer a fim de contrariar o potencial destrutivo da RAF.

No entanto, todas estas eram ideias teóricas baseadas em análises e cálculos em papel. Na realidade, o Comando de Bombardeiros seria solicitado a conduzir uma experiência de uma forma inteiramente nova de guerra; a magnitude do esforço e os níveis da destruição previstos através de bombardeios nas áreas, à noite, eram diferentes de tudo experimentado até o momento. Apesar disso, era a única política que a RAF podia adotar, porque lhe faltavam os meios para fazer qualquer outra coisa. E isso, por si só, foi um importante fator na determinação de Churchill de se ater ao bombardeio estratégico. Ele desejava manter uma crença entre o público em geral de que o governo estava fazendo algo para manter a pressão sobre a Alemanha. Ele, também, acreditava que, eventualmente, a Alemanha atacaria a Rússia e que a América teria que entrar na guerra. Era importante que ele mantivesse um senso de ação - em casa e no exterior.

DEFENDENDO O REICH

Infelizmente, para os britânicos, o maior esforço e a maior tonelagem das bombas lançadas pelas novas aeronaves que entraram em serviço encontraram maior resistência de uma série emergente de caças noturnos alemães, que representava uma ameaça maior para os invasores noturnos. Embora, um sistema de defesa aéreo efetivo na Alemanha tenha se desenvolvido lentamente, sob o comando do general Josef Kammhuber, várias medidas foram postas em prática, com efeito variável.

Em julho de 1941, havia 134 caças bimotores noturnos implantados, a maioria estava sediada na Holanda. Em solo alemão, a operação de fogo de barragem comprometeu a interceptação dos bombardeiros entrantes, impedindo a defesa de se aproximar de seus alvos, por medo de serem atingidos por armas antiaéreas. Em seguida, uma série de potentes holofotes foi implantada como uma barreira contínua ao longo da costa, numa tentativa de iluminar os intrusos sem arriscar a defesa dos combatentes. Isto também se mostrou ineficaz, pois a RAF conseguiu passar suas aeronaves através dos holofotes antes que os combatentes pudessem encontrar seus possíveis alvos.

Um holofote antiaéreo no telhado do Royal Chelsea Hospital, Londres, em abril 1940, um mês antes da invasão alemã da França e dos Países Baixos. Arquivo David Baker

A solução eram as estações de radar. Conhecidas pelos britânicos como linha Kammhuber, esta era, a princípio, o equivalente das estações domésticas RDF que contornavam a costa das Ilhas Britânicas. Eventualmente, esta linha defensiva se transformou em um sistema complexo de três barreiras, cada uma com cerca de 20 milhas de comprimento e até 12 milhas de profundidade, o limite da frente abrigava um radar Freya, que era capaz de detectar aeronaves a um alcance de 62 milhas.

As três linhas defensivas estabelecidas pela linha Kammhuber provaram ser um desafio formidável ao Comando de Bombardeiros, ao tentar chegar ao Ruhr e ir mais fundo no coração da Alemanha. No entanto, esse era o objetivo do Comando de Bombardeiros e eles foram bem-sucedidos. Em novembro de 1941, a RAF tinha ampliado sua penetração em território inimigo e ampliado a base de operações, assim como o número crescente de aeronaves que saiam das linhas de produção e entravam em serviço. No entanto, tudo isso teve um preço.

Durante todo o período de julho a novembro de 1941, as perdas tinham crescido. Estas foram proporcionais à intensidade dos esforços, mas, desproporcionalmente elevadas quando comparadas aos resultados obtidos.

SISTEMAS DE RADARES ALEMÃES

Com o nome de um personagem mitológico nórdico, Freya foi um desenvolvimento de radar naval, cujos testes tinham começado na Alemanha em 1937. O radar como um meio de detecção de objetos muito distantes para serem visíveis a olho nu tinha sido desenvolvido, pela primeira vez, na Alemanha, muito antes dos britânicos lhe darem atenção na década de 1930, mas os britânicos estavam muito à frente dos alemães na implantação de um sistema operacional - um sistema que se revelou muito valioso durante a Batalha da Grã-Bretanha. Impelido pelas exigências dos militares alemães, o desenvolvimento do radar alemão acelerou-se no início dos anos de guerra em sistemas totalmente operacionais que, como representado pelo Freya, eram mais avançados e sofisticados do que o sistema britânico. Usando uma frequência de rádio de 120 km, contra a frequência britânica de 80 km, ele tinha uma maior capacidade de escolher alvos menores no ar. E mais, uma vez que tinha uma montagem menor e mais flexível, era muito mais fácil de operar.

As informações de inteligência sobre a existência do Freya tiveram origem com um oficial dinamarquês, Thomas Sneum que, secretamente, tirou fotografias de instalações e, num esforço notavelmente audacioso, conseguiu voar para Grã-Bretanha com as fotos. Destas, o Dr. R.V. Jones, da inteligência do Ministério da Aeronáutica, foi capaz de elaborar seu verdadeiro propósito. Mais informações sobre o sistema alemão de defesa aérea vieram de fotografias tiradas por uma aeronave de reconhecimento. Estas levaram a um comando de ataque para obter inteligência crítica sobre o que os alemães se referiam a sistema *Würzburg* - um sistema de radar menor, projetado para posicionar os caças Luftwaffe nas aeronaves inimigas que chegavam. A incursão em fevereiro de 1942, conhecida como Operação *Biting*, visava um radar de *Würzburg* em Bruneval, cerca de 12 milhas ao norte de Le Havre, e recuperou, com sucesso, as peças do equipamento de radar que eram vitais para ajudar os britânicos a ganhar uma compreensão completa de como funcionava.

Operando na faixa de 54-53 cm (553-556 MHz) e com uma potência de 7-11 kW, *Würzburg* foi complementar na medida em que levava à detecção inicial de baixa resolução de um alvo pelo Freya e exibia uma localização de alta resolução que poderia localizar o intruso. Com um alcance efetivo de 18 milhas, foi preciso cerca de 80 pés. Cerca de 4.000 foram produzidos. Após a guerra, o equipamento foi utilizado pelos holandeses no desenvolvimento precoce da radio astronomia.

ESTATÍSTICAS VITAIS DO COMANDO DE BOMBARDEIROS

A título de ilustração, os britânicos produziram 41 bombardeiros pesados (Halifax, Manchester e Stirling) em 1940, aumentando para 498 em 1941 (incluindo os primeiros Lancasters) e 1.976 em 1942. No entanto, o saldo médio de bombardeiros (Hampden, Hereford, Wellington e Whitley) produzidos foi de 1.926 em 1940, 2.777 em 1941 (dos quais 1.816 eram Wellingtons) e 3.463 em 1942. Nesta categoria, o Wellington dominava a produção, crescendo de 997 em 1940 para 1.816 em 1941 e 2.702 em 1942. A estes foram acrescentados os bombardeiros leves (Battle, Blenheim e Mosquito), a produção caiu de 1.753 em 1940 para 1.393 em 1941 e 814 em 1942. Os Battles estavam fora de produção em 1941 e a produção dos Blenheim estava em declínio à medida que um número limitado de Mosquitos saía das linhas de produção para substituí-lo.

A partir destes números, pode-se supor que a força do Comando de Bombardeiros estava crescendo: a produção entregou 3.720 bombardeiros de todos os modelos em 1940, 3.707 em 1941 e 5.492 em 1942. No entanto, é preciso lembrar que muitas dessas aeronaves eram substitutas daquelas que haviam sido perdidas. A taxa de atrito era alta – o Comando de Bombardeiros compartilhou com a frota de submarinos alemães a maior perda de vidas de qualquer ramo dos serviços armados entre todas as nações combatentes. Ao final do conflito, dos 125.000 tripulantes aéreos de toda a Comunidade que serviu com o Comando de Bombardeiros da RAF, quase 60% haviam se tornado vítimas. Cerca de 55.000 deles foram mortos em ação ou por acidentes - metade de toda a tripulação de voo.

Devido à alta taxa de perdas, os números de aeronaves em serviço, em esquadrões, em média, pairavam entre 374 e 419 por mês durante 1942. A mudança gradual para bombardeiros pesados, no entanto, teve um impacto significativo sobre a elevação de bombas em termos de tonelagem disponível para a RAF, aumentando, em média, de 510 toneladas em fevereiro de 1942 a 824 toneladas até o final do mesmo ano. Desses totais, a mais significativa contribuição foi feita pelos "pesados", que cresceram de 137 toneladas em fevereiro a 667 toneladas em dezembro.

O relatório Butt tinha deixado clara a incapacidade do Comando de Bombardeiros de cumprir sua obrigação. Quando as 4.065 imagens feitas por câmeras fotográficas nas aeronaves enquanto lançavam suas bombas, durante um período de 100 noites, foram analisadas, ficou claro que algo tinha que mudar. A resposta imediata foi retirar-se dos nós de transporte fortemente defendidos, dos pátios de triagem e do coração industrial do Ruhr e, em vez disso, reatribuir aeronaves para alvos mais fáceis, em um esforço para equilibrar a equação - reduzindo o número de vítimas e aumentando a eficácia da operação. No entanto, enquanto essa estratégia equilibrava os livros, não ganhava a guerra.

Os números que mais alarmaram o Ministério da Aeronáutica foram as perdas noturnas. Estes tiveram que ser explicados por Peirse quando foi convocado para se encontrar com Churchill em Chequers, em 8 de novembro de 1941. Em particular, foi solicitado que prestasse contas das perdas excepcionalmente pesadas da noite anterior, quando, das 169 aeronaves que partiram para Berlim, apenas 73 chegaram à área geral da cidade, com apenas danos mínimos relatados, 11 pessoas mortas e 44 feridas. Esta foi a última incursão em Berlim até janeiro de 1943. Em vez disso, na noite de 8 de novembro, 75 aeronaves foram bombardear Colônia, 55 Wellingtons e Stirlings foram para Mannheim, e mais 30 aeronaves voaram em patrulhas itinerantes. Outras, bombardearam Ostend e Boulogne, e realizaram tarefas de colocação de minas perto de Oslo. Das 392 aeronaves que partiram naquela noite, 37 foram perdidas - um valor inaceitavelmente alto de 9,4%.

De modo geral, o quadro era pobre. Para o período de 7 de julho a 10 de novembro 1941, o Comando de Bombardeiros havia conduzido operações em 93 noites, um total de 11.991 aeronaves, das quais, 414 (3,5%) foram perdidas. Mas, se à noite os números eram ruins, à luz do dia, eram totalmente insustentáveis: de 83 operações diurnas de apoio a 1.567 incursões, 112 aeronaves não retornaram - uma perda de 7,1%.

As deliberações em Chequers produziram uma conclusão sombria sem uma solução e, em 13 de novembro, Peirse foi informado de que o Comando de Bombardeiros conduziria, de agora em diante, apenas operações limitadas. Este continuaria a ser o caso para os três meses seguintes e, de fato, nenhuma operação foi realizada entre 10 e 15 de novembro.

Por vários meses, então, o destino do Comando de Bombardeiros pesou na balança. Muitas opções foram ponderadas e foi considerada a possibilidade de reduzir e mudar seu papel - de uma função estratégica para uma tática, apoiando as crescentes demandas do exército britânico à medida que este se fortalecia e expandia operações no Norte da África.

Isto não foi bem recebido. Como o oficial mais graduado da RAF, Portal - apesar das implicações das estatísticas – argumentava, há meses, por um Comando de Bombardeiros ainda mais robusto e capaz. Ele indicou uma nova geração de aeronaves, como o Lancaster; uma nova parcela de aeronaves técnicas que permitiria um bombardeio mais preciso à noite; e um equipamento maior para forçar a posição simultânea de várias centenas de aeronaves sobre o mesmo alvo. Em uma carta a Churchill, datada de 25 de setembro de 1941, Portal também havia argumentado a favor de uma força de 4.000 bombardeiros, com os quais ele garantiria explodir a máquina de guerra alemã e pôr um fim à Alemanha nazista dentro de seis meses. Evitando envolver-se em um compromisso tão ambicioso, Churchill apoiou as ideias de Portal e lhe disse para continuar com o trabalho usando o equipamento que tinha. Isso foi sábio. Outros fatores estavam prestes a entrar em jogo.

A decisão final, emitida em 14 de fevereiro de 1942, apoiou a continuação da pré-programada expansão do Comando de Bombardeiros, mas mudou a missão da área geral de bombardeios para áreas urbanizadas. Na realidade, esta já tinha sido a política geral adotada pela RAF por alguns meses, numa tentativa de minimizar as perdas.

UMA NOVA FASE

Apenas oito dias depois, em 22 de fevereiro de 1942, o Comando de Bombardeiros conseguiu um novo líder - Air Chf Mshl Sir Arthur Harris. Com experiência na pré-guerra da RAF na Índia, Harris estava determinado a produzir resultados positivos, não fazendo o fácil e reatribuindo operações a alvos menos defendidos, mas maximizando o potencial, elevando o moral da tripulação aérea e utilizando efetivamente as novas aeronaves e as mais recentes tecnologias.

O Comando de Bombardeiros no início de 1942 não era maior do que um ano antes. Com demandas do Comando Costeiro e apoio ao Oriente Médio, Harris herdou, portanto, uma força de 469 bombardeiros noturnos e 78 bombardeiros diurnos (56 Blenheims e 22 Bostons comprados dos americanos). Felizmente, para os britânicos, no entanto, a nova tecnologia apareceu em cena neste momento, na forma de 'Gee' - um dispositivo que aumentou muito a precisão da navegação através da vinculação da localização da aeronave até a posição relativa do alvo e, assim, facilitou aos pilotos encontrar um local específico no escuro. O Gee trabalhou captando sinais de três locais amplamente dispersos na Inglaterra para uma faixa máxima de 400 milhas de uma altitude não inferior a 20.000 pés, medindo, então, o tempo de atraso entre quaisquer dois sinais de rádio transmitidos para produzir uma posição fixa. Isto era preciso dentro de algumas centenas de metros.

Desenvolvido inicialmente como um sistema de aterrissagem às cegas, o Gee foi utilizado operacionalmente, pela primeira vez, na noite de 8/9 de março de 1942, quando foi montado em um único Wellington do esquadrão N° 115, para uma incursão em Essen. Com o Wellington como líder e todas as outras 211 aeronaves reunidas, era esperado que o ataque atingisse as obras de Krupp. Embora o alvo exato não tenha sido atingido, um espantoso 33% das aeronaves chegaram à área e lançaram suas bombas; em comparação com uma média de cerca de 20% em ataques semelhantes.

Após este voo inaugural bem-sucedido, o Gee cresceria tanto em importância como um auxílio de localização de alvo e na utilização para traçar um caminho de voo para casa, que abaixaria a porcentagem de aeronaves que perdiam seu caminho de volta de 3,5% para 1,2%.

O primeiro grande sucesso para o Gee ocorreu na noite de 13/14 de março, quando 135 aeronaves visavam Colônia. Era uma noite sem lua, portanto, as aeronaves líderes, equipadas com o Gee, acenderam os alvos com iluminadores pirotécnicos e bombas incendiárias para proporcionar um marcador para as outras aeronaves, que transportavam cargas de bombas mistas. Grandes danos foram causados e a avaliação geral foi de que esse único ataque, no qual apenas uma aeronave foi perdida, tinha sido cinco vezes mais bem-sucedido que o ataque mais eficaz nesta cidade até o momento.

A maré tinha virado. A sorte do Comando de Bombardeiros, agora, estava vinculada à disponibilidade de aeronaves novas e mais capazes, particularmente, o Lancaster, à geração de equipamentos técnicos e à experiência da tripulação aérea. Além disso, outro participante tinha se unido: os americanos estavam, agora, totalmente engajados em uma guerra contra Hitler e enviariam massas de aviadores e aeronaves através do Atlântico para o que se tornaria rapidamente conhecido como a Ofensiva Combinada de Bombardeiros. Entretanto, antes de explorarmos esta fase crucial, que acabaria por sinalizar o fim da guerra, precisamos virar nossos olhos para o Leste, para a Rússia e o Japão.

CAPÍTULO 11
Guerra Aérea Estratégica

A EXAUSTIVAMENTE PLANEJADA INVASÃO alemã à Rússia começou no início das horas de 22 de junho de 1941, sob o nome de Operação *Barbarossa*, em referência ao Santo Imperador Romano Frederico I, do século XII. Rasgando o acordo assinado com Stalin em agosto de 1939, Hitler procurou destruir a União Soviética, tomar Moscou, decapitar a liderança comunista e aniquilar o país como um estado independente, ocupando todos os territórios, inicialmente, até os Montes Urais. Foi a maior invasão de terras da história, ao longo de uma frente de batalha contínua de quase 1.000 milhas, estendendo-se do Báltico até o Mar Negro – mesma distância entre Londres e Roma, ou Washington DC até Houston, Texas.

    Antes da invasão, apesar de seu pacto com Hitler, Stalin considerava a Alemanha a mais perigosa ameaça à segurança soviética e, em dezembro de 1940, havia advertido seus generais de que era apenas uma questão de tempo até que a Alemanha lançasse um ataque preventivo. Entretanto, as tropas armadas russas haviam sido despedaçadas em força, experiência, capacidade e recursos pelas grandes remoções de Stalin no final 1930, nas quais, 30.000 integrantes do Exército Vermelho haviam sido mortos, incluindo 15 dos 16 comandantes do exército, 50 dos 57 comandantes do corpo de comando, 154 dos 186 comandantes de divisão e 401 de 456 coronéis. Esta remoção por atacado do Exército Vermelho fez a União Soviética recuar, pelo menos, uma década em sua capacidade de estar pronta e eficaz na defesa contra a Wehrmacht. No entanto, Stalin deu a seu exército quatro anos para recuperar sua capacidade. Enquanto isso, temeroso por provocar um ataque, foram feitos grandes esforços para não dar à Alemanha nenhuma desculpa para a invasão. Foi assim que várias fontes de inteligência indicaram que um ataque era iminente, eles foram ignorados ou suas advertências foram minimizadas.

A FROTA AÉREA SOVIÉTICA

Mesmo antes da Primeira Guerra Mundial, a Rússia tinha uma história de aeronaves de muito longo alcance e desempenho excepcional, apoiadas por uma matemática avançada e uma robusta prática de engenharia. O Serviço Aéreo Imperial Russo tinha sido formado em 1912, habilitado por uma tradição de ciência e engenharia aeronáutica estabelecida pelo Instituto Aerodinâmico, que tinha sido formado por Nikolai Zhukovsky, em 1904. Quando a guerra eclodiu, em 1914, o Serviço Aéreo tinha uma frota de 263 aviões, a segunda em termos de tamanho, perdendo apenas para a França. Após a revolução bolchevique, em 20 de dezembro de 1917, foi formada uma estrutura organizacional para as diversas unidades aéreas, seguida, em 24 de maio de 1918, pela "Frota Aérea Vermelha dos Trabalhadores e Camponeses". Depois de várias mudanças de nome, tornou-se Voyenno-Vozdushnye (Forças Aéreas Soviéticas), ou VVS.

A ênfase no projeto e na produção de aeronaves favoreceu os bombardeiros de longo alcance, que se baseavam na engenharia para uma tradição de tipos de transporte de longo alcance, que Stalin tinha favorecido como exemplos de um estado soviético progressista e batedor de recordes. A Rússia havia feito avanços consideráveis com a construção de foguetes em meados e fim dos anos 30, embora grande parte dessa capacidade tenha sido desperdiçada durante as remoções quando os principais cientistas foram enviados aos gulags. No entanto, destacados projetos e equipes de fabricação associadas criaram projetos de aeronaves confiáveis e eficazes, baseadas, em grande parte, em torno da exigência declarada de bombardeiros de longo alcance, para uma aplicação estratégica e em interceptores ágeis e rápidos para a defesa.

Embora houvesse ênfase na necessidade da aviação para apoiar o exército e os bombardeiros para atacar o coração de um agressor, o desenvolvimento técnico e conceitos inovadores viram a Rússia colocar em campo o primeiro caça monoplano, cantilever de asa baixa. Este entrou em serviço como o Polikarpov I-16, em 1935. Com um motor de 1.100 hp radial de nove cilindros, o I-16 tinha uma velocidade máxima de 325 mph e um alcance de 430 milhas. Com dois canhões e duas metralhadoras, mostrou-se um interceptor confiável quando foi introduzido na Guerra Civil Espanhola, lutando pelos republicanos, e teve um bom desempenho contra os tipos alemães mais antigos. No entanto, foi muito rapidamente superado.

Em produção desde 1940, o Yakovlev Yak-1 estava em serviço na época da invasão alemã. Tão bom era seu design básico, feito de madeira, e desempenho, que se tornou a base para uma série de variantes desenvolvidas. No entanto, na época da invasão, menos de 100 estavam em serviço, com mais de 300 que ainda necessitavam de montagem final e entrega às unidades. O Yak-1s provou corresponder ao Bf-109E, embora tenha sido superado pelos desenvolvimentos subsequentes dos caças alemães, a maioria dos caças soviéticos Yak-1 sofreu por seu armamento ser muito leve. Apesar disso, foi muito apreciado por seus pilotos.

A equipe emergente de Mikoyan e Gurevich produziu uma série de caças, o MiG-3 estava disponível desde 1941, com quase 1.000 em serviço. No entanto, havia menos de 500 pilotos que podiam voá-los. Aqui, como em qualquer outro lugar, as remoções tinham feito seu estrago na prontidão operacional; os pilotos que estavam disponíveis eram inexperientes e não tinham o tempo de voo essencial para manter a familiaridade e a competência. Embora a aeronave fosse boa para seu tempo - com uma velocidade máxima de mais de 310 mph e um alcance de 510 milhas - o MiG-3 transportava apenas três metralhadoras com o potencial de seis foguetes ar-ar e, portanto, carentes de potência. Não se equiparava ao Bf-109 ou ao Fw-190, que já estavam em implantação operacional.

Tecnicamente, poderia haver poucas ressalvas sobre o caça Lavochkin-Gorbunov-Gudkov LaGG-3, que estava disponível para serviço em 1941, a tempo para *Barbarossa*. Entretanto, apesar das numerosas modificações, atualizações e melhorias após sua implantação inicial, em 1940, o modelo não foi apreciado e nunca se desenvolveu realmente bem em combate. Tinha uma velocidade máxima muito alta, igual à dos monolugares britânicos e alemães, mas faltava-lhe confiabilidade e era propenso a quebrar quando sua estrutura de madeira era atingida por balas de canhão. Como tantas aeronaves soviéticas da época, uma falta de experiência e know-how na mão-de-obra disponível pós-remoções deu-lhe um desempenho deficiente e uma reputação questionável, o que resultou em ser apelidada de "caixão de mogno".

Os bombardeiros desenvolvidos pela Ilyushin incluíam o DB-3 e o 3A. A maioria era deste último tipo, um projeto que fez sua estreia operacional em 1937. Em termos de pura capacidade, este foi o melhor bombardeiro bimotor do mundo. Marcadamente mais capaz do que o He-111 da Luftwaffe, o DB-3 poderia carregar uma carga máxima de bomba de 1.100 lb e tinha um alcance de 2.500 milhas ou 1.900 milhas com uma carga de 2.200 lb. Em missões muito curtas, poderia transportar uma carga de bomba de 5.500 lb. Como parte de um programa de melhoria, o DB-3B poderia ter um alcance de 2.400 milhas e carregar um armamento defensivo de três metralhadoras e um canhão.

A Ilyushin tinha pressionado fortemente as novas tecnologias e um processo complexo de fabricação, o que comprometeu a produção, levando a atrasos na entrada do modelo em serviço. Mas, onde foi empregado, mostrou bons resultados, sendo o modelo do primeiro avião soviético a bombardear Berlim, na noite de 7/8 de agosto de 1941. Em um esforço para corrigir os problemas de produção, a Ilyushin produziu uma versão designada Il-4. Isto melhorou muito o desempenho e o modelo foi utilizado em vários ataques em Berlim. Cerca de 6.700 bombardeiros DB-3 e Il-4 foram construídos durante a guerra.

Projetados em uma prisão soviética por Vladimir Petlyakov, que havia sido preso sob uma acusação de atraso de outro projeto, o caça de escolta Pe-2 foi introduzido em março de 1941 e provou ser uma aeronave excepcional. Foi empregado no papel de bombardeiro tático, após modificações feitas durante seu desenvolvimento. Estas foram baseadas na análise russa das operações Blitzkrieg da Luftwaffe, que foram vistas como um sucesso. Petlyakov teve pouco mais de seis semanas para transformá-lo em um bombardeiro de mergulho - o que ele fez. Como aconteceu, o Pe-2 passou a trabalhar como caça de escolta, função para a qual tinha sido estabelecido inicialmente, e para realizar ataques de solo e de bombardeio convencional. Mais de 11.000 foram construídos durante a guerra. Alimentado por dois motores de pistão de 12 cilindros de 1.200 hp refrigerados por líquido, ele tinha uma velocidade máxima teórica de 360 mph, mas houve casos em que a aeronave atacando os caças alemães chegou a mais de 400 mph.

O Pe-8, por sua vez, foi o único bombardeiro estratégico russo com quatro motores produzido pela União Soviética durante a guerra. Introduzido em serviço em 1940, mais de quatro anos após seu primeiro voo, apenas 93 foram construídos para uma função que evaporou quando a guerra terrestre colocou a prioridade no apoio tático aéreo, ao invés das missões de bombardeio de muito longo alcance de alvos estratégicos alemães. Isto era contra a longa preferência russa por aeronaves de grande porte - um preconceito que tinha resultado, durante os anos entre guerras, no surgimento de vários tipos que reivindicavam registros fenomenais de distância e resistência. O tipo de guerra que os soviéticos enfrentaram depois de junho de 1941 foi, no entanto, totalmente diferente, o que tornou este tipo de aeronave menos obsoleto. No entanto, com uma carga máxima de bomba de 11.000 lb e um alcance de 2.300 milhas, o Pe-8 era único.

Neste ponto, deve-se mencionar o Tupolev TB-3, um Pe-8 contemporâneo. Tinha uma capacidade semelhante à do Pe-8, mas viu grandes perdas e teve um papel pouco expressivo. Na segunda metade de 1941, os poucos que não tinham sido destruídos pela Luftwaffe foram aposentados. Em muitos aspectos, esta aeronave era um anacronismo na medida em que foi criada a partir de suposições feitas durante a Primeira Guerra Mundial de que o bombardeiro de muito longo alcance poderia causar danos suficientes à economia de um país e à sua base industrial para torná-lo uma arma emblemática. Assim, acreditava-se que, se o Tupolev TB-3 fosse usado, poderia destruir as perspectivas de um inimigo de uma guerra sustentada. E, após a experiência daquela primeira Grande Guerra, valeria a pena investir em qualquer coisa que pudesse alcançar este fim, evitando as perspectivas de conflitos prolongados e salvando incontáveis vidas em casa. Na realidade, porém, também era muito grande e muito lento para realmente contar, lutando para alcançar uma velocidade de cruzeiro de pouco mais de 120 mph.

Após o Pe-2, o Tu-2 de Andrei Tupolev foi o mais importante bombardeiro da Força Aérea Soviética, sendo uma das aeronaves bimotoras mais úteis e adaptáveis de sua época. Admirado pelos pilotos e pela tripulação de terra, o Tu-2 tinha uma velocidade máxima de mais de 320 mph e uma capacidade para transportar uma carga de bomba de 3.300 lb ou uma carga adicional de 5.000 lb externamente. O modelo estava na fase final de desenvolvimento quando os alemães invadiram, mas, rapidamente, entrou em serviço e compartilhou com o Pe-2 os papéis de apoio ao exército e ataque que foram tão importantes para virar a maré de batalhas por terra.

Mais tarde, na guerra, a indústria aeronáutica russa se desenvolveu mais poderosamente e com projetos mais confiáveis. Inquestionavelmente capaz e em condições de igualdade com os melhores da Luftwaffe, o caça Lavochkin La-5 ostentava uma velocidade máxima de mais de 400 mph em condições ideais a partir de seus 14 cilindros, motor de 1.960 hp com pistão radial Shvetsov. Com dois canhões de 20 mm e uma capacidade para duas bombas de até 220 lb cada, era também uma aeronave de ataque terrestre confiável. No entanto, não estava em serviço até meados de 1942, quando foi muito necessária para algumas das lutas mais exigentes da guerra. Em 1944, um aprimoramento - o La-7 - chegou como o modelo de caça definitivo antes do fim da guerra.

Foi assim que, na véspera de *Barbarossa*, a União Soviética tinha 316 divisões, mais do que as 131 em janeiro de 1939, e 5,7 milhões de homens armados, mais que o dobro dos números de 1939. Durante esse período, o número de armas e morteiros aumentou de 55.800 para 117.600, e o número de tanques de 21.100 a 25.700. Em teoria, a Força Aérea Vermelha tinha 19.500 aeronaves, o que a tornava a maior força aérea do mundo, das quais, cerca de 5.540 foram implantadas em cinco distritos militares no oeste do país e consideradas disponíveis para o serviço - uma grande quantidade não estava operacionalmente adequada para o trabalho. Desse total, os alemães avaliaram que apenas 4.700 tinham o status de combate, das quais 2.850 eram de padrão moderno.

Tecnicamente, as aeronaves russas eram mais avançadas que as alemãs, mas isso foi compensado pelo fato de a VVS ainda estar em um estado de total reorganização e, também, sofrendo as consequências de purgas prejudiciais e treinamento inadequado. Os alemães também subestimaram dramaticamente o papel que a aviação civil representaria quando pressionada pelo dever de guerra de Moscou, e a capacidade de produção das fábricas de aeronaves soviéticas, desconhecendo que Stalin já tinha começado a retirar essas instalações da linha de frente e levá-las de volta para os Urais. Este movimento se aceleraria após a invasão.

HEGEMONIA

Os alemães foram à Rússia bem-preparados - para a batalha, para a ocupação e para transformar sua vasta área de terra em assentamentos onde profissionais e agrários alemães poderiam começar uma nova vida. Eles seriam ajudados nisto pelos povos nativos, que seriam transformados em escravos; Hitler considerava a escravidão como os colonos europeus, na América do Norte, tinham considerado, em um século anterior, quando exploraram a população nativa. Na verdade, Hitler era fascinado pela ocupação da América do Norte e criação dos EUA, e procurou alcançar o mesmo resultado no Leste, criando seu Grande Reich germânico. Este propósito profundamente enraizado é frequentemente evitado pelos historiadores quando examinam a reestruturação completa da demografia humana que dinamizou suas aventuras militares, mas explica a intensidade e minúcia abomináveis, a brutalidade e a natureza desumana das campanhas.

Para a Operação *Barbarossa*, a Wehrmacht mobilizou 153 divisões em quatro Grupos de Exército: Noruega, para se dirigir à Finlândia e apoiar sua luta contra a ocupação soviética; Norte, rumo aos estados Bálticos e Leningrado para selar o mar, aproximar-se e espremer os russos para fora daquela área próxima ao sul da Finlândia; Centro, direto para Minsk, Smolensk e Moscou; e Sul, para atravessar a Ucrânia para o trigo e para a Romênia, para garantir o petróleo. Nisso, foi impulsionada pela necessidade de alimentar tanto seu pessoal quanto sua indústria, e de dar espaço para uma população crescente, para a Alemanha nazista, isto era diferente de qualquer uma de suas campanhas. Ela foi definida pelo planejamento de longo prazo que estava por trás de sua execução e sua conclusão, que antecipou um estado nazista hegemônico de Ostend para o Urais, e do norte da Noruega até a costa mediterrânea do norte da África.

A intenção era que atrás da linha de frente viessem engenheiros para começar a transformação da terra; Einsatzgruppen (esquadrões paramilitares da morte) para liquidar partidários e oficiais comunistas, reunir ciganos, judeus e políticos extremistas; e a SS para filtrar a população em três grupos: aqueles com potencial de longo prazo, como escravos, para transformar a terra; pessoas menos aptas e mais velhas com algum potencial de trabalho, a ser exploradas enquanto vivessem; e os inúteis, de mente fraca e debilitados, que deveriam ser imediatamente exterminados.

Com um objetivo administrativo preponderante, tanto o exército quanto a Luftwaffe tinham responsabilidade organizacional pela localização de certas bases militares para operações mais a Leste e para estabelecer a localização de depósitos de abastecimento de terra e apoio aéreo. Os objetivos principais se concentravam em alcançar a vitória sobre a Rússia na fronteira, através da criação de um traço induzido por Blitzkrieg para o Leste, simultaneamente, em todas as frentes. A disposição das forças da Luftwaffe levou em conta a necessidade de manter as defesas contra a Grã-Bretanha e as ameaças do Sul, especificamente, ao longo do Mediterrâneo. Se o Norte da África fosse assegurado pelos britânicos, a ameaça à Itália seria intensificada. Essa preocupação havia desviado as unidades da Luftwaffe que poderiam, ao contrário, consolidar a *Barbarossa*.

A Luftflotte 1, sob a liderança do Gen Keller, porém, rapidamente substituído pelo Gen Korten, foi designada ao Grupo do Exército Norte; a Luftflotte 2, sob o comando do Gen Kesselring, deu suporte ao Grupo do Exército Central; a Luftflotte 4, sob o comando do Gen Lohr, apoiou o Grupo do Exército Sul; e a Luftflotte 5, sob o comando do Gen Stumpff, foi designada para operações especiais e equipada, principalmente, com Ju-88s, Stukas e caças Bf-109F. Em 21 de junho de 1941, a Luftwaffe tinha um complemento total de 4.882 aeronaves, das quais, 1.440 eram caças monomotores e 1.511 eram bombardeiros, dos quais, 2.770 foram mobilizados em apoio à invasão. As forças terrestres compreendiam 6.900 veículos blindados, incluindo tanques, 600.000 veículos motorizados, quase 700.000 cavalos (inestimáveis no terreno lamacento encontrado) e 3,8 milhões de homens.

A ofensiva começou quando as aeronaves da KG-2, KG-3 e KG-58 cruzaram a fronteira, e atingiram os aeroportos cruciais para limpar os céus da Força Aérea Soviética. No total, as quatro frotas aéreas montaram uma força ofensiva de 1.400 aeronaves no primeiro dia, composta de 510 bombardeiros, 200 Stukas, 440 caças, 40 destroyers e 120 aeronaves de reconhecimento de longo alcance. Esta foi uma guerra aérea em uma escala colossal através de uma vasta área terrestre e exigiria um reconhecimento atualizado para preparar as batidas, assaltos e ataques proporcionais à resistência das forças soviéticas.

Utilizando bombas de fragmentação para destruir aeronaves apanhadas de surpresa no solo, operações de bombardeio apoiaram as unidades do exército à medida que elas atravessavam a fronteira e empurravam para o Leste. Só à tarde é que a Luftwaffe encontraria qualquer aeronave russa. Quando encontravam, embora a maioria dos aviões russos fossem mais lentos que os Bf-109, eles eram mais difíceis de derrubar. Entretanto, em menos de nove horas, os russos perderam 1.200 aeronaves. No total, no primeiro dia completo de operações, os alemães destruíram 1.811 aeronaves soviéticas - 822 em combate ar-ar e 1.489 em terra, através de ataques dos Stukas e bombardeios de alto nível, que foram particularmente eficazes porque as aeronaves russas tinham sido estacionadas em filas precisas, próximas umas das outras.

Onde encontravam aviões alemães no ar, os pilotos russos lutavam como fanáticos, em várias ocasiões, empurrando fisicamente as aeronaves inimigas para uma tentativa desesperada de derrubá-las. Estes determinados pilotos causavam estragos onde quer que aparecessem, causando perdas surpreendentemente altas para uma força aérea cujos pilotos tinham sido doutrinados para acreditar que eram selvagens. No entanto, surpresa com o assalto e chocada com a intensidade da força de ataque, a resistência russa rapidamente desmoronou devido à destruição de equipamentos naquele primeiro dia.

Durante os cinco dias seguintes, a Luftwaffe conseguiu um controle quase completo do ar - que era seu propósito - e havia atingido as concentrações das tropas nos esquadrões de retaguarda, que se retiraram da frente de batalha em rápida mudança. A esta altura, as tropas alemãs estavam a 200 milhas dentro da Rússia, perto do rio Duína do Norte. No final do mês, toda a oposição soviética na região báltica havia entrado em colapso. Na frente central, a Luftwaffe entrou com várias ondas de ataques domésticos destrutivos a aeroportos e concentrações de tropas, apoiando as unidades do exército alemão em avanço. Um completo desastre para os russos ocorreu quando um enorme movimento foi realizado por duas divisões Panzer, em meados de junho, quando cercaram Białystok e se encontraram ao leste de Minsk.

Vários dias depois, na noite de 29/30 de junho, a Luftwaffe se concentrou no apoio das tropas terrestres, a JG-51 atingindo com força uma concentração de bombardeiros russos e destruindo 114, elevando para 1.000 o número total de aeronaves destruídas por esta unidade desde que as operações haviam começado, uma semana antes. Duas outras Jagdgeschwadern relataram histórias semelhantes. Depois de limparem Minsk, em 9 de julho, os alemães mantiveram em cativeiro quase 288.000 prisioneiros russos, tinham matado ou ferido pelo menos esse número, e tinham destruído mais de 2.500 tanques soviéticos. Dez dias depois, dois grupos Panzer cercaram o bolso de Smolensk, capturando mais 100.000 soldados russos junto com 2.000 tanques e 1.900 peças de artilharia de campo. Em 22 de julho, um mês após a ofensiva, 127 aeronaves Luftwaffe bombardearam Moscou, mas encontraram mais de 300 holofotes e uma barreira de artilharia antiaérea.

Foi aqui que os alemães acreditaram que tinham a derrota de todo o exército Soviético ao seu alcance, e uma análise independente na época, concluiu que este era, de fato, o caso. No entanto, houve sutis mudanças no padrão que estava se desenvolvendo. Os russos haviam retirado muitas de suas instalações de produção - fábricas que teriam sido expostas ao bombardeio alemão tinham sido movidas para fora do perigo – e, após o choque inicial, havia uma reação determinada para deter o agressor a todo custo. Foi necessário tempo para reabastecer os homens e os materiais perdidos, para construir novas aeronaves e para deter a corrida alemã para o Leste, porque, de acordo com a lenda russa, existiam dois generais russos que sempre asseguraram que nenhum invasor permanecesse e sobrevivesse na Rússia. Seus nomes eram dezembro e janeiro. Eventualmente, o inverno russo viria.

A Luftwaffe também estava sofrendo neste ponto; ela havia ultrapassado o fornecimento das linhas e estava começando a sentir as consequências. Esta não era uma situação nova: tinha sido enfrentada, anteriormente, pelo exército alemão na França, no final de maio 1940, quando seus tanques tinham parado próximos de Dunkirk, em parte, por falta de suprimentos. Quanto mais profundamente a Luftwaffe enviava suas unidades voadoras para a Rússia, mais difícil era manter o combustível e as munições fluindo. Em vários aspectos, o avanço tinha sido mais rápido do que o esperado, e a panóplia completa de apoio logístico estava sendo deixada para trás, as linhas de abastecimento estavam desgastadas e sem suporte. Unidades reportaram, em 5 de julho, que estavam secando e o efeito de ampliação e do alargamento da frente tornou isto ainda pior. À medida que as perdas aumentavam, os recursos diminuíam e o comprimento da linha de frente crescia. Onde haviam sido 1.000 milhas no início da campanha aérea, no final do ano a frente se estendeu por quase 1.900 milhas, de Rostov-on-Don a Murmansk, abraçando uma área de conflito aéreo através de quase 580.000 milhas quadradas - mais do que a área da Espanha, da França e das Ilhas Britânicas combinadas.

O que estava ficando claro era que a cadeia de fornecimento flexível, imposta para a campanha francesa de 1940 não era aplicável a este campo de guerra em 1941. O apoio ao avanço do exército, às unidades de caças e bombardeiros precisava mover-se no ritmo dos escalões avançados. Mas, o transporte ao redor de grupos inteiros, que consistiam em muitos esquadrões e unidades, não era tão fácil quanto mergulhar para a frente em uma Blitzkrieg. As perdas começaram a ser acumuladas e as aeronaves não puderam ser reparadas devido à falta de peças de reposição e instalações de oficinas. Em 12 dias durante o mês de agosto, um Fliegerkorps relatou a perda de 10% de suas aeronaves com 54% danificadas, mas reparáveis. No total, em meados de agosto, os elementos operacionais da Luftwaffe, na Rússia, haviam perdido 3,9% de sua tripulação aérea mortos, 5,7% feridos e 2,9% desaparecidos - um nível de baixas total de 12,5%.

PARALISAÇÃO

Após uma breve pausa nas operações, permitindo que os elementos de fornecimento logístico alcançassem os exércitos adiantados, o avanço foi retomado no final de agosto, com a Luftwaffe aderindo à cadeia de fornecimento flexível, que ainda era modelada em suas operações na França. Isto pode ter sido plausível para o noroeste da Europa, mas era inadequado para a frente leste. Surgindo para a frente no Sudeste, os vários grupos do exército Wehrmacht começaram a convergir e alinhar-se, encerrando em uma vasta área ao redor de Kiev e capturando mais 655.000 prisioneiros russos. O progresso dependia, agora, do clima e das condições locais. Hitler havia modificado o plano e, em vez de correr para Moscou, o Grupo do Exército Central havia se dividido em dois, para apoiar seus exércitos paralelos, ao Norte e ao Sul. Enquanto o Grupo do Exército Norte tinha garantido os territórios do noroeste da União Soviética e colocado Leningrado (atual São Petersburgo) sob o cerco, o Grupo do Exército Sul tinha dizimado a resistência na direção geral da Ucrânia e da Romênia. Hitler reorientou o esforço no Grupo do Exército Central, se movendo para tomar Moscou. A Luftwaffe deveria desempenhar um papel vital em empurrar para o Leste, para completar a rota dos elementos aéreos e terrestres russos.

O avanço principal para Leste foi retomado em 30 de setembro, com os Panzers do Gen Guderian se deslocando da Ucrânia e pressionando em direção a Orel. Dois dias depois, a principal ofensiva alemã começou, apoiada por 1.387 aeronaves. O movimento foi tão rápido que os russos não tiveram tempo de preparar uma defesa. Até 5 de outubro, as aeronaves russas de reconhecimento observaram uma coluna alemã com 15 milhas de comprimento avançando ao longo da rodovia Smolensk-Moscou. Em ordem rápida, apoiada por um ataque intenso no ar, as regiões ao redor de Bryansk e Vyazma foram cercadas e mais 658.000 prisioneiros russos foram capturados.

Conhecida como Operação *Typhoon*, a marcha sobre Moscou progrediu lentamente, com as tropas se deparando com um território cada vez mais desfavorável e alagado. Aeronaves atolaram e não conseguiam decolar. As faixas rudimentares de terra em que as operações aéreas tinham sido montadas apenas semanas antes, se tornaram armadilhas para as rodas, diminuindo de 1.000 incursões diárias para 559 em 8 de outubro e para meras 269 no dia seguinte. Além disso, a melhoria do fluxo de combustível, munições e provisões ficou muito aquém de satisfazer os requisitos das cadeias de abastecimento logísticas alemãs. A OKW havia simplesmente se recusado a aceitar que esta era uma parte importante de seu planejamento, e a falta de provisão mostrou a capacidade reduzida para continuar com a mesma intensidade.

Em uma tentativa de deter o avanço para o Leste, engenheiros do exército russo explodiram a fábrica de água da Ístria em 24 de novembro, inundando mais de 30 vilarejos. Estes foram rapidamente submersos, inchando dois grandes rios a partir dos seis reservatórios que foram drenados neste processo. Apesar de a perda de vidas russas naquelas vilas ter sido significativa, a ação desempenhou um papel importante para atrasar o avanço alemão com o inverno chegando. As expectativas alemãs de que os russos seriam derrotados eram ainda maiores, confundindo-os ainda mais quando Stalin transferiu 1.500 aeronaves, juntamente com 18 divisões e 1.700 tanques do Extremo Oriente, junto com 1,1 milhões de homens. Apesar disso, as forças russas ainda superaram o exército alemão naquela área.

No entanto, havia vantagens significativas para os russos: suas tropas estavam acostumadas às condições abaixo de zero; seus motores, tanto para veículos quanto para aeronaves funcionavam com combustível de fontes locais, as quais os alemães não podiam utilizar; suas aeronaves eram projetadas para operar em condições de congelamento; e os extremos do inverno restringiram a logística para chegar à linha de frente alemã. À medida que o clima piorava e o solo congelava, proporcionando melhor tração para as rodas e as esteiras dos tanques, as operações melhoraram um pouco, mas este foi apenas um descanso temporário do declínio inevitável da sorte para a Wehrmacht.

À medida que o exército se dirigia para Moscou, a Luftwaffe se tornava cada vez menos importante, enquanto as forças aéreas russas encontravam energia ressurgente e pressionavam fortemente sobre o exército alemão. Uma contraofensiva do General Zhukov ameaçou desmontar toda a frente, mas a resiliência operacional da Luftwaffe diminuiu e as taxas de disponibilidade de aeronaves caíram para 40% para a força de bombardeio e permaneceram perto de 53% para todos os tipos.

Quando as operações foram interrompidas, em dezembro de 1941, as perdas para ambos os lados eram colossais. Cerca de 21.000 aeronaves civis e militares russas haviam sido destruídas, contra 3.800 aeronaves e 13.700 pessoas perdidas para a Luftwaffe, das quais 8.400 homens foram feridos e repatriados. Mais ferimentos foram causados aos alemães pelo inverno (-38º C) - o pior em todo o continente europeu naquele século - do que pela ação inimiga.

Entre o ataque de 22 de junho e 1 de novembro de 1941, a Luftwaffe sofreu perdas médias de 741 aeronaves por mês, aproximadamente, 30% do total da força média mensal de 2.462 aeronaves. Contra uma força mensal média da tripulação de 2.963 homens, as perdas foram de cerca de 318, quase 11%, com uma perda total de quase 43% ao longo desse período de quatro meses. Enquanto a taxa de desgaste foi superior à média mensal durante a Batalha da Grã-Bretanha, o gotejamento contínuo de baixas semanais estava drenando o ciclo de substituição de novas aeronaves que saíam das linhas de produção. O que tinha sido insustentável durante os quatro meses do conflito sobre a Grã-Bretanha estava se tornando igualmente insustentável em relação à Rússia.

A produção de aviões alemães estava atrasada em relação às exigências. Apesar da ferocidade de sucessivos conflitos desde a invasão da Polônia até a campanha da Rússia, não houve grande aumento nas cotas ou nas estruturas de aeronaves entregáveis. A indústria tinha produzido 10.247 aeronaves de todos os modelos em 1940, aumentando para apenas 12.401 em 1941. Nesse mesmo ano, a Luftwaffe tinha perdido aproximadamente 12.000 aeronaves. Em geral, as perdas eram inferiores aos níveis de produção.

A queda nos estoques de unidades sustentáveis e a alta taxa de atrito resultou em uma força real de cerca de 4.300 aeronaves em comparação com quase 5.300 autorizadas, e uma perda total em 1941 de 5.000 aeronaves, ou 115% da força atual. Quando avaliado nestes termos, o inevitável desaparecimento da potência aérea alemã era inquestionável - uma realidade que foi confirmada pelo quase total esgotamento da força de bombardeios. A partir de uma força autorizada de 1.950 bombardeiros, a Luftwaffe tinha apenas 468 em serviço em 6 de dezembro de 1941.

A responsabilidade por este quadro terrível estava diretamente sobre os ombros da má administração exibida por Ernst Udet, com a culpa adicional de Göring e do chefe de operações da Luftwaffe, Hans Jeschonnek. Pouca orientação tinha sido dada aos fabricantes e houve um sentimento geral de apatia em relação às consequências iminentes da falta de cotas ao longo das mais urgentes categorias de aeronaves de combate.

UM MUNDO EM GUERRA

Enquanto os alemães se reagrupavam, mantendo a linha contra um ressurgente desafio e uma consolidação credível das forças russas na defesa de Moscou, os acontecimentos estavam se movendo rapidamente em direção ao envolvimento dos EUA – mas, em um campo de guerra longínquo, forçado por um ataque preeminente do Japão. Desde julho 1937, a China esteve envolvida em uma guerra com o regime militarista de Tóquio e um governo firmemente determinado a dominar o leste e sudeste Asiático, lutando por recursos e materiais para apoiar uma população em expansão e uma base industrial em crescimento.

Durante vários anos, o Japão seguiu uma política imperial estrangeira estritamente nacionalista, exigindo acesso a alimentos, materiais e mão-de-obra, o que não era capaz de fornecer em quantidades suficientes para o crescimento nacional. Durante os seis anos que antecederam o ataque à China, o Japão tinha orquestrado escaramuças e ações armadas para provocar a China, que nesta fase estava passando por sua própria luta entre o governo e um crescente movimento comunista energizado pela atividade rebelde dentro do país e uma guerra civil orquestrada por seu líder revolucionário Mao Zedong. Durante séculos, presa das ambições imperialistas dos países europeus e dos EUA, a China foi formada por um conjunto de províncias separadas e semiautônomas, e faltava músculo industrial e coesão interna dos países que buscavam explorar suas fraquezas, políticas e militares.

A invasão da China pelas forças terrestres e aéreas japonesas começou em 7 de julho de 1937, ajudadas pelo poder aéreo do Japão. Incidentes infames na capital Nanjing, em 1937, e o estupro da população feminina de Nanking, condenaram os japoneses aos olhos do mundo, mas isso significava conquistar o governo nazista na Alemanha, que professava objetivos comuns de erradicar as raças inferiores para limpar o espaço para aqueles que consideravam grupos raciais superiores. Isto estava no âmago da hegemonia do Japão em toda a região até 1945 e resultaria nas duas potências - Alemanha e Japão - unindo-se dentro do Eixo, que já incluía o governo fascista da Itália enganchado em Hitler. Isto foi benéfico para a Alemanha; o Japão estava bem equipado tecnicamente para levar o conflito a um campo mais amplo do que somente a China e tinha uma história orgulhosa na engenharia aeronáutica.

Reconhecendo o aumento da aviação experimental, que desabrochou em toda a Europa em 1908, em 1910, o Capitão Kumazo Hino e o Capitão Yoshitoshi, do exército japonês, foram enviados para a França para aprender a voar. Alguns aviões franceses foram, então, importados ao Japão para que os engenheiros pudessem iniciar a adaptação de projetos estrangeiros e utilizá-los para tutoriais de voo. De 1910 a 15, os projetos japoneses substituíram os tipos estrangeiros e três fabricantes passaram a dominar a produção: Mitsubishi e Kawasaki, que começaram como departamentos de aviação separados das empresas controladoras, e Nakajima, que foi financiada pela família Mitsui como uma empresa emergente.

Até o início da década de 1930, estas empresas dependiam fortemente de modelos importados da França, Grã-Bretanha e Alemanha, e seus engenheiros e técnicos foram estudar nos EUA antes de voltar para casa. Projetadas de forma independente, as aeronaves japonesas começaram a emergir em 1936, alimentadas pelas ambições imperialistas do governo e seu estabelecimento de defesa bélica. No ano seguinte, a indústria estava velada pelo sigilo e houve um crescimento considerável em sua capitalização. Também foi aprovada pelo governo uma lei que estipulava a capitalização licenciada da operação e controle de equipamentos e da produção. Um grande impulso de expansão em março de 1941 precedeu, em 17 de outubro de 1941, a nomeação de Hideki Tojo como Primeiro-Ministro - o arquiteto dos crimes de guerra e atrocidades nos anos que se seguiram.

Os japoneses produziram 445 aeronaves em 1930, expandindo para 952 em 1935, mas a produção de 1941 havia disparado para mais de 5.000 estruturas aéreas. Atingiria um pico de 28.180 em 1944. O emprego na indústria aeronáutica japonesa era de aproximadamente 230.000 em 1941, mas alcançaria 820.000 até agosto de 1945, dos quais, 545.000 eram fabricantes de estruturas aéreas e o restante produtores de motores e hélices. De longe, a maior produção vinha de Nakajima, que construiu 37% de todas as aeronaves japonesas de combate, seguida pela Mitsubishi, com 23% e pela Kawasaki, com quase 15%. O restante era distribuído entre uma ampla gama de fabricantes. Em termos de rendimento de motor, a Mitsubishi liderou com quase 36% dos 41.534 motores produzidos entre 1941 e 1945, seguida por Nakajima (31%) e Hitachi (11,6%). Aqui, também, o restante foi feito por fabricantes menores.

A notável ascensão da indústria de aviação japonesa foi construída quase inteiramente no projeto e fabricação de aeronaves militares, estimulada por influência britânica. Quando os fabricantes britânicos de aeronaves caíram em tempos difíceis, no final da guerra de 1914-18, quando o governo terminou sumariamente as ordens de produção sem compensação, eles se voltaram para mercados de exportação para substituir a receita perdida. Como um aliado da Grã-Bretanha, França e EUA, o Japão foi um cliente lucrativo para as aeronaves existentes e, sendo uma nação marítima como a Grã-Bretanha, foi atraído pela aeronave da Royal Naval Air Service. Encorajado a desenvolver aviação naval, o Japão comprou aeronaves da Grã-Bretanha e utilizou a experiência britânica com a aviação naval para criar sua própria frota de bombardeiros. O que eles usariam, mais tarde, para atacar bases americanas no Pacífico a partir de dezembro de 1941.

Influenciado pela organização britânica de poder terrestre e marítimo, o Japão desenvolveu tanto as forças aéreas do exército como da marinha, a primeira situada em bases terrestres e a segunda, em navios e instalações em terra. Cada uma passou por uma variedade de mudanças de nome, mas em qualidade e quantidade de equipamentos a Força Aérea da Marinha Japonesa foi a força naval mais forte e influente durante a Segunda Guerra Mundial. Ambos os serviços de 1937 apoiaram o crescimento em tamanho e em reequipamento das atividades militaristas contra a China e a preparação para a expansão para o Sul, em dezembro de 1941.

Tecnicamente, tanto as forças aéreas do exército como da marinha estavam bem equipadas, altamente treinadas, fanaticamente motivadas e apoiadas com aeronaves tecnicamente avançadas. Muito numerosa para identificar em detalhes aqui, a descrição do tipo é melhor contada através da evolução das operações de guerra aérea à medida que aeronaves diferentes eram empregadas para operações. A primeira e mais popular delas foi o ataque naval a Pearl Harbor, em 7 de dezembro de 1941, um dia em que o presidente Roosevelt declarou ao mundo "uma data que viverá na infâmia". Era uma ação que levaria a guerra estratégica a ambos os hemisférios e que evidenciaria a maior expansão da potência aérea do século XX.

CAPÍTULO 12
Um Choque de Porta-Aviões

QUANDO OS EUA entraram em guerra com a Alemanha e o Japão, em 1941, estavam infinitamente mais bem preparados para se juntar aos Aliados em uma luta contra o totalitarismo do que em 1917. Eles provaram ser uma força formidável - uma força que desenvolveria o poder aéreo naval para um novo nível e veria a introdução dos porta-aviões como o novo carro-chefe da força naval, substituindo os navios de guerra que tinham sido pioneiros em uma corrida armamentista na virada do século.

A guerra veio para os EUA após o ataque a Pearl Harbor pelo Japão, em 7 de dezembro de 1941 - um ato precipitado por um embargo dos EUA ao comércio do Japão em retaliação por sua invasão à China continental, quatro anos antes. Preocupados com as pressões sobre os recursos financeiros e materiais que resultaram de suas ações militares, muitos altos líderes políticos e militares japoneses argumentaram contra uma fuga para o Sul para ocupar países do sudeste asiático, incluindo a Indochina francesa, Vietnã, Camboja, Tailândia, Birmânia, Malaia, Cingapura e Filipinas. Apesar disso, uma ofensiva agressiva para assegurar os vastos recursos que poderiam alimentar a economia do Japão, crescer o oriente em relação aos ocidentais e controlar as vias marítimas que mantiveram o Império Britânico próspero, provava ser uma opção muito atraente, mesmo considerando o risco de fracasso. E, ainda assim, o reconhecido poder dos EUA e seu potencial de fabricação e produção nunca estiveram muito longe do pensamento dos encarregados de planejar as grandes invasões de terras ao Sul. De fato, a ameaça imposta aos EUA foi considerada tão grande que Adm Yamamoto foi instruído a planejar e dar um golpe final na frota americana no Pacífico em sua base em Pearl Harbor, situada no Oceano Pacífico, a oeste das Ilhas Havaianas.

O Japão vinha se preparando para tal guerra há algum tempo e tinha os meios para realizá-la. Reconhecendo que nem os EUA, nem a Grã-Bretanha tinham poder aéreo significativo na região, o Japão recorreu a suas forças navais para atacar de forma rápida e decisiva em uma tentativa de remover a ameaça imediata imposta pelos porta-aviões americanos. Não foi uma falsa expectativa de que o sucesso poderia ser assegurado e os americanos poderiam ser despejados; o Japão tinha a terceira maior marinha do mundo e, ao contrário da Grã-Bretanha e dos EUA, suas forças marítimas estavam concentradas regionalmente em vez de espalhadas em todo o mundo, defendendo seus respectivos interesses. Com 12 navios de batalha, 20 porta-aviões (15 dos quais eram grandes porta-aviões da frota), 18 cruzadores pesados, 28 cruzadores leves, 195 submarinos e 349 contratorpedeiros, a Marinha Imperial Japonesa era uma montagem impressionante do poder naval - no papel.

Mas, as guerras não são ganhas apenas com estatísticas, e as divisões políticas e de lideranças entre os braços aéreos do exército e da marinha - alimentadas por um intenso ódio um ao outro - causaram problemas. Cada um alegou ter uma capacidade superior para a realização de tarefas militares. No entanto, quando se trata disso, o planejamento racional antes da guerra foi para uma distribuição eficaz em ordem de batalha e no campo, e não foi apoiado pelos japoneses na realidade. Onde no planejamento havia sido especificado que cada unidade aérea deveria ter um terço adicional do complemento de equipamento utilizado operacionalmente, para suportar as perdas e os níveis inevitáveis de desgaste dos homens e materiais essenciais, nenhuma dessas reservas foi designada para as unidades de combate. Ali, também, não havia unidades de manutenção dedicadas aos grupos de combate operacionais e havia uma total falta de compreensão sobre como implantar aeronaves de combate em países pobres e subdesenvolvidos que careciam de aeroportos adequados, de instalações de apoio ou da infraestrutura essencial para a manutenção das capacidades operacionais. Tudo isso veio para assombrar os comandantes operacionais e condenar o Japão ao fracasso em suas aspirações às forças armadas à medida que se deslocava para o Sul, para países menos desenvolvidos.

MUDANÇA TRANSFORMACIONAL

O desenvolvimento dos porta-aviões em máquinas de combate eficazes e autônomas ocorreu lentamente durante os anos entre guerras, embora o Japão tenha reconhecido o valor inerente de desacoplar o porta-avião de seu papel principal como plataforma para reconhecimento, recarga de armas, trabalho antissubmarino e funções antiaéreas para impedir que um inimigo fizesse o mesmo com suas próprias forças. A aviação naval, portanto, tornou-se uma ferramenta proativa, em vez de parte de um sistema de defesa reativa. Este valor mais alto colocado em porta-aviões tornou imperativo que os japoneses realizassem um ataque naval para neutralizar as forças inimigas e reduzissem a ameaça a sua própria frota. Ao contrário dos oponentes americanos e britânicos, isso forçou as especificações das aeronaves embarcadas japonesas para que se transformassem em aeronaves mais leves, com maior alcance, para que pudessem estender seu raio de operação.

Uma parte importante deste conjunto de doutrina de porta-aviões, aeronaves e de caças era o uso da força aérea em massa a partir do mar. Isto resultou na integração de todos os porta-aviões japoneses em uma única Frota Aérea em abril de 1941. Conhecida como Kido Butai, compreendia três divisões de porta-aviões e era completamente diferente da americana, cujas divisões de porta-aviões estavam ligadas administrativamente, mas não operacionalmente. Sob a Kido Butai, dois porta-aviões em cada divisão poderiam trocar aeronaves e tripulações, e operar como uma única entidade. Todas as três divisões poderiam ser levadas a cabo com um único objetivo, aumentando, assim, a energia aplicada na Força Aérea. Na verdade, a quantidade de poder de fogo que poderia ser concentrada em um único alvo era sem precedentes.

Yamamoto estava convencido de que qualquer expansão territorial incorreria na ira dos EUA. Por esta razão, ele insistiu, contra os conselhos céticos do gabinete de guerra de que um ataque à central do Pacífico era vital para neutralizar o poder de transporte dos EUA. Acreditando que era inevitável que o Japão tivesse que lutar contra a América em algum momento, disse que era melhor dar o primeiro golpe e enfraquecer o inimigo. Ao fazer isso, suas ações transformariam uma aposta regional de território em uma grande guerra com a mais poderosa economia - um instrumento de grande produção, capaz de superar o desempenho da relativamente restrita base de recursos japoneses.

Foi dada prioridade, no entanto, à segurança das vastas reservas de petróleo do leste holandês, das Índias e dos campos britânicos mais ao Sul, dando um golpe de misericórdia ao imperialismo britânico, e à tomada de Cingapura, então, a maior rede de comunicação do mundo e o centro do poder naval britânico, que defendia os interesses na região. Por fim, o Japão procurou ejetar a Marinha Real do Oceano Índico ao tomar sua base na ilha do Ceylon (atual Sri Lanka). Assim, Yamamoto planejava dividir suas forças, despachando a Kido Butai com seus seis porta-aviões, juntamente com a escolta de navios de guerra, para uma operação contra Pearl Harbor, e enviar a segunda e a terceira frotas para o Sul, para apoiar

Fotografados de uma das aeronaves atacantes, bombardeiros japoneses atingiram a base naval americana em Pearl Harbor, em 7 de dezembro de 1941, trazendo os Estados Unidos para a guerra. Marinha dos EUA.

as invasões de terra contra os britânicos. Ele pretendia manter a primeira frota em águas domésticas, como um reserva estratégica, e basear a quinta frota em Truk, em posição de defender as operações no Pacífico Central, enquanto a sexta defendia as águas do norte do Japão.

Yamamoto vendeu a ideia para o General do Estado-Maior da Marinha, destacando aos militares a vantagem que tinha sob a forma de seis porta-aviões e 414 aeronaves de combate, que poderiam ser usadas para neutralizar a capacidade da Marinha dos EUA de responder às invasões de terra no sudeste da Ásia. Mas, a estratégia de Yamamoto diferiu da estratégia da Kido Butai, que queria destruir os porta-aviões em vez dos navios de guerra. Yamamoto via o ataque não apenas como um ataque incapacitante contra a Marinha dos EUA, mas, também, como uma forma de um golpe desmoralizante para a liderança política americana, acreditando que sua política isolacionista impediria a intervenção dos EUA na região. Para fazer isso, sentiu que eles deveriam atacar os navios de guerra e outros navios, que eram mais valorizados pelos americanos do que os porta-aviões, impondo, assim, a priorização dos porta-aviões no pensamento americano. O General do Estado-Maior da Marinha decidiu seguir o plano de Yamamoto e, em 7 de dezembro de 1941, cerca de 350 aeronaves de combate japonesas participaram de uma sucessão de ataques à frota americana no porto.

A primeira onda começou às 7h48 da manhã e envolveu 183 aeronaves, em três grupos. Estas, incluíam 49 bombardeiros Nakajima B5N, equipados com 1.760 lb bombas blindadas, que foram lançadas de 10.000 pés; e 40 bombardeiros B5N equipados com torpedos. O segundo grupo atingiu a Ilha Ford e Wheeler Field com 51 bombardeiros Aichi D3A, cada um lançando uma bomba de 500 lb de uso geral. O terceiro grupo era composto por 43 caças Mitsubishi A6M Zero, que estavam presentes para controlar os céus e conduzir o alinhamento dos alvos terrestres. Ironicamente, a primeira onda tinha sido captada pelos EUA no radar a uma distância de 156 milhas, mas, pensando que seriam Boeings B-17 antecipados, chegando do continente americano, ela foi ignorada.

A segunda onda também consistiu em três grupos de aeronaves, o primeiro dos quais com 54 B5Ns carregando bombas de uso geral de 550lb e 132lb, o segundo com 78 D3As com bombas de 550lb e o terceiro com 35 caças Zero.

Em uma ação que durou apenas 90 minutos, 2.403 americanos foram mortos e 1.178 feridos. Quatro navios de guerra foram afundados, quatro danificados e nove outros foram amplamente danificados. Os EUA perderam 188 aeronaves com mais 159 danificadas. O lado japonês do balanço viu 64 mortos com a perda de 29 aeronaves e 74 danificadas, cinco submarinos perdidos e os membros da tripulação de um deles capturados.

Um terceiro ataque especificamente destinado aos depósitos de combustível e munições também foi considerado. Devido à natureza consolidada da base e sua importância vital para as operações dos EUA no Pacífico, isto poderia, de fato, ter sido uma perda maior do que as causadas pelas duas primeiras ondas. No entanto, embora lógico, um terceiro ataque teria levado um tempo considerável para ser montado, dado o reabastecimento e o rearmamento das aeronaves nos porta-aviões que estavam envolvidos. E mais, a situação do combustível dos navios japoneses era bastante crítica, e a resistência dos EUA à segunda onda tinha sido considerável. Ambos os fatores prejudicaram o argumento para um terceiro ataque, que teria deixado tanto os porta-aviões como as aeronaves vulneráveis a um contra-ataque americano. Adm Chuichi Nagumo, no comando da Kido Butai, portanto, optou por retirar a frota e, ao fazê-lo, deu uma oportunidade para que os americanos respondessem rapidamente.

Para os EUA, o ataque poderia ter sido muito pior. Naquela época, oito dos nove navios de guerra norte-americanos designados para a Frota do Pacífico estavam atracados no porto, mas, três porta-aviões - *USS Saratoga*, *USS Lexington* e *USS Enterprise* - estavam no mar em operações previamente planejadas. Os porta-aviões *Yorktown, Ranger, Hornet, Long Island* e *Wasp* também estavam ausentes, em várias operações no Oceano Atlântico ou ao largo da costa leste. Se algum deles estivesse em Pearl Harbor, provavelmente, também teria sido destruído. No fim, todos os porta-aviões estavam intactos e sem danos. Este fato ajudou a energizar uma resposta americana, resultando em ações na Batalha do Mar de Coral, em maio de 1942, e na Batalha de Midway, no mês seguinte, as quais foram um golpe decisivo na Marinha Imperial Japonesa e em sua frota aérea maciça.

Enquanto isso, após o ataque a Pearl Harbor, a marinha japonesa dividiu sua campanha em duas fases operacionais distintas: a primeira envolveu a tomada de áreas principais, incluindo Filipinas, Malásia Britânica, Bornéu, Birmânia, Rabaul e as Índias Orientais Holandesas; a segunda pretendia o controle de vastas faixas do Pacífico, incluindo a ocupação da Nova Guiné, Nova Bretanha, Fiji, Samoa e a área ao redor da Australásia, como as Ilhas Salomão. A primeira fase foi de acordo com o plano e os japoneses ocuparam Guam em 8 de dezembro, as Ilhas Gilbert em 9-10 de dezembro e as Ilhas Wake em 22 de dezembro. Com os exércitos japoneses avançando ao Sul, apoiados por seus bombardeiros, Cingapura caiu em 15 de fevereiro, pondo um fim à presença dominante da influência britânica no sudeste da Ásia.

Ao longo destas ofensivas, o poder aéreo desempenhou um papel decisivo, e a terra que foi ocupada passou a ser defendida com vigor igual àquele com o qual foi tomada. Em seu grande ataque final, como parte da primeira fase operacional, em abril 1942, os japoneses enviaram cruzadores pesados para o Oceano Índico. Aqui, os porta-aviões apoiaram uma grande campanha naval que viu ataques a Colombo e Trincomalee, em Ceylon. No entanto, embora os aviões tenham afundado o porta-aviões britânico HMS *Hermes*, os golpes que a frota japonesa recebeu da Marinha Real diminuiu as forças que teria disponíveis para a Batalha do Mar de Coral, em maio.

Para apoiar a segunda fase de seus objetivos, as forças navais japonesas varreram o Mar de Coral, uma área ao sudoeste das Ilhas Salomão, no Pacífico Sul, utilizando porta-aviões da Kido Butai. A operação envolveu um desembarque em Tulagi, que foi alcançado em 3 de maio, e um desembarque planejado em Port Moresby, que foi programado para sete dias depois. O plano geral era complexo, intrincado em seus detalhes e exigiu sequências precisas, dispostas em um quadro de manobras demasiadamente sofisticado. Envolveu 60 navios liderados pelos porta-aviões *Shōkaku* e *Zuikaku*, com vários navios de guerra e uma força de 250 aeronaves, das quais, 140 estavam nos dois porta-aviões primários e no porta-aviões leve *Shōhō*. No entanto, tendo sido reempregado na perseguição à frota Imperial, o porta-aviões americano *Yorktown* apareceu e atingiu a força de ataque, enquanto os porta-aviões americanos e japoneses se esforçavam para encontrar um ao outro.

Em 7 de maio, as forças dos porta-aviões se enfrentaram. Cada lado despachou prematuramente aeronaves, os americanos afundando o *Shōhō*, mas os japoneses errando seus alvos. No dia seguinte, com cada lado plenamente consciente da posição das forças do outro, 69 aeronaves dos porta-aviões japoneses encontraram e afundaram o *Lexington* e danificaram o *Yorktown*. No lado japonês, o *Shōkaku* foi severamente danificado e, enquanto *Zuikaku* escapou ileso, suas perdas de aeronaves foram elevadas - um fato que fez os japoneses recuarem e abortarem os planos de desembarque em Port Moresby.

Tendo sido esgotadas pelo confronto com a Marinha Britânica no Oceano Índico, as forças japonesas estavam, agora, severamente danificadas. Isto deveria ter consequências que só se tornariam evidentes mais tarde. Na verdade, esta foi a última vez que a Kido Butai operou como uma única unidade de ataque. Sua dispersão deu aos Estados Unidos um breve espaço para respirar para o próximo encontro, o que seria determinante.

UM GOLPE DECISIVO

Estas ações nos oceanos Pacífico e Índico foram as primeiras batalhas aéreas travadas entre os porta-aviões no mar. Elas deslocaram o papel estratégico dos navios de guerra, que há 40 anos detinham a preeminência no poder naval, para porta-aviões com aeronaves que se engajavam diretamente umas contra as outras. As formas de travar uma guerra aérea no mar eram muito diferentes das operações entre forças aéreas baseadas em terra. O sucesso dependia, em grande medida, das capacidades robustas de dois componentes: o porta-avião e a aeronave que operava. No caso do envolvimento do Mar de Coral, *Shōkaku* foi desativado como embarcação de combate e a frota aérea do *Zuikaku* foi dizimada, não deixando nenhum dos porta-aviões aptos para a ação. Isto significava que eles não estavam aptos a apoiar compromissos na Batalha de Midway - sem dúvida, o exemplo seminal de como o poder aéreo da marinha tinha crescido e suplantado o papel dos grandes navios capitais.

Ambos os lados reconheceram o papel que a Midway teria no futuro da guerra no Oceano Pacífico. Para os japoneses, era uma tentativa de destruir o poder naval americano na região para todos os tempos e lhes dar o controle total do Oceano Pacífico. Para os americanos, era uma batalha crucial para impedir uma maior expansão dos japoneses, derrotando sua marinha e impedindo que seu poder aéreo pudesse ferir as forças norte-americanas. Mas, aqui, mais uma vez, as táticas japonesas foram manchadas pelas complicações, assim como a fato de que eles dependiam de uma força esgotada de apenas quatro porta-aviões da Kido Butai para suavizar as defesas dos EUA e colocar em terra 5.000 soldados.

Na esperança de neutralizar as defesas aéreas em Midway, através de um ataque surpresa, como em Pearl Harbor, o destino do Japão se resumiu, novamente, à força aérea disponível, ao uso das aeronaves envolvidas, e à forma como a ofensiva foi gerenciada.

A urgência em dar um golpe mortal nos EUA tinha sido exacerbada por um ousado ataque aéreo a Tóquio sob o comando do Tenente-Coronel James Doolittle, realizado em 18 de abril de 1942. Indignado pelo ataque a Pearl Harbor e ao ouvir que seriam necessários vários meses para levar as forças norte-americanas a uma postura ofensiva, o Presidente Roosevelt ordenou uma batida de choque - apelidada de "Ataque Doolittle" - na capital japonesa usando bombardeiros Mitchell B-25 americanos lançados a partir de um porta-avião. Despojados de todos os equipamentos essenciais, incluindo armamento defensivo, e com o dobro do combustível usual de carga, o plano era transportar essas aeronaves terrestres para dentro do alcance do Japão e enviá-las em uma missão unidirecional; a intenção era que elas aterrissassem na China depois de voar além do Japão, já que não era possível recuperar os B-25 ao USS *Hornet*. Quinze das 16 aeronaves despachadas bombardearam Tóquio e voaram cerca de 13 horas após a decolagem, tendo voado 2.590 milhas. Uma aeronave saiu da rota e pousou na União Soviética.

Inicialmente, Yamamoto preferiu a ideia de conduzir um golpe final contra os americanos retornando a Pearl Harbor, mas o aumento da implantação de aeronaves após o ataque inicial tornou este plano arriscado demais. Em vez disso, ele decidiu estabelecer uma linha externa de defesa perimetral através das Ilhas Midway. Situadas a 1.300 milhas a noroeste de Pearl Harbor, as ilhas Midway estavam a pouco mais de 2.500 milhas de Tóquio. Não apreciando muito a singular natureza do ataque Doolittle, realizado nos limites da capacidade e improvável de continuar, Yamamoto preocupou-se que, se Midway não fosse tomada, as aeronaves terrestres poderiam atacar novamente o Japão.

Acreditando que poderia atrair os americanos para uma armadilha, Yamamoto procurou impor o máximo dano psicológico ao tomar simultaneamente duas das Ilhas Aleutian. Como ele não queria que os americanos desviassem recursos navais para defender aquelas ilhas do norte entre a Rússia e o Alasca, essa operação era para ser uma surpresa. Yamamoto estava confiante de que poderia atrair todos os ativos primários dos EUA no Oceano Pacífico para um único local e entregar um destrutivo golpe em Midway. No entanto, no caso, os números não estavam do lado de Yamamoto. Dois porta-aviões japoneses, seis cruzadores e 12 contra-torpedeiros foram designados para o Aleutian, 1.400 milhas ao Norte, diluindo, assim, as forças japonesas disponíveis para Midway.

Os americanos tinham 26 navios, incluindo três porta-aviões (*Enterprise*, *Hornet* e *Yorktown*), e 233 aeronaves, complementadas por mais 115 na própria Midway. A Kido Butai de Yamamoto, pelo contrário, reuniu 20 navios, incluindo quatro porta-aviões (*Kaga*, *Akagi*, *Hiryū* e *Sōryū*), e suas 248 aeronaves. Devido aos eventos na Batalha do Mar de Coral, apenas um dos principais porta-aviões japoneses (*Akagi*) estava disponível.

A batalha começou antes do amanhecer de 4 de junho, quando o Adm Nagumo lançou 108 aeronaves, das quais, 72 eram bombardeiros D3A e B5N e caças Zero. Estes atacaram a própria Ilha Midway, mas não conseguiram destruir as defesas. As aeronaves americanas baseadas em Midway decolaram uma hora depois que os japoneses lançaram suas aeronaves, seguidas no ar por 116 aeronaves baseadas em porta-aviões a caminho do ataque à frota japonesa. As aeronaves terrestres americanas não atingiram nada, mas Nagumo decidiu recuperar suas próprias aeronaves e preparar-se para um ataque contra os porta-aviões americanos.

Esta foi a primeira falha no plano de Nagumo. Os bombardeiros de mergulho dos EUA já estavam no ar e rumo a ele, o que significa que, quando os três porta-aviões japoneses fossem atingidos, eles teriam a bordo aviões abastecidos e rearmados, o que, rapidamente, seria um inferno. Somente o *Hiryū* permaneceu ativo e capaz de lançar um contra-ataque, o que colocou o *Yorktown* fora de ação. Mais tarde, naquele dia, o *Hiryū* também foi afundado por bombardeiros lançados pelos EUA.

O plano de invasão de Midway foi devidamente abandonado e Yamamoto se retirou. Além dos quatro porta-aviões da frota que haviam sido afundados, os japoneses perderam um cruzador pesado, outro foi severamente danificado e 248 aeronaves foram destruídas com 3.057 homens mortos. Além do *Yorktown*, os americanos perderam um *destroyer*, 150 aeronaves e 307 mortos.

AS AERONAVES AMERICANAS

Na batalha de Midway, o TBD *Devastator* e o SBD *Dauntless* foram cruciais na destruição dos quatro porta-aviões e navios da frota japonesa engajados pela força-tarefa dos EUA. Construídas pela Douglas, estas aeronaves continuaram a ser o sustentáculo do Marinha dos EUA, o *Devastador* como um bombardeiro torpedeiro e o *Dauntless* como um bombardeiro convencional.

O *Devastator* fez seu primeiro voo em abril de 1935 e adotou uma configuração monoplano, de asa baixa, com trem de pouso retrátil e tripulação de três membros localizada em uma cabine fechada por uma proteção de vidro. Acionado por um único motor radial Pratt & Whitney R-1830-64, de 900 hp, tinha uma velocidade máxima de 206 mph e um alcance de pouco mais de 700 milhas, com uma capacidade de bomba de 1.000 lb. Armamento defensivo composto de duas metralhadoras 0.30, uma fixa na frente e outra móvel, em uma posição dorsal.

O Dauntless tinha sido projetado e desenvolvido pela Northrop, mas essa empresa, posteriormente, tornou-se uma subsidiária da Douglas. Um pouco maior e mais pesado do que o Devastator, o Dauntless era alimentado por um único motor R-1820-60, de 1.200 hp, que proporcionava uma velocidade máxima de 245 mph e um alcance de 1.100 milhas. Tinha capacidade para transportar uma carga de 1.600 lb de bombas sob a fuselagem, ou 325 lb sob cada asa. O armamento defensivo era composto de duas metralhadoras fixas de fogo frontal 0.50 em cada asa, e duas 0.30 em uma montagem dorsal flexível. Robusto, forte e capaz de absorver danos, o Dauntless foi um dos modelos mais utilizados pela marinha dos EUA.

Decididamente pouco auspicioso em sua primeira saída em Midway, o Grumman TBF-1 Avenger foi encomendado dois anos antes de ser introduzido operacionalmente, projetado e construído por uma empresa com uma reputação confiável para aviões flutuantes e uma linha de modelos de caças navais. No entanto, a Grumman nunca havia produzido um bombardeiro de mergulho. O Avenger tomou forma como um monoplano de asa média, com uma aparência semelhante ao Dauntless. Acionado por um único motor radial Wright R-2600-8, de 1.700 hp, o Avenger tinha uma velocidade máxima de 276 mph, um alcance de 1.215 milhas e podia transportar um 1.600 lb de carga de bomba em sua baía única. Tinha uma única metralhadora 0.30 frontal, uma 0.30 ventral e uma única 0.50 na torre dorsal. Seis Avengers foram enviados a Midway, mas apenas um retornou - uma estreia terrível. No entanto, a utilização da aeronave foi justificada durante toda a guerra do Pacífico pela sucessão de realizações credíveis que se seguiram, o que lhe rendeu uma alta reputação.

O principal combatente de defesa aérea levado ao mar para as guerras do Pacífico foi o Grumman F4F-4 Wildcat, o primeiro monoplano deste fabricante. Foi, também, o precursor do F6F Hellcat, este último se tornando um dos caças mais excepcionais de todos os tempos no mar ou em terra. O Wildcat surgiu em 1935, a partir de um conceito inicial de biplano que mudou quando outra aeronave, a Brewster Buffalo, demonstrou claras vantagens do monoplano. Entretanto, apesar de ter um alto desempenho, o Buffalo nunca se mostrou promissor e fez apenas serviços limitados. Entretanto, o Wildcat tirou algumas lições do Buffalo e, apesar de ser um contemporâneo desse tipo - o primeiro monoplano em serviço da Marinha - ele se sobressaiu em termos de desempenho e capacidade operacional.

Alimentado por um motor radial P&W R-1830-86, de 1.200 hp, o Wildcat tinha uma velocidade máxima de 330 mph e um alcance de 900 milhas. Além de duas 0.50 frontais, podia transportar uma modesta carga de bomba de 250 lb e tinha provisão para seis foguetes sob as asas. Em serviço ao mesmo tempo que o japonês Zero, ao qual era inferior em desempenho, resistiu bem ao seu concorrente em combate e provou seu valor desde o início, entrando para o serviço da marinha em 1940. Nos estágios iniciais da guerra do Pacífico, o Wildcat foi o único caça da Marinha e, em 1942, demonstrou uma relação de vitória/perda de 5,9:1.

A partir do Wildcat criou-se o Hellcat, o caça mais bem-sucedido da marinha dos EUA na guerra, que entrou em produção no final de julho de 1941. Uma série de desenvolvimentos evoluiu à medida que o Hellcat se tornou a principal aeronave de sua classe, entrando em serviço com a marinha dos EUA em agosto de 1943. Com uma potência de 2.000 hp, com um motor radial P&W R-2800-10W, o F6F-5 tinha uma velocidade máxima de 380 mph e um alcance de 945 milhas, transportando seis metralhadoras frontais 0.50, com a opção de substituir duas por canhões de 20 mm. A substituição dos Wildcats ocorreu rapidamente, pois a capacidade dos grupos de porta-aviões da marinha expandiu e a necessidade cresceu com a intensidade das operações no Pacífico.

As estatísticas para o Hellcat são lendárias. No momento em que a produção terminou, em novembro de 1945, 12.275 tinham sido construídos. Vários exemplares de coleções privadas podem estar voando ainda hoje, preservados para exibições de ar e simulações de peças de batalhas aéreas da Segunda Guerra Mundial. Surpreendentemente, pouquíssimas modificações foram aplicadas ao Hellcat, tão perfeito foi o ajuste entre seu projeto e a exigência da missão. A serviço da Marinha, do Corpo de Fuzileiros Navais dos EUA e da Frota Naval da Marinha Real, onde também serviu, recebeu o crédito de 75% de todas as aeronaves japonesas abatidas pela marinha dos EUA durante todo o conflito - um total de 5.223.

Uma outra aeronave que merece menção especial é o Vought F4U Corsair, um caça baseado em porta-aviões que entrou em combate em fevereiro de 1943, em Bougainville, nas Ilhas Salomão. Usado, inicialmente, a partir de bases terrestres,

O Corsair havia sido especificado em 1938, mas não fez seu primeiro voo antes de maio de 1940. Caracteristicamente possuindo uma asa de gaivota invertida, a aeronave era alimentada por um motor radial P&W XR-2800-4 de 2.000 hp. Esta era uma unidade maciça, composta por duas fileiras de nove cilindros posicionados um atrás do outro, o que forneceu algumas variantes do Corsair com uma velocidade máxima de 470 mph e um alcance de mais de 1.000 milhas. Com as asas dobradas para permitir a implantação em porta-aviões, a princípio, o modelo não foi considerado adequado para operações no mar, mas isso mudou rapidamente e o Corsair foi para a guerra com grande sucesso. Foi classificado com uma relação de sucesso/perda de 11:1. O padrão operacional flexível deste combatente o tornou inequivocamente a mais fina aeronave embarcada de seu tipo durante a guerra e merece, facilmente, sua alta reputação. Este tipo, como o Hellcat, sobrevive nos céus do século XXI nas mãos de colecionadores e proprietários particulares.

O PAPEL DOS PORTA-AVIÕES

No desenvolvimento de aviões e da guerra aérea, tanto o Japão quanto os EUA aprenderam cedo que a aviação naval seria vital em qualquer conflito futuro. De fato, os americanos reconheceram o papel que forças baseadas em porta-aviões poderiam preencher e desenvolveram a aeronave para suportar isso vendo o porta-avião como um aeroporto flutuante, em vez de desempenhar um papel de apoio ao tradicional navio de guerra. Isto se deve, em parte, ao fato de que o Japão e a América compartilharam o dilema de ter interesses estratégicos situados em vastas extensões de água e, portanto, fizeram muito para ser pioneiros na nova ciência da guerra entre porta-aviões, frequentemente, com os navios fora da vista um do outro.

Para os britânicos, porém, obcecados por uma força aérea em terra e, há muito tempo, presos à ideia de bombardeios estratégicos de longo alcance como um mecanismo para derrotar um inimigo, a aviação naval tinha sido um primo pobre. Por isso, estavam mal equipados, sem recursos financeiros e nunca alcançaram uma aeronave que deveria ter sido adquirida durante a suposta falta de dinheiro nos anos entre guerras. No entanto, paradoxalmente, foram os britânicos que estiveram na vanguarda em design e tecnologia de porta-aviões que desenvolveram para a guerra aérea no mar - conceitos que foram adotados por todas as marinhas do mundo que utilizam porta-aviões.

FINAL DE EXECUÇÃO

Por tudo isso, o detalhe da Batalha de Midway foi complexo e entrelaçado com situações e decisões em rápida mudança, o resultado revelou tanto a importância quanto à vulnerabilidade do porta-avião e seu complemento de bombardeiros, bombardeiros de mergulho, aviões de caça e de reconhecimento. Após as batalhas no sudoeste do Oceano Pacífico, a expansão do poder aéreo naval dos EUA começou, gradualmente, a pender a balança contra a iniciativa japonesa e em direção a um longo caminho para as ilhas que, mais tarde, seriam usadas pelas forças aéreas baseadas em terra dos Estados Unidos para esmagar as cidades japonesas.

Enquanto isso, em 7 de agosto de 1942, as forças americanas, apoiadas pelo poder aéreo naval, pousaram nas ilhas de Guadalcanal e Tulagi, nas Ilhas Salomão, empurrando a Marinha Imperial Japonesa para a defensiva pela primeira vez. Em resposta, V-Adm Gun'ichi Mikawa reuniu cinco cruzadores, dois cruzadores leves e um contratorpedeiro da nova 8ª Frota e ordenou um ataque que custou quatro cruzadores pesados Aliados.

Entretanto, ao não atacar os navios de transporte não vigiados, deixou a porta aberta para a consolidação americana da cabeça-de-ponte em Guadalcanal. Lenta para responder ao que interpretaram como uma mera expedição de reconhecimento por parte dos americanos, a marinha japonesa perdeu a chance de aniquilar o enclave americano. Na verdade, foi somente em 24-25 de agosto que o Japão empregou uma força de quatro navios de guerra, cinco porta-aviões e 30 contratorpedeiros para retirar os americanos. Isto se tornou conhecido como a Batalha das Ilhas Salomão, a terceira batalha de porta-aviões da guerra.

Guadalcanal fica no extremo sudeste de uma cadeia de ilhas que se estende cerca de 650 milhas na direção Noroeste, e está situada a cerca de 700 milhas ao leste da Nova Guiné. Estrategicamente, este foi um ponto de acesso vital para a Austrália e Nova Zelândia. Ao tentar empurrar os japoneses daquela área, os Aliados procuraram se proteger contra qualquer nova expansão da ocupação japonesa ao Sul. Provou ser uma longa e dura batalha de atrito, que duraria até que os japoneses se rendessem, em 1945, e engajou forças contrárias, incluindo navios de guerra e aeronaves transportadoras, abrangendo as aeronaves navais e terrestres.

Ao final da guerra, os japoneses haviam perdido 86.000 homens mortos, mais de 50 navios afundados e cerca de 1.500 aeronaves destruídas no ar e no solo nesta campanha demorada pela posse das Ilhas Salomão. Os Aliados - com forças reunidas da Grã-Bretanha, Austrália, Nova Zelândia, Fiji, Tonga e as próprias Ilhas Salomão - perderam 10.600 homens mortos, mais de 40 navios e 800 aeronaves.

Em meados de 1942, entretanto, os EUA estavam começando a influenciar a guerra aérea em outras áreas, muito afastadas do Oceano Pacífico. E isso levaria à derrota da Alemanha nazista em um tipo muito diferente de guerra aérea.

CAPÍTULO 13

A Ofensiva de Bombardeiros

O COMANDO DE BOMBARDEIROS RAF, em meados de 1942, estava à beira da mudança, substituindo sua primeira geração de bombardeiros a entrar em guerra por uma nova gama de "pesados": aeronaves de quatro motores, que poderiam aumentar drasticamente a carga de bombas transportadas para alvos na Alemanha. Nesta etapa da guerra, os EUA já estavam a bordo e preparados para energizar o poder de sua máquina de guerra através de níveis de produção e entrega de munições sem precedentes. Isto acabaria abalando o Eixo; o tripartido pacto que havia sido assinado pela Alemanha, Itália e Japão em 27 de setembro de 1940 tinha criado um gripo de países totalitários com a intenção de dominar o mundo, mas a capacidade de produção coletiva do Eixo era significativamente inferior à dos EUA, e inferior à dos britânicos também.

Imediatamente após o ataque a Pearl Harbor, em 7 de dezembro de 1941, o Presidente Roosevelt anunciou que a guerra contra a Alemanha nazista teria precedência sobre a guerra com o Japão. Na época, isto fazia muito sentido, apesar de ter parecido um tanto paradoxal, já que foram os japoneses os primeiros a atacar os EUA. No final de 1941, a máquina de guerra alemã ainda se encontrava na ascendente, tendo estendido a linha de frente para dentro de Moscou. Na verdade, todo o continente estava, agora, ao alcance de Hitler e os britânicos eram, aparentemente, incapazes de montar uma séria ameaça militar na Europa. E mais, com os italianos agora apoiados pela Afrika Korps, sob o antigo comando do General Erwin Rommel, o norte da África também estava sob ameaça. Roosevelt sabia que se a Rússia caísse, o poder total da Wehrmacht poderia atingir a Grã-Bretanha e deixar a América sem um parceiro para montar uma campanha contra as forças armadas de Hitler.

A questão da justificativa americana para ir para a guerra com a Alemanha foi resolvida, apenas quatro dias após o ataque a Pearl Harbor, quando Hitler declarou guerra contra os EUA. O plano dos EUA era desvincular as forças alemãs de suas ocupações ilegais de estados soberanos em toda a Europa, enquanto utilizariam a marinha existente e algumas bases aéreas em terra para empurrar os japoneses de volta e impedir que continuassem a expansão através do Oceano Pacífico. A questão era: qual a melhor maneira dos Estados Unidos integrarem-se na guerra existente com a Alemanha? Essa questão foi resolvida quando Winston Churchill chegou aos EUA com seus chefes de pessoal, em 22 dezembro, para a Conferência Arcadia, para discutir a estratégia de uma "Grande Aliança". Com duração até 14 de janeiro de 1942, a Conferência endossou a opinião do presidente de que o poder aéreo poderia fazer uma diferença decisiva e alterar o equilíbrio, enquanto a maioria das forças alemães estavam amarradas na Rússia, muito a Leste.

A operação proposta utilizaria tanto o poder aéreo americano quanto o britânico em uma campanha coordenada para apoiar uma operação terrestre que veria as tropas britânicas e americanas saltarem pelo Canal da Mancha, desembarcando na Europa Ocidental e varrendo os alemães. Vendo o Canal da Mancha como um obstáculo semelhante ao Rio Mississippi, os americanos subestimaram a quantidade de homens e materiais que exigiria, a resistência que encontrariam no desembarque e a terrível perda de vidas que se seguiria. O conselheiro militar chefe de Roosevelt, Gen Marshall, era favorável a "dar-lhes um murro" e só foi dissuadido por todo o poder persuasivo do Primeiro-Ministro britânico e seus conselheiros militares, que puderam recontar, em detalhes, as dificuldades que sabiam que os alemães tinham enfrentado ao antecipar uma travessia do próprio Canal.

Sem qualquer experiência de batalha no solo ou no ar, o único salto lógico para o plano era que a força aérea americana, tal como era, se unisse em uma operação combinada com a RAF (só mais tarde, formalmente conhecida como a Ofensiva Combinada de Bombardeiros), atacando o coração industrial da Alemanha, cujas especificidades deveriam ser acertadas posteriormente e para apoiar um desembarque combinado na costa noroeste da África, em Marrocos e Tunísia. Conhecida como Operação *Torch*, colocaria pressão sobre os alemães dirigindo-se para o Leste, ao longo da costa do norte da África, para entrar em uma ação conjunta contra os britânicos, que se dirigiam para o Oeste, a partir do Egito. Limitados ao Norte pelo Mar Mediterrâneo e ao Sul pelo Deserto do Saara, os alemães seriam destruídos quando as duas forças Aliadas se encontrassem no meio, ou a Afrika Korps seria empurrada através da Sicília para a Itália; não havia outra rota para escapar. Esta ação proporcionaria experiência operacional coordenada de invasão, daria experiência aos americanos contra os alemães e forneceria uma corrida teste para uma invasão posterior contra o noroeste da Europa, como um assalto principal.

A LEI LEND-LEASE

Embora Roosevelt tivesse lutado contra as políticas isolacionistas de não-intervenção além das fronteiras territoriais dos EUA, havia apoio considerável na Casa Branca, e entre os cidadãos americanos, para enviar socorro americano para ajudar a conter a maré do nazismo na Alemanha e o fascismo na Itália. Entretanto, existiam leis sob atos de neutralidade que proibiam os EUA de fornecer ajuda militar aos beligerantes sem uma declaração de guerra. Estas foram contornadas quando Roosevelt assinou a Lei Lend-Lease, que entrou em vigor em 11 de março de 1941. Isto permitiu a locação direta (exportação) de máquinas e equipamentos para os Aliados em troca do uso de territórios estrangeiros pelos EUA, quando e como eles precisassem. Assim, começou a presença universal da influência americana em muitos países que formavam a Aliança Aliada, que prevaleceria mais amplamente após a guerra e alimentaria a globalização da cultura americana.

No total, os EUA forneceram US$ 50,1 bilhões (equivalente a US$ 600 bilhões em 2020) para os Aliados - um número que ascendeu a 17% do dinheiro gasto pelos EUA em fundos de guerra entre 1941 e 1945. O Reino Unido recebeu 63% desse valor, 6% foram para a União Soviética e 3% para a China, com o restante fornecido a outras nações Aliadas. Além de alguns navios, nenhum desses equipamentos foi devolvido pelos destinatários, nem era necessário. O acordo terminou em agosto de 1945 e o equipamento que foi entregue após essa data foi cobrado com um desconto de US$ 1,075 bilhões, pagos por empréstimos dos EUA.

PREPARANDO-SE

Entusiasmado com esses planos, em 3 de janeiro, Roosevelt encomendou uma cota de produção de 60.000 aeronaves em 1942 e 131.000 em 1943, tanto para o exército como para a marinha. Os mais essenciais eram os treinadores para preparar um novo contingente de pilotos e tripulantes aéreos, exigido, agora, em grande número, em uma escala sem precedentes. A marinha, por sua vez, recomendou que seriam necessárias 10.220 aeronaves em 1942 e 21.790 no ano seguinte. Mas, o custo seria espantoso. À medida que as exigências de projeto cresciam e a tecnologia melhorava, os preços subiam, o que impulsionaria as despesas de defesa do governo a níveis nunca vistos antes ou desde então. No entanto, o dinheiro por si só, não forneceria os meios de derrotar o Eixo. Organização, planejamento e gestão administrativa, tanto das operações civis como militares seriam, como os britânicos provaram, essenciais para combater a guerra e produzir o equipamento necessário para vencê-la.

Anteriormente conhecido como o Serviço Aéreo do Exército, a organização, a administração e operação do poder aéreo dos EUA estava sob a alçada do Corpo Aéreo do Exército desde 2 de julho 1926. Em 20 de junho de 1941, tornou-se a Força Aérea do Exército (AAF) dentro do Corpo e assim permaneceria enquanto durasse a guerra. Ao contrário da RAF - que em 1936 tinha formado os vários Comandos (Caça, Bombardeiro, Costeiro, Treinamento), cada um dedicado a um papel ou função particular - a AAF consistiu de uma série de forças aéreas numeradas, sendo as quatro primeiras definidas por área geográfica nos EUA: distritos aéreos do Nordeste, Noroeste, Sudeste e Sudoeste. Cada um deles era considerado responsável pela defesa aérea de seu setor e apoiado com um complemento de todos os tipos diferentes, como se cada um fosse uma força aérea nacional em seu direito próprio.

Após o ataque japonês a Pearl Harbor, estas forças aéreas foram numeradas 1, 2, 3 e 4 respectivamente e permaneceriam sediadas nos EUA. Com o passar do tempo, outras foram acrescentadas: as 5ª, 6ª, 7ª, 13ª, 14ª e 20ª Forças Aéreas servindo no campo Ásia-Pacífico enquanto as 8ª, 9ª, 12ª e 15ª Forças Aéreas estavam ligadas aos campos europeu e africano, e a 6º foi designada para a Zona do Canal do Panamá. Só depois da guerra é que as USAAFs estariam unidas em uma única e separada força do exército, nomeada Força Aérea dos Estados Unidos, em 18 de setembro 1947. Esta se juntou ao Exército, Marinha e Corpo de Fuzileiros Navais dos EUA como o quarto serviço militar, todos eles administrados pelo Pentágono e pelo Departamento de Defesa que, em 1947 substituiu o Departamento de Guerra (também conhecido como Escritório de Guerra). Mas, se a estrutura das forças aéreas era importante, os homens e o material eram vitais. E isso significava a construção de muitas aeronaves - rapidamente.

Reconhecendo que os Estados Unidos logo teriam que lutar, em 29 de dezembro de 1940 – um ano antes dos EUA declararem guerra à Alemanha - Roosevelt fez um discurso em uma transmissão de rádio que reconhecia o "arsenal da democracia" necessário para derrotar o extremismo político. Entretanto, as exigências do

Educado na Universidade Tuskegee, Alabama, e conhecido como Tuskegee Airmen, um grupo de afro-americanos se voluntariou para o serviço de combate, voando com o 332º Grupo de Combatentes e o 477º Grupo de Bombardeio. USAF

mercado de consumo civil eram muito diferentes das de uma nação em guerra, onde todos os recursos do país estariam focados no fornecimento de maquinaria de conflito. Roosevelt pediu a William Signius Knudsen, da divisão Chevrolet da General Motors, e Henry Kaiser, supremo em projetos gigantescos e o construtor da barragem de Hoover, para mobilizar uma indústria capaz de produzir mais do que as fábricas do inimigo. A capacidade era um verdadeiro desafio, não só por causa da maior quota de produção exigida, mas, também, porque as aeronaves estavam ficando muito mais complicadas.

Como exemplo, o bombardeiro Consolidated B-24 Liberator, que tinha sido projetado em 1939 e estava em serviço dois anos depois, foi um grande avanço sobre o menor Boeing B-17 Fortress, que voou pela primeira vez em 1936. Com quatro motores de 1.200 hp, P&W R-1830-33, projetados em torno de uma cauda de asa alta, bimetálica, o B-24 poderia transportar uma carga de bomba de 8.800 lb. Tinha uma velocidade máxima de cerca de 300 mph e um alcance de 2.200 milhas. Desenvolvido em uma variedade de marcas, a maioria carregava 10 metralhadoras 0.50 no nariz, cauda e torres dorsais e duas fixações laterais na fuselagem central. Como um bombardeiro, era formidável em capacidade e desempenho, servindo em todos os campos de guerra, mas como uma aeronave grande e complicada, sendo um desafio de fabricação.

Foram necessárias mais de 488.000 peças individuais, montadas em 30.000 componentes, juntamente com mais de 140.000 horas para produzir um B-24. Na fábrica, ele necessitava de 54 estações de trabalho separadas com pelo menos seis horas de trabalho em cada uma, antes de poder ser movido para a próxima linha para emergir como uma aeronave montada. Um industrial de renome, Charles Sorensen, foi trazido para conceituar uma maneira completamente nova de produzir aeronaves - de forma confiável e rápida. Com base em seu esboço geral, Sorenson empregou o arquiteto Albert Kahn para projetar o que era o maior edifício individual do mundo - uma linha de produção sob um telhado que tinha mais de uma milha de comprimento. Os guindastes aéreos entregavam elementos do B-24 diretamente para os postos de trabalho, o que significava que a aeronave não precisava ser empurrada por aí. Sob este método de produção, apenas a partir desta única instalação, a Consolidated fabricava mais de três B-24s por dia e, ao todo, construiu mais de 19.000 para o esforço de guerra em várias fábricas.

ROSIE, A REBITADORA

Entre 1941 e 1945, o apetite voraz por munições era maior do que em qualquer momento, em qualquer lugar, em paz ou em guerra. A capacidade de produção dos EUA, portanto, passou a ser hiper propulsora, transformando a vida das pessoas comuns e desencadeando uma revolução social, cujo impacto ressoa até os dias de hoje.

No início de 1942, as mulheres representavam apenas 20% da força de trabalho - em sua maioria, mulheres solteiras, com 20 ou 21 anos. Dentro de seis meses, esse número tinha subido para 33% em função de um recrutamento massivo que viu mulheres se reunirem em bandos para se inscreverem e começarem a trabalhar. Ao contrário do que antes havia sido culturalmente inaceitável, as mulheres casadas eram também incentivadas a sair de casa e se juntar à força de trabalhadoras em expansão. Nomeada para seu cargo em abril de 1942, como diretora da Women´s Bureau, Mary Anderson informou que 2,8 milhões de mulheres eram remuneradas para trabalhar para a guerra.

Como foi avaliado que as mulheres tinham um olho melhor para os detalhes do que homens, elas foram favorecidas pela indústria aeronáutica para funções como rebitadoras, capazes de completar 1.000 instalações por dia contra 660 para um homem. De fato, empresas solicitaram especificamente mulheres em detrimento de homens, por sua rapidez, precisão e compromisso. Estas trabalhadoras eram tão encorajadas que elas se orgulhavam de assumir o papel de "Rosie, a Rebitadora" - o ícone cultural associado a mulheres que faziam esses trabalhos - acreditando serem capazes de fazer qualquer coisa na indústria, tradicionalmente masculina, exceto, é claro, tarefas fisicamente exigentes, que necessitassem de grande força.

As mulheres tiveram um papel significativo na produção de munições em tempo de guerra e foram trabalhadoras vitais em fábricas de montagem, em todo os Estados Unidos. Departamento de Defesa

Em dois anos, 475.000 mulheres trabalharam na indústria aeronáutica e até 1944, pelo menos, 50% das mulheres em idade de emprego trabalhavam para o esforço de guerra, com todas, exceto 13%, em empregos permanentes. Pela primeira vez na história, havia mais mulheres casadas no trabalho do que solteiras. Isto quebrou as barreiras sociais e deu às mulheres um maior espaço no chão de fábrica, assim como nas perfuratrizes, nas furadeiras e nas máquinas-ferramentas que operavam com destreza e profissionalismo. É uma questão de registro que quase todos os fabricantes de aeronaves pesquisados discretamente preferiam as mulheres para os trabalhados do que os homens, nem que fosse apenas por causa de sua força de vontade e tenacidade.

No entanto, havia um equilíbrio a ser alcançado entre os projetos existentes - aeronaves que poderiam ser produzidas com um design seguro, e rapidamente - e novos modelos com linhagem e tecnologia novas, em grande parte, não comprovada. Entre 1941 e 1943, os EUA entraram em guerra essencialmente com a mesma aeronave, mas, a partir de meados de 1943, uma mudança transacional começou a equipar os EUA com um verdadeiro bombardeiro intercontinental, os B-29; novos caças de escolta de longo alcance, os P-47 e P-51; e projetos de modelos que não apareceriam antes do fim da guerra, mas isso proporcionaria uma gama de aeronaves para a era da Guerra Fria.

Para aplicação imediata, quando os EUA entraram em guerra, em 1942, a Força Aérea do Exército tinha o Boeing B-17, uma aeronave de quatro motores radiais Wright R-1820. O B-17E tinha uma velocidade máxima de 317 mph, uma velocidade de cruzeiro de 224 mph e um alcance de 2.000 milhas com uma carga de bomba de 4.000 libras. Projetado em meados da década de 1930, adotou o conceito de bombardeiro de autodefesa cercado com armamentos defensivos, o B-17E continha oito metralhadoras 0.50 e uma 0.30 no nariz, no dorso, na posição ventral e fuselagem. Mais tarde, o B-17G foi equipado com uma torre sob o nariz extremamente avançado da fuselagem e transportava até treze 0.50 e uma carga de bomba de 6.000 lb com um alcance de 2.000 milhas. Tudo isso veio com uma velocidade e capacidade de subida significativamente reduzidas, o que era aceitável no campo europeu no qual esta versão funcionava, principalmente, a partir do final de 1943.

Juntamente com o B-17, o Consolidated B-24 formou a base no conflito na Europa durante a guerra. Em contraste, o próximo bombardeiro sequencial, o B-29, foi empregado exclusivamente no campo de operações do Pacífico. Esta era uma aeronave totalmente diferente, na medida em que figurou a introdução da categoria de bombardeiros muito pesados. Com uma cabine pressurizada fornecendo muito mais conforto à tripulação, evitando a necessidade de usar continuamente máscaras faciais para oxigênio em alta altitude, o B-29 foi apropriadamente chamado de "Superfortaleza".

Projetado para um requisito específico, para transportar uma bomba de 2.000 lb, carregando a uma distância de 5.333 milhas a 400 mph, o B-29 foi equipado com autovedação nos tanques de combustível para que sobrevivessem a todos os tiros mais destrutivos. Pesados armamentos defensivos o protegeriam de ataques hostis. Ele também tinha que ser capaz de carregar uma carga de bomba de 16.000 lb em distâncias menores e ter a capacidade de operar fora dos aeroportos padrão. Inevitavelmente, compromissos foram feitos com a expectativa de superar a tecnologia disponível, e o B-29 fez seu primeiro voo em dezembro 1942. Quando entrou em serviço, em junho de 1943, ainda estava a alguns meses de realizar missões de bombardeios, mas foi tomada a decisão de usá-lo exclusivamente contra o Japão.

O B-29 foi uma formidável demonstração de quão longe o poder aéreo e a tecnologia da guerra aérea tinham chegado. Tecnologicamente, ele estava muito avançado em relação aos B-17s e B-24s, que levaram grande parte da ofensiva aérea para os países europeus ocupados pela Alemanha. Com quatro motores Wright R-3350, de 2.200 hp, ele tinha um característico nariz bulboso, no qual foi colocado um envidraçamento na janela de um temporizador de bomba e no equipamento para que, depois, passasse por bombardeios pontuais. Havia duas seções de pressurizações separadas na fuselagem: uma na área do nariz, para alguns membros da tripulação, e uma segunda na seção central de popa da fuselagem, para controlar parte do armamento defensivo.

Especialmente projetados e construídos pela Sperry, quatro conjuntos de armas controladas remotamente foram instalados - dois na parte superior da fuselagem e dois na parte inferior da fuselagem, cada um com duas metralhadoras 0.50 - junto com um canhão de 20 mm ou três 0.50 em uma torre traseira, operada remotamente. Esta forma de armamento era nova e tinha integrado miras controladas por radar - um precursor dos conceitos do pós-guerra que passaram a ser adotados em futuras aeronaves.

Quando apareceu em serviço, o B-29 tinha uma capacidade máxima de bomba de 20.000 lb e uma velocidade máxima teórica de 357 mph. Ele poderia manter uma velocidade de cruzeiro de 220 mph. O alcance operacional era de cerca de 3.250 milhas, dependendo do peso das bombas transportadas, com um teto de serviço de mais de 31.000 pés – consideravelmente, mais do que o B-24 a 28.000 pés.

Com uma nova geração de tecnologia e uma aero engenharia mais avançada, os custos de produção aumentaram inevitavelmente. O resiliente B-25, utilizado pelo coronel Doolittle para realizar seu audacioso ataque a Tóquio, do convés do USS *Hornet*, custou menos de U\$117.000 por aeronave, enquanto o B-17, que era a base da campanha de bombardeio, custou U\$187.000, apesar do volume de produção deste tipo excedendo o do B-25. Cada B-24, embora mais capaz e com um melhor desempenho, custou ao governo U\$215.000. O consideravelmente mais avançado B-29 chegou a U\$509.000. Além disso, o B-17 tinha uma tripulação de dez pessoas, enquanto o B-24 e o B-29 tinham uma tripulação de 11 pessoas, todos passaram pelo mesmo voo básico de treinamento e familiarização, o que agregou ainda mais valor a cada aeronave individual, enquanto o aumento significativo da carga de bomba adicionou custo a uma única missão.

Uma história semelhante pode ser encontrada com as aeronaves de caça utilizadas pelos americanos durante a guerra. Em 1941, o Curtiss P-40 Warhawk custou US$ 44.000, o mais capaz P-51 chegou a U$51.000 e o P-47 Thunderbolt tinha um preço de U$88.000.

OS AMERICANOS CHEGARAM À GRÃ-BRETANHA

As forças aéreas americanas começaram sua mudança para a Inglaterra sob o codinome 'Bolero'. Este viu a 8ª Força Aérea começar a ser destacada, inicialmente, em 20 de fevereiro de 1942, a fim de planejar a migração em massa de unidades em preparação para uma grande ofensiva aérea contra a Alemanha. Para começar, havia apenas seis pessoas, incluindo o general Ira C. Eaker. Em 25 de fevereiro, eles foram ao Comando de Bombardeiros da RAF em High Wycombe, em Berkshire, para pôr em movimento as rodas da ofensiva. Desprovido de capacidade de conduzir bombardeios de precisão em alvos na Europa ocupada pelo inimigo, apenas 11 dias antes, o Comando de Bombardeiros tinha recebido instruções para iniciar uma campanha de "bombardeio por zona", com "prioridade sobre todos os outros compromissos".

Quando os americanos começaram a colocar seus pés em um país, em grande parte, desconhecido, uma taxa considerável de planejamento e organização foi necessária. Eles contariam muito com os britânicos para apoiar a infraestrutura - do planejamento de onde estabelecer suas bases e ajudar a coordenar tudo, do pessoal à seleção de alvos, ao estabelecimento de uma rota de balsa para os bombardeiros dos EUA para o Reino Unido. Eles precisavam até mesmo de assistência para se familiarizarem com a situação climática, contando, inicialmente, com os britânicos para fornecer os serviços meteorológicos.

Quando o pessoal começou a chegar, cada um recebeu um livreto aconselhando a agir com respeito, cortesia e a diminuir qualquer atitude que era bem-sucedida na América, mas que seria vista com desprezo pelo único país que havia parado a Wehrmacht em seu caminho. Os que chegaram ao Reino Unido foram instruídos de acordo com os costumes britânicos, como certas abordagens não seriam bem-vindas e como não assumir que seriam bem-vindos em todos os lugares.

ESQUADRÕES EAGLE

Em um nível individual, os americanos estiveram envolvidos desde o início das hostilidades representados por voluntários que mudaram de nacionalidade para o Canadá, para que pudessem lutar pela Grã-Bretanha e seus aliados;

uma lei americana proibia os cidadãos americanos de se unirem às forças armadas de outra nação. Como cidadãos canadenses, 11 pilotos americanos voaram na RAF durante a Batalha da Grã-Bretanha.

O primeiro dos três esquadrões "Eagle" (71, 121 e 133) foi formado em 19 de setembro de 1940 e, embora 6.700 indivíduos tenham se candidatado, apenas 244 foram recrutados para essas unidades. Um memorial à contribuição feita por pilotos do esquadrão Eagle pode ser encontrado na Grosvenor Square, Londres, em frente a uma estátua do Presidente Franklin D. Roosevelt.

Pilotos americanos do Esquadrão Nº 71 "Eagle", que se voluntariaram para voar com a RAF depois de tomar a cidadania canadense para legalizar sua contribuição, antes dos Estados Unidos entrarem na guerra. Arquivo David Baker

Eles não precisavam ter se preocupado. Os hábitos culturais desses recém-chegados tomaram conta, rapidamente, em uma atmosfera austera, onde a escassez através do racionamento era uma parte diária da vida para a maioria dos britânicos. Desde o início, o calor e inclusão com a qual os americanos foram recebidos na maioria das casas adjacentes aos acampamentos e bases foi retribuído com festas frequentes para as crianças locais, danças de fim de semana e pacotes de Natal para famílias desabrigadas. A distribuição de rações e provisões doadas do seu próprio uso trouxeram o respeito de uma nação que não tinha nada a dispensar e pouco a dar, exceto o essencial básico de vida. Ao compartilhar suas próprias rações com o público, em um país já cansado da guerra e sofrendo com os frequentes bombardeios, a maioria dos americanos foi tratada com respeito e gratidão.

Graças à decisão na Conferência Arcádia, de que os americanos seriam independentes em termos de apoio, instalações e equipamentos, foram alocados em uma área de East Anglia, na qual puderam mobilizar suas forças. O Comando de Bombardeiros da RAF poderia manter seus aeroportos e acampamentos em Lincolnshire e Yorkshire. Isto poderia assegurar cadeias de comando e controle separados e unificados, tanto na implantação do grande número de tripulantes aéreos, quanto na operação de aeronaves. O Comando de Caça RAF manteria sua ocupação de aeroportos no sul e sudeste da Inglaterra e manteve a divisão dos vários grupos como estabelecida antes da Batalha da Grã-Bretanha.

Inicialmente, os britânicos destinaram 15 aeroportos para os americanos – oito na Inglaterra, dois na Escócia e cinco na Irlanda do Norte – mas, o principal aglomerado estava perto de Cambridge na época em que os aviões americanos começaram a chegar, em junho de 1942. Estes incluíam B-17s e B-24s, que atravessavam o Atlântico via Groenlândia e em Prestwick, Escócia, de onde eram enviados para East Anglia.

Ao contrário da RAF, que separava os bombardeiros dos caças, os americanos insistiram em manter sua convenção de equipar cada Força Aérea com sua própria distribuição destes modelos, tanto para atuar como escolta dos bombardeiros como para proteger as bases do ataque. Considerando que os britânicos designaram, aproximadamente, 16 aeronaves para um esquadrão, três esquadrões para uma ala e seis ou sete alas para um grupo, os americanos montaram 8-15 aeronaves para um esquadrão, três ou quatro esquadrões para um grupo e dois ou mais grupos para uma ala de combate.

Além desses preparativos, vários depósitos de montagem foram construídos para aeronaves chegando em partes por navio, os fabricantes americanos instalaram fábricas de montagem em vários locais no oeste do Reino Unido para a chegada de comboios transatlânticos em Liverpool. O movimento do pessoal dos EUA começou com o primeiro embarque chegando em 11 de maio de 1942, após uma viagem de duas semanas a partir dos EUA. O navio de cruzeiro *Queen Elizabeth* foi convertido em um navio de transporte de tropas, assim como vários outros navios adequados para o transporte de um grande número de pessoas, à medida que os números cresciam, eram complementados por tropas reunidas no Reino Unido para o assalto transversal à Europa Continental. Em março de 1943, cerca de 1,15 milhões de americanos tinham feito a travessia, dos quais, 232.000 estavam com as Forças Aéreas do Exército.

Os planos iniciais para acomodar os americanos ficaram muito aquém do que era realmente necessário. Durante 1942, foi previsto que a 8ª Força Aérea cresceria para

137 grupos de combate aéreo, incluindo 74 bombardeios, 32 caças, 12 de observação, 15 de transporte, 4 fotográficos e 1 de mapeamento. Para apoiá-los, os britânicos planejaram 127 aeroportos dedicados às Forças Aéreas do Exército dos EUA. No entanto, o planejamento da Operação *Torch* deixou isso em desordem e até a primavera de 1943 estava operando entre dois e seis grupos, mal conseguindo colocar mais de 100 aeronaves operacionais a qualquer momento. E, depois, houve um aumento das demandas de ataques aos submarinos e portos ocupados pela Alemanha na costa oeste da Europa à medida que aumentavam os comboios e o fluxo de mercadorias comerciais – eventos que levaram a guerra submarina a outro patamar. Os americanos estavam aprendendo as consequências dolorosas das afirmações arrogantes à medida que diminuíam suas expectativas do impacto que poderiam causar.

A GÊNESE DA OFENSIVA DE BOMBARDEIROS COMBINADOS

Enquanto os americanos obtiveram todos os seus dados de inteligência e de informações dos britânicos, e reconhecendo a necessidade de trabalhar em cooperação com seu aliado, houve a determinação de manter uma postura independente e de não serem subsumidos em operações ditadas pela RAF. Embora o trabalho das forças cooperativas fosse frequentemente referido como a Ofensiva Combinada de Bombardeiros, na realidade, isto levou um longo tempo, não iniciando, oficialmente, até junho de 1943. Começou com uma diretiva chamada Point Blank, que focava, especificamente, tanto a USAAF como a RAF em uma operação intensiva para limpar os céus sobre a Europa ocupada pelos nazistas.

MIL ATAQUES DE BOMBARDEIROS

Por sua vez, o Comando de Bombardeiro da RAF estava tirando proveito dos novos quadrimotores "pesados", que abriram a possibilidade de um aumento considerável de escala, tanto no número de aeronaves envolvidas em um único ataque quanto na tonelagem de bombas lançadas.

Quando saímos do Comando de Bombardeiros da RAF pela última vez, estes estavam na cúspide de receber esta nova capacidade. O fornecimento de equipamentos e mudanças tecnológicas como o Gee, inspirado pelo Air V-Mshl Harris, resultou em um plano de 1.000 ataques de bombardeiros a alvos industriais no Ruhr. Esta confiança foi endossada por duas batidas particularmente bem-sucedidas: uma em Lübeck e a outra em Rostock, ambas na costa báltica do norte da Alemanha.

Na noite de 28/29 de março de 1942, uma força de 234 aeronaves – incluindo Wellingtons, Hampdens, Stirlings e Manchesters - alcançou o que foi, mais tarde, creditado como o primeiro grande sucesso para o Comando de Bombardeiros quando eles atingiram a antiga cidade de Lübeck. A RAF perdeu 12 aeronaves (5%) da força, mas quase 300 tripulações afirmaram ter atingido o alvo com 400 toneladas de bombas, destruindo 30% da área construída, incluindo muitos dos edifícios históricos que datavam da era medieval. Mais de 300 pessoas foram mortas. A cidade foi, em grande parte, deixada de lado depois disso, já que a RAF foi avisada de que o porto era um foco para o embarque de suprimentos da Cruz Vermelha.

Em quatro noites sucessivas, a partir de 23/24 de abril, Rostock foi bombardeada pela RAF usando, essencialmente, a mesma tática que havia sido praticada contra Lübeck: um ataque concentrado para iniciar incêndios e sobrecarregar os serviços de contra-incêndio, seguido por altos explosivos em um bombardeio de área. Na primeira noite, 161 aeronaves foram enviadas para bombardear a cidade e a fábrica Heinkel. Na segunda noite, 125 aeronaves estavam concentradas em atacar a própria cidade, e na terceira, 128 bombardeiros atingiram a cidade novamente, provocando muitos incêndios. Na quarta incursão, pouco mais de 100 bombardeiros foram enviados para o que a história oficial descreve como "a obra-prima". No total, quase 2.300 edifícios foram destruídos ou seriamente danificados em 130 acres - cerca de 60% da cidade. Se os moradores não tivessem fugido para o campo após a primeira noite, o total geral de 204 mortos e 89 feridos teria sido consideravelmente maior.

A intenção de reunir 1.000 bombardeiros para uma única incursão tornou-se obsessiva, e focalizou a liderança do Comando de Bombardeiros, acendendo o entusiasmo do Marechal da RAF, Sir Charles Portal, e Winston Churchill. Este último, deve ser notado, estava tendo dúvidas sobre a torpeza moral do bombardeio da cidade e, certamente, um pouco mais tarde, do uso extensivo dos ataques de bombas incendiárias para destruir o máximo de propriedades e matar o maior número possível de pessoas. Em uma referência menos florida às consequências, Churchill disse, mais tarde, que se os Aliados não conseguirem derrotar Hitler, "seremos todos enforcados como criminosos de guerra".

Para posicionar efetivamente 1.000 aeronaves em um único alvo, foi necessário diminuir o tempo que a aeronave permaneceria exposta a armas antiaéreas e a caças noturnos. Foi rotineiramente considerado que uma batida de 100 aeronaves exigiria quatro horas sobre o alvo, e duas horas para uma concentração de pouco mais de 200 aeronaves. Mas, para 1.000 aeronaves, Air Chf Mshl Harris queria 90 minutos, o que expôs as tripulações a perdas por colisões de aeronaves. Por outro lado, isso sobrecarregaria as baterias antiaéreas que reduziriam a probabilidade de uma aeronave ser atingida por fogo inimigo. Além disso, inundaria as defesas dos combatentes e aumentaria, novamente, a probabilidade de sobrevivência. Em resumo, para qualquer aviador individual, indo em um fluxo de 1.000 aeronaves, significava uma chance maior de voltar para casa.

Harris planejou o primeiro destes "mil bombardeios" para 26 de maio de 1943, uma noite de lua cheia, e escolheu Hamburgo como alvo. Entretanto, o tempo estava desfavorável, atrasando o ataque em três dias, de modo que o alvo foi deslocado para Colônia. O ataque ocorreu em 30/31 de maio, quando 1.047 aeronaves foram enviadas para o alto – uma força composta de 602 Wellingtons, 88 Stirlings, 131 Halifaxes, 28 Whitleys, 73 Lancasters, 46 Manchesters e 73 Hampdens.

Aproximadamente, 1.455 toneladas de bombas foram lançadas por cerca de 898 aeronaves estimadas que bombardearam o alvo, iniciando 2.300 incêndios. Destes, 1.700 foram classificados como 'grandes' pelo serviço local de bombeiros alemães. O ataque rendeu 45.132 pessoas desabrigadas, matou quase 500 pessoas e feriu mais 5.000. Dos 700.000 cidadãos de Colônia, cerca de 145.000 fugiram para a segurança dos campos vizinhos. A RAF perdeu 41 aeronaves (das quais, duas haviam colidido) - mais que a taxa de atrito de qualquer outra incursão até o momento – mas, a porcentagem era uma aceitável 3,9% da força despachada. Um fator interessante foi revelado pela evolução da taxa de perdas nas três ondas - 4,8%, 4,1% e 1,9%, respectivamente - o que parecia mostrar que as defesas eram progressivamente sobrecarregadas pela exaustão e pela fumaça à medida que os ataques avançavam.

Durante os meses seguintes, a RAF manteve seu ritmo habitual de bombardeios, e outros milhares de bombardeios foram montados. Estes, começaram com Essen, duas noites após a incursão em Colônia. Naquela ocasião, a incursão totalizou 956 aeronaves com uma taxa de perda de 3,2%, incluindo quatro dos 74 Lancasters. A sequência usual de batidas noturnas, envolvendo 150-300 aeronaves, seguiu com Harris estabelecendo Bremen como o terceiro de seus mil alvos de bombardeios.

A batida em Bremen foi realizada na noite de 25/26 de junho. Ela envolveu 960 aeronaves, desta vez, com 96 Lancasters, enquanto o balanço se afastava dos mais antigos tipos para os mais novos "pesados". Para chegar a este número, foi necessário trazer todas as aeronaves disponíveis, com a habitual dependência dos esquadrões de treinamento e algumas aeronaves do Comando Costeiro. As mudanças táticas reduziram o tempo de ataque para 65 minutos sobre o alvo, exigindo um uso intenso e totalmente avassalador de força. Mais tarde, mudanças na forma como as batidas seriam realizadas reduziram o tempo sobre o alvo até que, no final, a RAF conseguiu colocar 700-800 aeronaves sobre o alvo em 20 minutos.

Este uso de força extrema não atingiu seu objetivo final completamente – a destruição da fábrica da Focke-Wulf, em Bremen. Além disso, com 5% de taxa de perdas, o estresse no Comando de Bombardeiros era muito grande para continuar com estas operações de mil-bombas. Churchill interveio, portanto, para evitar mais esmiúça do Comando Costeiro apenas para colocar um número de cinco dígitos sobre a Alemanha. Depois de Bremen, as unidades da linha de frente persistiram com um alto nível de atividade, mas sem trazer aeronaves das Unidades de Treinamento Operacional que, geralmente, eram equipadas com aeronaves que haviam sido aposentadas da linha de frente e não estavam destinadas a tomar parte em ataques totalmente operacionais sobre território inimigo.

Nos últimos quatro meses de 1942, houve várias mudanças no Comando de Bombardeiros, menos naquelas trazidas pelos desafios que resultaram do aumento da capacidade das defesas alemãs de derrubar os bombardeiros. As batidas do dia foram ainda sustentadas, mas a principal força de atividade se concentrou nos bombardeios noturnos como um método adicional de detecção de fuga. Tripulações que haviam provado ser aptas para encontrar seus alvos no escuro, foram selecionadas e usadas como líderes em ataques sucessivos para que pudessem guiar, com mais precisão, os fluxos seguintes. Mas, esta foi apenas uma medida paliativa.

Desde o final de 1941, o Ministério da Aeronáutica estava brincando com o uso de uma "Força de Procura de Alvo", que foi, essencialmente, o que havia evoluído em 1942 com o uso dessas equipes líderes. No entanto, Air Chf Mshl Harris se opôs ao que percebia ser uma força de "elite" de tripulações elevadas sendo transferidas para papéis especiais, preferindo manter estas tripulações experientes nos esquadrões para fins de motivação. No entanto, a lógica da ideia prevaleceu e surgiu o conceito de uma Força Pathfinder. Esta, utilizava munições especialmente adaptadas, as quais, ao explodirem no chão, emitiam uma luz colorida para servir de farol para os bombardeiros atrás. Harris foi devidamente conquistado e a Força Pathfinder cresceu para tornar-se uma parte criticamente importante das formações que compunham uma pesada incursão noturna.

Um grande desafio para a segunda metade de 1942 foi o moral. Em geral, particularmente com o primeiro dos mil ataques com bombas, a tripulação aérea estava surpreendentemente entusiasmada com seu trabalho. Apesar das pesadas baixas, eles foram impulsionados pela liderança estridente dos bombardeiros Harris. Durante 1942, porém, como a intensidade dos ataques aumentou e as exigências sobre a tripulação aérea cresceram com os maiores e mais capazes "pesados", um indivíduo seria obrigado a voar em 30 operações em sua primeira viagem de serviço, seguida de um descanso e, depois, de uma segunda viagem de 20 operações. Não se esperava que um tripulante continuasse a voar no Comando de Bombardeiros depois de 50 operações sobre território inimigo, mas um bom número o fez. Com uma taxa de perdas de 1%, um tripulante médio poderia esperar 60% de chance de sobreviver a 50 operações; 2% de perda, apenas 30% de chance; e com uma taxa de perda de 4%, apenas 15% de chance de sobreviver. Quando as operações Pathfinder começaram, as perdas eram de 4,6%.

A MENTE FRÁGIL

Com o aumento do número de funcionários sem experiência entrando no Comando de Bombardeiros da RAF, substituindo os mortos nas operações, tornou-se mais e mais difícil manter o mesmo nível de padrões e moral.

Ciente disso e, em breve, com chance de apenas 50:50 de sobreviver a um tour duplo completo de 50 operações, comandantes de esquadrões trabalharam com pessoal médico treinado para vigiar os sinais de fadiga e estresse extremo. Estes eram do tipo que nenhum outro soldado de guerra sentia, simplesmente porque não havia outro braço de um serviço de combate, em nenhum lugar no mundo, que havia perdido um número tão elevado de funcionários em uma base rotineira.

Em um caso em particular, como exemplo típico, um jovem artilheiro traseiro (que pediu para permanecer anônimo) foi tirado da linha depois de mais de duas incursões e abordado por seu comandante com uma ordem para pegar um trem para um aeroporto na Escócia. Enredado quanto ao motivo, foi-lhe dado um vale de viagem e ele foi. Ao chegar a este local remoto, ele foi recepcionado por um cabo e um caminhão, que o levaram ao aeroporto. Ali, ele foi levado aos aposentos, onde tinha um quarto só para si. Imaginando que tinha sido selecionado para alguma operação altamente perigosa, esperou até uma batida na porta e um oficial subalterno pediu-lhe que "aparecesse para o escritório do CO quando se instalasse".

O mistério aprofundou-se - os CO nunca 'pediram' nada! Apresentando-se, ele conheceu o comandante, que o convidou a adentrar. Enquanto ele prestava atenção, foi-lhe dito que o comandante de sua estação tinha sido avisado que o jovem artilheiro deveria descansar um pouco, longe do caos destrutivo de guerra. Ao ouvir esta notícia, o piloto desmaiou e soluçou em seu coração.

> Ele nunca se lembrou exatamente quanto tempo permaneceu no que não era um aeroporto, mas um hospital para aqueles que sobreviveram fisicamente, mas sofreram danos mentais terríveis. Este piloto, em particular, havia estado à beira da destruição psicológica.
>
> Sua experiência foi uma entre muitas. Inúmeros outros indivíduos foram levados quase à insanidade pelo espectro invisível da morte que os perseguia, junto com o resto da tripulação, enquanto subiam, à noite, no que poderia se tornar muito facilmente seu caixão. No escuro, saltando por baixo da intensa barreira de armas antiaéreas, o feixe intenso de um holofote e o repentino rat-a-tat-tat das metralhadoras de um combatente inimigo, o fim nem sempre seria repentino. Mas, para este indivíduo, graças a essa intervenção, havia, agora, um futuro.

UM ANO DE EXPANSÃO

Muitas das batidas realizadas pelo Comando de Bombardeiros foram contra alvos em países ocupados, pressionados a serviço do regime nazista. Uma delas foi um ataque contra a fábrica de Le Creusot, na França. Há muito tempo visto como o equivalente à gigantesca indústria de munições Krupps, sediada em Essen, Alemanha, tinha feito um grande nome para si como fabricante de armas pesadas, locomotivas, tanques e veículos blindados. Desrespeitando um embargo anterior, a ataques de dia, justificados devido à sua forte defesa, Harris enviou 94 Lancasters durante o dia 17 de outubro de 1942. A maioria foi instruída a chegar ao complexo fabril bem como a um grande bloco de acomodação, em uma das extremidades das instalações.

Era para ser um ataque de baixa altitude, não muito diferente de um contra as fábricas de munições em Augsburg, em abril anterior, quando sete dos 12 Lancasters tinham sido abatidos. Quase 140 toneladas de bombas foram lançadas de 2.500-7.500 pés, com pouca oposição, e apenas uma aeronave foi perdida quando voou muito baixo enquanto atacava uma estação transformadora que atingiu um dos prédios. A avaliação dos danos pós-ataque mostrou que a maioria das bombas tinha ficado aquém do esperado e entre as que atingiram a meta, a maioria atingiu o bloco de acomodações.

Outro ataque, em 6 de dezembro - desta vez, contra a fábrica de rádio e a válvula Phillips em Eindhoven, na Holanda - envolveu uma variedade de aeronaves, incluindo 47 Lockheed Venturas, 36 Bostons e 10 Mosquitos. Conduzidas em baixa altitude, em condições climáticas claras e sem escolta, 14 das 93 aeronaves foram perdidas e 23 das restantes foram danificadas por colisões com pássaros durante o voo de 70 milhas para o interior, a partir do mar. Eindhoven estava, em grande parte, deserta neste domingo, mas 138 pessoas holandesas foram mortas em uma incursão que causou poucos danos às fábricas.

O bombardeio preciso ainda era mais um desejo do que uma capacidade. Apesar do uso do Gee como ajuda à navegação e ao bombardeio, estava muito aquém de uma solução total. Por causa do valor duvidoso do bombardeio em território inimigo, não obstante, o aumento das chances de perdas devido às defesas inimigas, outras exigências do tempo de guerra foram mantidas na realização de todo Comando de Bombardeiros em seu potencial estratégico. Estas incluíam tarefas de apoio às necessidades do Comando Costeiro e bombardeios táticos de apoio a outras operações, algumas das quais foram solicitadas pela marinha.

No final de 1942, uma assistência bem-vinda chegou sob a forma do Oboé, um sistema de bombardeio cego que era baseado em dois transmissores de rádio na Inglaterra enviando sinais para um transponder em cada aeronave devidamente equipada. Quando medido como uma função do tempo que levava para o retorno do sinal codificado, o lapso no tempo fornecia informações que poderiam ser usadas para calcular a distância da aeronave à fonte. O uso do Oboé dependia de uma linha direta de visão e era responsabilidade do Mosquito, com sua altitude de operação superior a 30.000 pés, era o transportador ideal. Isto foi demonstrado quando foi testado, pela primeira vez, em operação em condições noturnas em 20/21 de dezembro de 1942, durante uma incursão na pequena cidade holandesa de Lutterade. Apesar dos esforços furiosos, os cientistas alemães nunca foram capazes de silenciar eficazmente o Oboé, que continuou a ser utilizado quando apropriado até o fim da guerra.

Além do fato de só funcionar quando estava em linha direta com a aeronave receptora, a principal desvantagem do Oboé era sua incapacidade de trabalhar a menos que os dois sinais pudessem se cruzar - um requisito que limitava severamente a faixa em que era eficaz. Em geral, tanto o Gee como o Oboé tinham um máximo alcance operacional de 220 milhas. Felizmente, havia surgido uma solução para a necessidade de bombardeios precisos em todos os tempos e mesmo no escuro - uma que foi pesquisada e desenvolvida durante 1942. Conhecido como H2S, era uma adaptação do radar ASV (Air-to-Surface Vessel). Apresentava um radar orientável que tinha sido usado pela marinha para procurar submarinos a partir do ar. Aproveitando o fato de que um magnéton de 9,1 cm de cavidade poderia alimentar um radar para mostrar reflexos em um tubo de raios catódicos que eram indicativos de características de superfície, quando usado em conjunto com um mapa topográfico, podia penetrar nas nuvens para identificar as características de aclives do terreno abaixo.

Ao ouvir sobre atrasos provocados por discordância sobre se valia a pena desenvolver o H2S, em 3 de julho de 1942, Churchill encomendou uma produção de alto nível do radar. Claramente, a força Pathfinder foi idealmente colocada para usar o H2S; durante 1943, estas aeronaves foram pioneiras na introdução do bombardeiro guiado por frotas de radar. Durante 1944, havia um número suficiente de conjuntos para equipar todas as frotas do Comando de Bombardeiros.

Durante grande parte do tempo, 1942 havia sido um ano de consolidação, de testes em operações com a nova geração de "pesados" e de experimentação com uma extensão de desenvolvimentos científicos e técnicos prometendo uma navegação mais eficaz e bombardeios direcionados. No entanto, o Comando de Bombardeiros ainda teve suas intenções desviadas pela constante demanda por implantações de aeronaves no norte da África e em apoio à campanha antissubmarino, esta última, através de pedidos para que bombardeassem a costa, portos e submarinos na costa atlântica.

No início de 1943, as forças do Eixo estavam sendo expulsas do norte da África e a Itália logo se renderia e enforcaria seu líder fascista, Benito Mussolini, em um gancho de carne sob o olhar público de uma população completamente cansada de ser arrastada através das agonias de guerra total. A Operação *Torch* havia entregado as primeiras tropas americanas à costa oeste da África e, com o Oitavo Exército do Gen Montgomery empurrando a Afrika Korps de Rommel ao longo da costa para encontrá-los, evacuando através da Sicília, expulsando as forças do Eixo da África. As forças alemãs e italianas no norte da África se renderam devidamente em 13 de maio de 1943 e os Aliados levaram 275.000 prisioneiros.

Durante a maior parte dos três anos anteriores, a guerra aérea sobre o Oriente Médio e o norte da África tinha sido impulsionada pelas terras contestadas que o Eixo acreditava poder ganhar com a guerra. Eles pretendiam fazer isso controlando o Mediterrâneo através de rotas para a Rússia a partir da Ásia Menor, e expandindo o leste para ameaçar os interesses britânicos. Estes conflitos aéreos haviam sido, por vezes, decisivos; uma grande parte da frota de transporte da Luftwaffe havia sido dizimada tentando consolidar as forças do Eixo na costa leste norte-africana de todo o Mediterrâneo fora de suas bases nos Bálcãs. Portanto, de várias maneiras, o despejo das forças inimigas da África garantiu uma plataforma para empurrar as forças alemãs de volta da Itália até os Alpes.

UM RETORNO DO BOMBARDEIO ESTRATÉGICO

Com estas vitórias na África asseguradas, a RAF procurou retomar sua principal campanha de bombardeio contra cidades e indústrias alemãs que apoiavam a guerra nazista. Mas, a ameaça dos submarinos alemães nunca esteve longe do debate, sobre quais recursos usar e aonde. E, em 14 de janeiro de 1943, uma diretiva arrepiante do Gabinete de Guerra ordenou que o Comando de Bombardeiros conduzisse imediatamente "uma política de bombardeio de área contra as bases operacionais dos submarinos na costa oeste da França".

Há algum tempo, engenheiros alemães vinham construindo abrigos maciços de concreto para submarinos em Lorient, Saint-Nazaire, Brest e La Pallice. O Comando de Bombardeiros prestou pouca atenção a estes trabalhos quando estavam em uma situação de vulnerabilidade, na fase de construção, quando a natureza exposta da obra teria significado que eles poderiam ter sido destruídos com bastante facilidade. Ao invés disso, no início de 1943, o submarino e a construção associada tinham sido concluídos, o que significava que os alemães tinham abrigos de submarinos praticamente à prova de bombas. E mais, o pessoal geral e técnico poderia agora ser alojado tanto em edifícios e bunkers especialmente protegidos ou em locais dispersos no campo. O resultado foi que, quando a RAF foi requisitada para bombardear cidades francesas, o efeito teve pouco valor militar. Muitos franceses morreram e amplas extensões de áreas povoadas foram arruinadas na tentativa infrutífera de destruir os submarinos e ajudar a vencer a guerra na Batalha do Atlântico.

No entanto, no início de 1943, o Comando de Bombardeiros estava livre para retomar sua campanha de bombardeio estratégico - e com capacidade de expansão. Em 13/14 de fevereiro, 466 aeronaves lançaram mais de 1.000 toneladas de bombas em Lorient, desviando-se da propaganda de reunir 1.000 aeronaves formadas por reservas e unidades de treinamento para esquadrões totalmente operacionais. Do início de março até o final de julho, o Comando de Bombardeiros executou o que chamou da Batalha do Ruhr. Isto consistia em 43 grandes operações em uma ampla gama de alvos em toda a Europa ocupada. A concentração em áreas específicas teria alertado com demasiada facilidade as defesas alemãs e consolidado suas forças antiaéreas e de combate. Era, portanto, necessário misturar alvos e datas de forma a não demonstrar um padrão previsível. Além disso, ao causar danos, uma grande vantagem da ofensiva de bombardeiros foi que amarrou um número crescente de militares alemães nas defesas aéreas.

Pela primeira vez, o alcance ampliado dos bombardeiros Stirling, Halifax e Lancaster abriu alvos tão dispersos como Stettin (Polônia), Pilsen (Tchecoslováquia),

Munique (Alemanha) e Turim (Itália), atingindo as principais instalações industriais e aglomerados que abrigavam suas respectivas forças de trabalho. Evidente também era o aumento da força do Comando de Bombardeiros. Enquanto a disponibilidade média mensal de todos os bombardeiros durante 1942 quase não flutuou acima de 400, no final de 1943 a disponibilidade tinha subido para uma média de mais de 800. E, como medição do número crescente de aeronaves que chegavam aos esquadrões, compensando as perdas, a média de elevação de bombas por mês, para todos os modelos, aumentou de 824 toneladas, no final de 1942, para mais de 2.100 toneladas em maio de 1943 e para 3.000 toneladas até o final do ano.

OPERAÇÃO *CHASTISE* – TAMBÉM CONHECIDA COMO O ATAQUE DAMBUSTERS

No entanto, para todas as atividades do que foi chamado de Força Principal, houve algumas tarefas incomuns, nenhuma, talvez, mais famosa do que a célebre Dambusters - uma operação única, imortalizada através do filme de 1955 do mesmo nome. E nada fez mais pelo moral nos lares da Grã-Bretanha, apesar da operação ter um valor significativamente menor para o esforço de guerra do que foi proclamado na época – e, talvez, como lembrado desde então, tanto em filmes como em livros.

A origem do ataque remete à determinação pré-guerra de que, no caso de conflito com a Alemanha, o Ruhr e seu poder industrial deveriam ser o foco de atenção. Foi observado que suas represas, com sua capacidade de manter a energia ligada através da energia hidroelétrica gerada pelo fluxo controlado de água, eram os alvos principais. A questão não era, portanto, onde atacar, mas como. Os meios estavam na engenhosidade do Dr. Barnes Wallis, o inventor da forma e estrutura geodésica usada para o bombardeiro Vickers Wellington.

No início, Wallis acreditava que uma bomba de 10 toneladas, caindo de uma altura de 40.000 pés, poderia fazer o trabalho de romper um muro de represa, liberar a água, inundar o local e cortar o fornecimento de energia que mantinha as fábricas funcionando. No entanto, os cálculos indicavam que isto seria quase impossível de ser alcançado. Com apenas equipamento de teste primitivo, Wallis calculou que uma bomba de 4,1 toneladas, embalada em um cilindro em forma de tambor e liberada depois de ter recebido uma rotação traseira de 500 rpm, se caísse contra a represa, abraçaria a parede enquanto ela caía na água. Se fosse equipada com um fusível hidrostático, preparado para explodir a uma profundidade pré-calculada, a explosão conduziria toda a energia da carga através da caixa do tambor e sobre a parede da represa, à qual seria firmemente pressionada devido ao efeito da rotação traseira. Isso, ele deduziu corretamente, traria energia suficiente para quebrar a barragem, permitindo que a enorme pressão da água dividisse a parede e liberasse uma inundação.

O problema era que a bomba não podia ser lançada da forma convencional; o tambor contendo o explosivo teria de ser liberado de uma altura máxima de 60 pés acima da água e a uma velocidade precisa de 240 mph. Além disso, a aeronave teria que voar em linha reta sobre um alvo altamente defendido durante à noite. Haveria alto risco para aeronaves valiosas e para uma tripulação ainda mais valiosa. Isso foi multiplicado devido ao fato de que a intenção era atingir várias represas durante uma incursão coordenada sobre o Ruhr.

Inicialmente, havia uma forte oposição à operação, o que exigiria precisão de um conjunto de tripulações especializadas e altamente experientes, bem como o desvio de bombardeiros Lancaster e o estabelecimento de um esquadrão especial para realizar a operação. Como chefe do Comando de Bombardeiros, Air Chf Mshl Harris viu esta proposta como apenas mais um desvio de martelar à noite golpes sem remorsos que ele impôs em toda a indústria alemã. Enquanto isso, o Air V-Mshl Francis Linnell, do Ministério de Produção Aeronáutica, acreditava que o trabalho tiraria Wallis de seu trabalho principal de desenvolver uma nova aeronave chamada de Windsor. Pressionado por Linnell, o presidente da Vickers-Armstrong, Sir Charles Worthington-Green, forçou Wallis a se demitir por causa do assunto.

Após exaustivos testes contra modelos de barragens em escala e em uma represa de verdade no País de Gales, Portal anulou a oposição e, com o apoio de Churchill, ordenou que a incursão fosse em frente. Conhecida como Operação *Chastise*, ela foi dirigida contra o Möhne e as barragens de Sorpe, que alimentavam diretamente a área industrial do Ruhr, e a barragem do Eder, que se alimentava do rio Weser. Para conduzir a operação, foram selecionadas tripulações especiais do Grupo Nº 5 e enviadas para treinar sob o comando do Comandante de Ala (Wg Cdr) Guy Gibson, na RAF Scampton, ao norte de Lincoln. Em um programa altamente secreto, 21 das equipes de bombardeiros foram designadas para o que, então, era conhecido como Esquadrão X - ainda não havia recebido seu número oficial, Esquadrão 617.

A incursão ocorreu em 16/17 de maio de 1943. Envolveu os bombardeiros Lancaster Mk III especialmente modificados, que haviam sido despojados do armamento e da maior parte da armadura, cada um modificado para carregar uma única bomba, chamada "Upkeep", que foi anexada a um dispositivo para dar giro na traseira antes de ser lançada. Dezenove Lancasters foram enviados em três ondas, carregando a "bomba saltitante", como foi apelidada. Uma aeronave teve que voltar quando bateu no mar durante a travessia para o continente, arrancando sua bomba. Mais cinco foram abatidas ou atingidas, e uma foi gravemente atingida por fogo antiaéreo e teve que voltar. Com 12 aeronaves restantes para o ataque, a tripulação do Gibson e outras quatro aeronaves atingiram a represa de Möhne e violaram-na, enquanto três atingiram a barragem do Eder, que também foi violado. Duas outras atingiram a barragem de Sorpe e um alvo secundário, a barragem de Schwelm, mas sem resultado.

Das 19 aeronaves que partiram, oito foram perdidas e dos 56 membros da tripulação, 53 foram mortos. No entanto, ao romper as duas represas, a incursão conseguiu uma significativa parte de seu objetivo e a maior parte de sua finalidade. A liberação dos 330 milhões de toneladas de água contidos na barragem de Möhne causou inundações e perturbações gerais das redes de transporte e das ligações de comunicação, e as energias das usinas siderúrgicas do Ruhr foram cortadas em cerca de 75%. A quebra da barragem de Eder causou grandes danos à cidade de Kassel quando a onda resultante a atingiu. Duas grandes centrais elétricas foram destruídas e outras sete foram colocadas fora de ação por um tempo. Lamentavelmente, das 1.650 pessoas mortas, metade desse número eram prisioneiros de guerra e operários forçados, principalmente da Rússia, que estavam sendo contidos em vários campos de trabalho em toda a área circundante.

De modo geral, a interrupção da produção da guerra alemã foi mínima. Coordenada por planejamento de batidas subsequentes, usando explosivos convencionais, a maneira usual poderia ter feito mais para interromper a energia e os recursos, até mesmo os muitos trabalhadores necessários para limpar e reparar as represas. Harris não tinha coração para tal esforço, porém, as atenções do Comando de Bombardeiros foram rapidamente reorientadas para a destruição de grandes instalações industriais e cidades através do bombardeio de área. E nessa época, a Força Aérea Americana estava começando a exibir capacidades que realmente endossariam as expectativas do acordo, definindo a Ofensiva Combinada de Bombardeiros.

CAPÍTULO 14

Tempestades de Fogos e Curvas de Aprendizagem

NA NOITE de 10/11 de setembro de 1939, dez aeronaves da RAF sobrevoaram Hamburgo pela primeira vez e largaram folhetos de propaganda implorando aos alemães que parassem seus ataques à Polônia. A próxima visita a Hamburgo ocorreu em 17/18 de maio de 1940, quando 48 Hampdens bombardearam as instalações petrolíferas deste porto industrial estratégico. A partir de então, esta antiga cidade, porto livre e os principais centros de portos industriais e marítimos da costa noroeste da Alemanha foram repetidamente atingidos com o aumento do número de aeronaves.

Durante o período conhecido como a Batalha do Ruhr, de março a julho 1943, Air V-Mshl Harris decidiu bater forte em Hamburgo. Em 3/4 de março de 1943, por exemplo, 417 aeronaves atingiram as instalações portuárias e a cidade vizinha de Wedel, causando muitos danos. Harris também escolheu esta cidade como o primeiro alvo para uma operação planejada com a 8ª Força Aérea dos EUA. Como o maior porto da Europa e a segunda maior cidade da Alemanha, ele sentiu que sua relativa proximidade com o Reino Unido a tornaria um alvo altamente adequado para este esforço inicial de focar tanto os britânicos quanto as forças aéreas americanas em um objetivo. A diretriz que ordenou esta operação, denominada "Gomorrah" (referência à história bíblica da cidade destruída por Deus por sua perversidade, relatada em Gênesis 19:24), foi assinada por Harris em 27 de maio.

O plano envolvia a RAF em uma operação noturna, dois dias de missões de bombardeios dos EUA à luz do dia, seguida de uma segunda operação da RAF contra Hamburgo. Não funcionou tão bem assim. A 8ª Força Aérea foi designada para alvos em ou perto de Hamburgo, como Kiel, mas a fumaça intensa do ataque noturno encontrada pelos B-17 fez com que os americanos se retirassem do plano. Em seguida, Harris montou três grandes batidas em Hamburgo no espaço de seis dias, mas elas não foram planejadas como algo excepcional.

Uma contramedida para confundir o radar de alarme antecipado de Würzburg, o qual controlava as armas antiaéreas, e o radar de Lichtenstein, utilizado pelos caças noturnos, foi introduzida na primeira dessas batidas. Conhecida como "Window", consistia em pequenas tiras de folha de alumínio fixadas por adesivos a pedaços de papel fino. Se estas fossem largadas por bombardeiros, em grande número, o radar ficaria totalmente saturado com os reflexos falsos de várias centenas de milhares de tiras individuais. O Comando de Bombardeiros também empregou o H2S para esta sequência de ataques a Hamburgo, além de navegação visual.

A primeira das três batidas ocorreu na noite de 24/25 de julho de 1943, quando 791 aeronaves - incluindo 347 Lancasters, 246 Halifaxes e 125 Stirlings - foram estabelecidas. Destas, 728 aeronaves lançaram 2.284 toneladas de bombas durante um período de 50 minutos. As bombas caíram um pouco fora do centro do alvo otimizado, rastejando de volta (onde a pegada das bombas lançadas começa a recuar para fora da cidade) 6 milhas. No entanto, grandes danos foram causados a edifícios governamentais, incluindo a principal delegacia de polícia, os escritórios das autoridades locais e as instalações industriais, bem como o zoológico, onde 140 animais foram mortos. No total, 1.500 pessoas morreram no ataque e nas conflagrações que se seguiram, agravadas pela destruição do sistema telefônico, o que tornou os 40.000 bombeiros da cidade incapazes de coordenar suas atividades.

No final da tarde do dia seguinte, com a densa fumaça cobrindo toda a cidade e distritos adjacentes, 123 B-17s da 1ª Ala de Bombardeio, 8ª Força Aérea dos EUA, decolaram para bombardear Hamburgo, como planejado. Entretanto, a visibilidade era terrível e a missão foi cancelada. Na mesma hora, a 4ª Ala de Bombardeio colocou 141 B-17s para atacar os pátios dos submarinos em Kiel, cerca de 50 milhas ao norte de Hamburgo. Destas, 118 aeronaves alcançaram a meta, embora ainda não conseguissem atingir seu objetivo principal. A intenção nunca foi fundir forças aéreas para uma única operação, mas sim, coordenar ataques para maximizar a perturbação; bombardeios contínuos 24 horas por dia impediram a recuperação das equipes de bombeiros, equipes de resgate e civis.

A RAF saiu pela segunda vez na noite de 27/28 de julho, quando 787 aeronaves foram enviadas para Hamburgo, incluindo 353 Lancasters, 244 Halifaxes e 116 Stirlings. Todo o trabalho da Pathfinder foi feito usando o H2S, e o alvo de rastreamento que havia sido observado duas noites antes era apenas marginal. No total, 729 aeronaves lançaram 2.326 toneladas de bombas, que foram colocadas com muito mais precisão do que anteriormente, dentro de uma zona concentrada. Para colocar isto em perspectiva, até esta data, a maior queda de tonelagem em um único ataque havia sido de 44 toneladas em Guernica, em 26 abril de 1937, 100 toneladas em Roterdã, em 14 de maio de 1940, 711 toneladas em Londres, em 10 maio de 1941 e 1.455 toneladas em Colônia, em 30 de maio de 1942.

Foi estimado, com alguma certeza, que na incursão desta noite, cerca de 500-600 bombas caíram em uma área de 2 milhas quadradas. O que se seguiu foi único até esta data: a criação de uma tempestade de fogo. Isto se deve a vários fatores, o mais importante, as condições meteorológicas incomuns. O tempo estava quente e sem umidade, e houve tempestades violentas sobre o Mar do Norte nas noites anteriores, o que tinha causado o cancelamento de um bombardeio anterior em Hamburgo. Em 27/28 de julho, a temperatura era de 30° C (86° F), com a umidade abaixo de 30%, enquanto, normalmente, para esta época do ano, seria de 50%.

Hamburgo não via chuva há muito tempo, o que significava que todo o lugar estava seco. Quando as bombas caíram, um grande número de grandes incêndios começou, espalhando-se por todos os distritos onde viviam os trabalhadores operários. O equilíbrio das cargas de bombas transportadas continha uma mistura de, aproximadamente, 50% de incendiárias e o resto em uma variedade de diferentes altos explosivos. Não havia nada de intrinsecamente único sobre a distribuição dos tipos de bombas, mas o que estava a seguir era diferente de tudo o que tinha sido experimentado na guerra, de qualquer modo. Foi, de fato, uma verdadeira tempestade de fogo em que o clima e os incêndios criados pelos bombardeios se misturaram e se fundiram para incendiar o próprio ar. Isso não tinha sido visto antes, em qualquer lugar.

Com a maioria das equipes de bombeiros ocupadas nas partes ocidentais da cidade, tentando amortecer os incêndios que tinham começado três noites antes, qualquer movimento para a área foi dificultado e, em alguns casos, totalmente impedido pelas aglomerações de escombros e edifícios caídos nas ruas. Como os incêndios na área de Hammerbrook começaram a se fundir em cerca da metade dos ataques, eles mesmos se transformaram em um funil de correntes de ar em aceleração ascendente - um vórtice de fogo e materiais ardentes que se precipitaram para cima, a grande altitude. Anotações confiáveis falam de adultos, crianças, animais e móveis que estavam sendo queimados nas chamas, como se fosse um aspirador atmosférico em uma coluna incompreensivelmente gigantesca, pairando sobre Hamburgo e sugando tudo para cima.

Quando o próprio ar se inflamou, sugou o oxigênio dos níveis mais baixos e puxou para cima o ar da área ao redor, causando tornados de fogo que correram em grande velocidade para o interior do vórtice. As pessoas foram asfixiadas. Muitos entraram em pânico e fugiram para os abrigos improvisados em suas casas, apenas para serem sugados pelo ar, transportados alto, sobre as cabeças de seus vizinhos horrorizados com toda a aparência de velas de fogo. Outras, correram para qualquer água exposta, particularmente, para as regiões do Alster e ficaram presas em temperaturas no ponto de ebulição. Vários relatos de testemunhas oculares falavam de cavalos em chamas fugindo da empresa de transporte Hertz.

O rescaldo do ataque em Hamburgo revela a devastação causada pelos ataques de incêndio em uma escala nunca antes experimentada. USAF

Grande parte das 42.000 pessoas mortas naquela noite (equivalente a todos os britânicos mortos até esta data nos ataques aéreos alemães, desde o início da guerra) foram asfixiadas em bolsas de monóxido de carbono, muitos em abrigos subterrâneos com saídas bloqueadas por detritos. Cerca de 16.000 edifícios de apartamentos de vários andares, lares para 450.000 pessoas, com uma fachada coletiva de 133 milhas, foram destruídos quando uma área de 4 milhas quadradas foi completamente queimada pelo vórtice central da tempestade de fogo. Um total de 12 milhas quadradas foi devastada, com a destruição de 24 hospitais, 277 escolas e 257 prédios governamentais.

Olhando para baixo, de sua aeronave, um membro da tripulação disse, depois: "O fogo era inimaginável. Lembro-me de dizer ao navegante, que estava absorto em suas cartas: "Por amor de Deus, Smithy, venha e veja isto. Você nunca verá isso novamente!" Mas, Hamburgo despertou para mim, pela primeira vez, a ética do bombardeio. Eu considerei que os chamados civis faziam parte da máquina de guerra alemã ... os únicos que não tinham outra opção eram as crianças ... elas não estavam envolvidas, então, você saía com um sentimento terrível sobre elas".

Outras tripulações aéreas testemunharam que podiam sentir o calor dos incêndios, relatando fuligem em suas aeronaves e podendo sentir o cheiro horrível da carne queimada. Muitos foram profundamente afetados pelo que viram naquela noite e, muito mais tarde, expressaram terem sentido dúvidas que permaneceriam com eles durante o resto da guerra, e além. Dos 1,7 milhões de alemães na cidade, 1,2 milhões foram evacuados pelas autoridades, mas isso sacudiu a hierarquia nazista; até mesmo o ministro da propaganda, Joseph Goebbels, escreveu em seu diário sobre uma "Espada de Dâmocles" que pairava sobre o país.

Duas noites mais tarde, o Comando de Bombardeiros estava de volta. Na noite de 29/30 de julho, 777 aeronaves decolaram - incluindo 344 Lancasters, 244 Halifaxes e 119 Stirlings – e, novamente, o H2S foi usado para marcar o alvo. Desta vez, as formações deveriam aproximar-se da cidade pelo Norte e Nordeste para atacar áreas que haviam sido deixadas relativamente incólumes. Mas, os marcadores estavam 2 milhas distantes do Leste e identificaram uma área logo ao Sul da primeira tempestade de fogo. À medida que o rastreamento migrava para cima de 4 milhas, invadiu novamente a zona devastada e acabou chovendo bombas em uma nova área residencial. Ao todo, 707 aeronaves lançaram mais 2.318 toneladas de bombas, principalmente, nas casas dos trabalhadores. Desta vez, não houve nenhuma tempestade de fogo, a não ser os fogos separados que se acenderam. Em um trágico incidente, 370 pessoas que procuraram refúgio no porão de uma loja de departamentos foram asfixiadas pelo monóxido de carbono quando as saídas foram bloqueadas pelos escombros e alvenaria caídos.

TEMPESTADES DE FOGOS E CURVAS DE APRENDIZAGEM   211

Como em alguma resposta simulada, quando o Comando de Bombardeiros enviou mais 740 aeronaves para invadir Hamburgo, na noite de 2/3 de agosto, muitos tiveram que voltar. Tempestades violentas e intensas fizeram com que os bombardeiros voltassem, transformando a tentativa em um fiasco. Trinta aeronaves foram perdidas devido à turbulência extremamente violenta, às descargas atmosféricas, e à formação de gelo nas asas e nas superfícies de controle que as derrubaram.

Durante o resto do ano, o Comando de Bombardeiros retomou seus ataques contra a indústria e os alvos estratégicos, tais como fábricas e fabricantes de máquinas de guerra, e houve três ataques em Berlim entre o final de agosto e o início de setembro. Este teve um preço; chegar tão longe, em todo o continente, expôs os bombardeiros ao fogo antiaéreo e aos níveis mais altos de atrito, as taxas de perdas subiram para 7,5%. Além disso, os meses de verão nunca foram bons para ataques de penetração profunda, mas, quando o inverno começou a prolongar as noites, a segurança do escuro era reconfortante para as tripulações. No entanto, isto foi um pouco prejudicado pelo fato de que os alemães estavam desenvolvendo meios cada vez mais sofisticados de localizar os bombardeiros.

Mudanças na estrutura do nível de força levaram à aposentadoria do bombardeiro Wellington, substituído completamente pelos "pesados", que saíam das linhas de produção em número crescente. Algumas mudanças também foram feitas na modernização de equipamento aeronáutico e em tecnologia mais capaz, incluindo G-H, que substituiu o Oboé em 1944 como um auxílio à navegação para até 80 aeronaves de cada vez, em vez de uma única com o sistema mais antigo. Houve, também, um esforço proativo de interrupção chamado Corona, o nome de um sistema de escuta baseado em terra que captava comunicações entre os caças noturnos alemães.

No solo da Inglaterra, homens e mulheres fluentes em alemão imitariam os controladores de voo da Luftwaffe e dariam aos pilotos de caças inimigos informações incorretas sobre a localização e posição dos bombardeiros da RAF, enviando-os para longe das formações que chegavam. O uso mais sofisticado do Corona foi colocar um membro adicional da tripulação de língua alemã em bombardeiros individuais para perturbar as comunicações. Com o codinome 'Airborne Cigar', isto se mostrou particularmente eficaz. Em outras tentativas de confundir a Luftwaffe, Mosquitos de voo rápido realizavam ataques de desvio, embora estes pouco tenham feito para distrair o inimigo. Somente quando pequenas forças de grandes bombardeiros repetiam a mesma prática, as defesas alemãs tomavam conhecimento e começavam a direcionar os caças defensivos para a intrusão do chamariz, deixando a força primária relativamente livre.

ATENÇÃO ESPECIAL

Desde meados da década de 1930, muito antes do início da guerra, em setembro de 1939, um grupo secreto de cientistas e engenheiros sob a liderança do General Walter Dornberger, do Exército Alemão, estava trabalhando em um projeto para desenvolver um míssil balístico capaz de impulsionar uma ogiva de 1 tonelada com alcance de 200 milhas. Conhecido como o A4 (*Aggregate 4*) e, eventualmente, renomeado pelo ministério de propaganda alemão de V-2 ("arma de vingança n° 2") foi desenvolvido e testado na ilha de Peenemünde, no Báltico, na costa norte da Alemanha. Posteriormente e, também, em Peenemünde, a Luftwaffe, vinha desenvolvendo uma arma igualmente secreta: o Fieseler Fi-103, que seria apelidado de V-1 (já que foi o primeiro a ser utilizado operacionalmente).

Enquanto o V-2 era um míssil - voando uma trajetória arqueada que sairia da atmosfera e alcançaria a borda do espaço, antes de se curvar para baixo para atingir seu alvo mais rápido do que a velocidade do som - o V-1 era puramente subsônico. Alimentado por um motor de pulso a jato, ele também carregava uma ogiva de 1 tonelada a uma distância de 200 milhas, mas voava até seu alvo como um avião, embora, sem hélice e alimentado somente por seu motor de reação. Poderia haver alguma defesa contra o V-1, mas nada poderia combater o V-2.

Tendo recebido alguns trechos de informações de inteligência sobre estes mísseis, o Ministério da Guerra ordenou o reconhecimento fotográfico de Peenemünde. As fotos não foram conclusivas, no entanto, houve debates sobre o que estes objetos de aparência estranha eram. Deitado de lado e assumindo a forma de um charuto alongado, o A4 foi assumido como um foguete, embora a opinião se dividisse sobre se os alemães poderiam ter produzido algo tão avançado. Uma vez mais, o Dr. R.V. Jones, da seção de inteligência do Ministério da Aeronáutica, foi chamado para examinar as provas. Ele ficou firmemente ao lado daqueles que acreditavam ser um foguete, apesar de Lord Cherwell afirmar que nada mais era do que uma farsa para enganar os britânicos e que tinha tanto potencial bélico quanto os balões infláveis em forma de salsicha, com os quais se parecia!

Entretanto, Churchill encomendou ao Presidente do Gabinete de Guerra, Duncan Sandys, formar um comitê especial. Isto foi ordenado para examinar todas as provas – os alemães estavam testando o V-2 em todo o Báltico e, embora envoltos em segredo, a palavra sobre esta atividade havia chegado à inteligência britânica muito antes de qualquer prova fotográfica que aeronaves de alto voo tinham obtido - e para alcançar conclusões baseadas na ciência. Foi, então, encarregado de organizar uma incursão para demolir a instalação onde milhares de trabalhadores estavam, e destruir os laboratórios, oficinas e plataformas de lançamento.

Na noite de 17/18 de agosto de 1943, portanto, o Comando de Bombardeiros enviou 596 aeronaves - compreendendo 324 Lancasters, 318 Halifaxes e 54 Stirlings - em um ataque especial a Peenemünde. Lamentavelmente, o marcador inicial fez com que as primeiras bombas caíssem sobre um campo de trabalhadores forçados, a cerca de 1½ milhas do ponto de mira. Entretanto, o sistema mestre de bombardeiros trouxe de volta a força principal ao alvo e 560 aeronaves lançaram quase 1.800 toneladas de bombas, das quais, 82% eram explosivos elevados, de modo a esmagar as extensas instalações em todo o local.

BOMBADEIRO MESTRE
O conceito de bombardeiro mestre envolvia equipamento de rádio de alta frequência instalado em certas aeronaves. Permitiu aos membros da tripulação, em diferentes aeronaves, comunicarem-se e, assim, responderem às instruções da tripulação principal. Testado pela primeira vez na noite de 20/21 de junho de 1943, em uma incursão sobre as obras eletrônicas em Friedrichshafen, o ataque a Peenemünde foi a primeira grande operação em que ele foi empregado.

Na noite da incursão, 500-600 trabalhadores prisioneiros foram mortos, juntamente com 180 alemães, e houve grandes danos aos laboratórios e às instalações de teste, incluindo algumas das plataformas de lançamento e equipamentos associados para o fornecimento de combustíveis e fluidos utilizados nestes dispositivos exóticos que estavam sendo desenvolvidos. A RAF perdeu 40 aeronaves, uma elevação de 6,7% da força de ataque. Foi sobre esta operação que os bombardeiros encontraram, pela primeira vez, o Schräge Musik – um canhão duplo, de fogo ascendente, instalado na fuselagem dianteira superior de caças Bf-110 da Luftwaffe especialmente convertidos, que foram projetados para atacar a parte inferior dos bombardeiros com balas de 20 mm, de alta velocidade. Nomeado com a palavra alemã para músicas desafinadas, ele foi amplamente adotado, pois a Luftwaffe buscou qualquer meio de conter a maré de bombardeios aliados e incursões em toda a Europa ocupada.

As consequências da batida ao programa V-2, a longo prazo, foram mínimas, no entanto, os alemães mudaram suas operações de teste para um lançamento recém-construído em Blizna, Polônia, enquanto mantinham escritórios de desenho e administrativos em Peenemünde. Passaria um ano até que os V-2s começassem a cair em alvos no sudeste da Inglaterra, precedidos por alguns meses pela "bomba voadora" V-1 (ou "doodlebug", como era conhecida na Grã-Bretanha).

UMA JORNADA AMERICANA

Durante o restante de 1943, o Comando de Bombardeiros da RAF exerceu uma pressão constante em cidades alemãs e cidades industriais, testando as defesas por meio de operações e planejamento de um aumento significativo, tanto em escala quanto em capacidade, em 1944. Durante este período, os americanos atingiram novos patamares com seus planos em evolução para bombardeios diurnos sustentados, integrando-se com a RAF apenas nas especificidades do que eles estavam bombardeando e aonde. Bombardeios diurnos sustentados haviam chegado há muito tempo e as Forças Aéreas do Exército levaram muito mais tempo do que esperavam para atingir o máximo de desempenho.

Desde meados de 1942, a 8ª Força Aérea vinha acompanhando as operações da RAF, como eles se depararam com um inimigo tão próximo através do exíguo Mar do Norte. O primeiro americano a lançar bombas em solo inimigo foi o Capitão Charles C. Kegelman, que voou com um dos 12 Bostons, em 29 de junho de 1942, contra o estaleiro Hazebrouck, no norte da França. Entretanto, foi somente em 17 de agosto daquele ano que a USAAF voou sua primeira missão independente. Coronel Frank A. Armstrong conduziu 12 B-17s de Polebrook, Northamptonshire, para atacar pátios de triagem em Rouen-Sotteville, na França. Esta missão obteve bons resultados e conseguiu escapar com baixas leves. Ao retornar à sua base, Air Mshl Tedder, comandando operações aéreas no Oriente Médio, enviou uma mensagem para a tripulação: 'Yankee Doodle, certamente, foi para a cidade e conquistou mais um êxito".

A primeira incursão dos EUA realizada pela 8ª Força Aérea em um alvo na Alemanha ocorreu em 27 de janeiro de 1943, quando 53 B-17s, de 91 que partiram, encontraram seu alvo; todos os B-24 despachados perderam o rumo e retornaram sem resultado. A frustração se seguiu em 2 de fevereiro, quando 61 B-17s e 22 B-24s de todos os seis grupos de bombardeios operacionais tentaram encontrar os pátios de triagem em Hamm, mas falharam, por causa do mau tempo. A próxima incursão, em 14 de fevereiro, resultou com os 74 bombardeiros voltando, novamente, pelas más condições.

Missões mais longas e mais prolongadas no espaço aéreo hostil representavam severos problemas, especialmente para os B-17 vulneráveis, que até esta data ainda não tinham recebido as torres que proporcionariam uma defesa eficaz contra ataques frontais. Somente uma proteção limitada foi oferecida aos bombardeiros americanos - formações de 18 aeronaves em um quadrado foram previstas e testadas, empilhadas duas ou três aeronaves na vertical em uma única ala de combate. Além disso, existiam dificuldades - operacionais, administrativas e culturais - entre as duas forças aéreas a nível de comando (as tripulações aéreas se deram notavelmente bem). E estas provaram ser muito mais difíceis de resolver do que qualquer um poderia prever.

A BATALHA SOBRE MALTA

Os americanos não estavam sediados apenas no Reino Unido. Em 28 de junho, o General Brereton tinha chegado ao Egito para assumir o comando das operações aéreas americanas naquele setor e comandaria a Força Aérea do Oriente Médio, que deveria provar ser um elemento vital no apoio à Força do Deserto da RAF, ao empurrar o Eixo do Norte da África. Ataques persistentes às instalações inimigas e confronto direto das forças aerotransportadas da Luftwaffe desempenharam um papel fundamental em fazer as forças alemãs e italianas recuarem. Ferozmente contestada, a sobrevivência da Ilha de Malta, a meio caminho do Mediterrâneo, tornou-se uma lenda histórica de heroicas batalhas aéreas, primeiro, pelos envelhecidos biplanos Gloster Gladiator e, depois, pelos Spitfires lançados de porta-aviões, ressoando ao longo da história como fundamental para impedir que o Eixo atingisse seu objetivo – dominar e invadir Malta e transformar todo o Mar Mediterrâneo em um lago do Eixo.

Alguma frustração tinha sido instalada quando o Presidente Roosevelt e seu conselheiro militar, George C. Marshall, estavam irritados por não receberem endosso a seu plano de atravessar o Canal da Mancha, em 1942. Considerando que os alemães permaneceram como em 1917 - um inimigo entrincheirado atrás de fortificações defendidas por uma frente fixa – parecia lógico invadir a Europa e enfrentar o inimigo no terreno. Isto tinha falhas embutidas. No entanto, Roosevelt se preocupava em ter que aplacar um Congresso cada vez mais impaciente, e o público americano, e explicar por que mais de um milhão de soldados e aviadores americanos estavam sentados na Inglaterra, à espera da palavra para atacar. Seu predecessor na guerra anterior, Woodrow Wilson, tinha enfrentado o mesmo problema, respondendo a um eleitorado e a uma legislatura que tinham paciência limitada com americanos inativos no exterior, aparentemente, incapazes de fazer a diferença.

A ausência de mudanças reais se tornou ainda mais palpável pelo fato de que apenas 79 missões haviam sido voadas em 1942, e nenhuma com 80 ou mais aeronaves, embora algum alívio tenha sido sentido na segunda metade de 1943, quando havia uma campanha de apoio a um longo trabalho na Itália, como parte da ação no Oriente Médio e no Mediterrâneo. A expectativa de que os B-17s e os B-24s poderiam se defender também foi minada pela realidade da situação. A guerra contra a Luftwaffe foi muito diferente daquela na qual as aeronaves tinham sido projetadas e, portanto, havia uma necessidade cada vez mais estridente dos caças de escolta.

Quando os americanos chegaram ao Reino Unido, o único caça de escolta competente era o Lockheed P-38, uma aeronave bimotor, de cauda dupla, com velocidade máxima de mais de 400 mph e um alcance de 450 milhas. Projetado em 1937 e tendo feito seu primeiro voo em setembro de 1940, o P-38 Lightning foi utilizado, efetivamente, na Guerra do Pacífico e na Europa, mas faltava-lhe alcance. Apenas em 24 de dezembro de 1942, os primeiros caças Republic P-47 Thunderbolt chegaram à Grã-Bretanha para apoiar as operações da 8ª Força Aérea.

Competindo como um possível caça de escolta, o P-47 tinha feito seu primeiro voo em maio de 1941. Embora tenha sido anunciado com um alcance de 530 milhas, capaz de escoltar bombardeiros até uma distância de 270 milhas, faltavam os tanques de lançamento – os tanques de combustível transportados sob a fuselagem ou as asas que eram largadas quando vazias, para devolver a aeronave às suas qualidades usuais de manuseio – e, na realidade, não poderia ser confiado para ficar nos ataques por mais de 175 milhas. Além disso, tinha baixa aceleração ao passar da velocidade de cruzeiro dos bombardeiros para o ritmo dos caças atacantes. Foi sugerido, portanto, que o P-47 deveria voar na cobertura e atacar os predadores Luftwaffe em vez de ficar com os bombardeiros e tentando lutar contra os caças que chegavam.

O P-51, por outro lado, evoluiu para um caça de escolta confiável. O modelo havia sido solicitado, pela primeira vez, pelos britânicos, em janeiro de 1940, quando foram para os EUA em busca de aeronaves a pedido da RAF. A aviação norte-americana levou apenas 117 dias para projetar o P-51 e voar o protótipo pela primeira vez em outubro daquele ano. Acionado por um motor Allison V-1710-F3R, de 1.100 hp, havia sido autorizado com base no fornecimento de dois protótipos ao exército americano para que pudessem avaliá-lo para a possível produção e uso doméstico. O primeiro, utilizado pelo (então) Corpo Aéreo do Exército, não conseguiu impressionar, embora os britânicos tenham pedido um lote, o primeiro dos quais voou em maio de 1942 como o Mustang.

O mau desempenho acabou sendo aliviado com a adoção do motor Rolls-Royce Merlin. Testes de voo com o seguinte modelo, em novembro de 1942, mostraram um aumento de velocidade de 50 mph, empurrando-o para mais de 400 mph em uma aceleração total. Isto foi conseguido quando Stanley Hooker, da

Rolls-Royce, projetou um superalimentador de dois estágios com intercooler para o motor Merlin 61, que também elevou o teto de serviço a incríveis 41.000 pés. Havia, também, um tanque de combustível adicional atrás do assento do piloto.

Finalmente, a USAAF tinha um excelente caça de escolta. Eles pilotaram sua primeira missão de combate em dezembro de 1943 e, em 15 de janeiro de 1944, providenciaram escolta através da fronteira alemã. Dois meses depois, eles escoltaram os B-17s e B-24s no caminho de ida e volta a Berlim.

BOMBARDEIOS AMERICANOS

A evolução até o pico de desempenho ocorreu rapidamente durante a segunda metade de 1943. Em janeiro, a 8ª Força Aérea tinha 80 B-17s e B-24s operacionais, em comparação com um estoque atribuído de 225, com 85 tripulantes disponíveis. Até a metade do ano, esses totais tinham crescido, respectivamente, para 378 aeronaves de 800 designadas e 315 tripulantes. Em janeiro de 1944, 842 aeronaves estavam disponíveis para operações a partir de um estoque de 1.630 com 1.113 tripulantes listados. Esses totais continuariam a aumentar.

O que era mais importante era o número crescente de aeronaves disponíveis para operações em comparação com o número atribuído: 35,5% em janeiro de 1943, 47% em julho e 52% seis meses mais tarde. No entanto, apesar da longa e lenta escala em capacidade, os americanos estavam ansiosos para desempenhar um papel na destruição de instalações de produção de apoio ao esforço de guerra alemão e, portanto, planejaram uma série de batidas na fábrica de rolamentos de Regensburg.

Em 17 de agosto de 1943, uma força de 188 aeronaves penetrou nas profundezas da Alemanha e atingiu as instalações de Regensburg. Cerca de 127 foram, então, para a fábrica de Schweinfurt, onde 50% de toda a produção de caças alemães estava concentrada. Uma vez que esta meta estava 100 milhas mais adiante, aqueles bombardeiros tiveram que voar para o Sul e pousar na Tunísia, ao invés de tentar fazer o voo de retorno através da Alemanha fortemente defendida.

Foi uma missão difícil. Logo que as aeronaves americanas atravessaram o continente de volta, a Luftwaffe, que estava à espera, atacou de forma sustentada durante 90 minutos, atingindo os bombardeiros de Regensburg que estavam à frente dos que foram para Schweinfurt.

Os controladores da Luftwaffe posicionaram caças o mais distante possível do Báltico, e aeronaves foram empregadas como aviões de reconhecimento, longe do local de aproximação, os bombardeiros mantiveram um fluxo contínuo sobre sua localização. Ao fazer isso, a Luftwaffe mostrou um novo nível de ataque, e táticas que não tinham sido vistas antes. Nessa época, o já lendário Adolf Galland estava no comando geral das unidades de caças - a Jagdwaffe - e dos procedimentos seguidos por seus pilotos.

Atacando em grupos de dois ou três, os pilotos Jagdwaffe utilizaram uma formação de dardos em pacotes de até 25 aeronaves, cortando as posições do nariz dos bombardeiros em grupos de 7-15 aeronaves, simultaneamente. Conforme orientação da Galland, eles mergulharam quase verticalmente através das formações de bombardeiros, mirando suas armas nas torres das aeronaves, usando foguetes espoletas de proximidade, para que detonassem próximos mas não diretamente sobre as superfícies dos bombardeiros, para que os estilhaços danificassem várias partes de cada aeronave simultaneamente, com efeito paralisante. Houve, também, ensaios com bombas retardadas por paraquedas, que foram lançados diretamente em cima de bombardeiros individuais. Estes nem sempre produziam o efeito esperado.

A intensidade dos ataques aos bombardeiros invasores foi maior do que qualquer que tinha sido experimentada até o momento. Durante o engajamento inicial, 24 dos 127 bombardeiros que conseguiram chegar ao alvo foram abatidos. As demais aeronaves americanas, entretanto, lançaram 299 toneladas de bombas sobre as fábricas. Os invasores de Schweinfurt, que vieram atrás, estavam com mais de três horas de atraso do que o planejado devido ao mau tempo e foram esgotados por problemas técnicos e erros de navegação. Isto significou que apenas 188 dos 230 que se propuseram, atingiram seu alvo. Este intervalo permitiu que a Jagdwaffe pousasse seus caças, reabastecesse, rearmasse e voltasse para o ar. Apenas 152 bombardeiros sobreviveram ao dia, 36 foram abatidos resultando em uma taxa de perdas de 19% em cada ataque.

No entanto, a missão foi bem-sucedida em seus danos às fábricas de rolamentos, reduzindo a produção de 169 para 50 toneladas, e houve um atraso de três meses em restaurar a produção a qualquer semblante de normalidade.

Apesar das perdas, a 8ª Força Aérea estava de volta em 14 de outubro de 1943. Foram 291 B-17s e 29 B-24s, com tanques de combustível adicionais nos bombardeiros Boeing, uma vez que o alvo estava acima do seu alcance habitual. No entanto, os B-24s não foram capazes de se formar suficientemente rápido para seguir como parte da formação prime de B-77s e, em vez disso, foram divididos em Emden, deixando 196 escoltadores P-47 atrás sobre Aachen, a 240 milhas da costa britânica. A Jagdwaffe respondeu atacando com novas formas e meios de derrubar suas presas aéreas. Caças monomotores - Bf-109s e Fw-190s - cortaram em fatias as formações bombardeiras, que tinham de permanecer fixas dentro de seus quadrados para evitar colisões, amarrando-as com tiros de canhão de 20 mm. Estes, foram seguidos por bimotores Bf-110s, que lançaram foguetes a partir de cerca de 3.000 pés e da retaguarda.

Apesar da surra que receberam dos caças ativos, 229 bombardeiros derrubaram 395 toneladas de altos explosivos e 88 toneladas de incendiárias sobre o alvo, Schweinfurt. Mas, tinha sido uma carnificina. Sessenta aeronaves haviam sido abatidas, um quarto de todas aquelas que tinham atingido a meta. Sem contar aquelas muito danificadas e outras que poderiam, eventualmente, ser reparadas, isto deixou apenas 31 B-17 dos 229 disponíveis para reapresentação imediata. Como resultado, este dia catastrófico viu uma interrupção das operações à luz do dia até que tanques alijáveis especiais fossem disponibilizados para os P-38s, que estenderam seu alcance até 520 milhas, ou 585 milhas com dois tanques cada um, a partir de fevereiro de 1944. Estes complementaram os P-51s, que ainda não tinham chegado em número suficiente.

UM GOLPE NO MORAL

Além da perda de aeronaves e homens, os pilotos americanos sofreram mais pancadas à sua confiança. Havia um sentimento de proteção que vinha dos bombardeiros unidos, o que fazia com que os pilotos sentissem que, provavelmente, era algo adjacente que chamava a atenção dos caças que chegavam, mas, na realidade, era muito fácil que um pequeno problema técnico em apenas um motor fizesse com que uma aeronave individual perdesse gradualmente seu lugar no quadrado. Assim, isolada, ela receberia a atenção total da Jagdwaffe, caçando bombardeiros desgarrados e feridos.

Outros problemas, também, irritaram os nervos das tripulações, e não sempre a partir da Luftwaffe, do fogo antiaéreo ou do radar de sonda. Havia uma tendência de que a torre de elevação pegasse fogo de repente e queimasse uma parte considerável da seção central da fuselagem superior. Isso se revelou quando a rotação da torre, necessária para que o artilheiro usasse suas armas de fogo para disparar em um inimigo, estava friccionando a fiação elétrica ao redor do anel que operava a torre, desgastando e incendiando os materiais combustíveis no interior - onde o artilheiro se sentava.

OS GERMÂNICOS ACELERAM

A duplicidade aterrorizante da agressão da Luftwaffe anunciava um novo nível de sofisticação praticada pelos defensores: concentrações de caças que se embrenhavam em uma formação atrás da outra e caças individuais, terminando, então, isolados e fracassados.

A isto se somou o aumento do número de caças alemães que se tornaram disponíveis após o colapso das operações do Eixo no norte da África e no Mediterrâneo, quando foram redirecionados de volta para o norte da Europa. Além disso, sob o recém-nomeado ministro do armamento, Albert Speer, a fabricação e a produção da máquina de guerra alemã parecia aumentar proporcionalmente com o aumento dos bombardeios diurnos e noturnos pela Ofensiva Combinada de Bombardeiros. Surpreendentemente, quanto mais os Aliados bombardeavam as fábricas, mais aeronaves os alemães produziam! Isto é evidente a partir dos números. A produção aumentou de 12.400 aeronaves em 1941 para 15.400 em 1942 e 24.800 em 1943. No ano seguinte, a indústria alemã produziria incríveis 30.781 aeronaves. Houve, também, uma mudança determinada na produção de bombardeiros, a partir de 28% de toda a produção em 1941 para 19% em 1942, enquanto a produção de caças aumentou de 34% em 1942 para 44% em 1942 e 57% em 1943. Em 1944, os caças representavam 76% de todos os modelos.

Uma das razões para o aumento geral da produção de guerra - que também incluía equipamentos terrestres, tais como tanques, veículos blindados de combate, armas e peças de artilharia, assim como submarinos e embarcações navais – foi, em grande parte, devido à dispersão de fábricas e plantas de manufaturas. Assim como a Rússia, que havia começado a afastar sua própria capacidade de fabricação da linha de frente e voltado para os Urais, os alemães buscaram formas de diversificar a construção e fábricas de montagem.

Durante 1944, isto se estenderia à ocultação de pequenas oficinas e fábricas em bosques e localidades rurais que eram difíceis de serem vistas do ar. Os trabalhadores da construção também começaram a construir instalações maciças que pareciam bunkers gigantes. Estas estavam situadas em partes subterrâneas e eram protegidas por camadas de concreto com lados inclinados, com várias dezenas de metros de espessura - tão grossas que nenhuma bomba conhecida poderia rachá-las. A maioria destas instalações foi construída utilizando mão-de-obra escrava, de campos de concentração, para onde alguns dos 7 milhões de cidadãos de países ocupados foram levados para trabalhar em linhas de produção, eixos de minas, ou nestas instalações especialmente construídas, até a morte.

Para fazer os escravos, vindos de todo o continente, trabalharem, os prisioneiros qualificados eram mantidos em gaiolas dentro de grandes fábricas. Pelas aberturas nas gaiolas, passavam componentes e peças de aeronaves e tanques. Os prisioneiros podiam trabalhar nelas antes que a montagem fosse movida para fora da gaiola, na outra ponta. Os alemães que trabalhavam nestas fábricas podiam ver os prisioneiros e testemunhar, diariamente, as condições atrozes que as pessoas de todo o continente da Europa foram forçadas a suportar durante seus últimos dias, produzindo máquinas de guerra para o Terceiro Reich. Por parte dos trabalhadores escravos, onde quer que pudessem, tentariam sabotar de maneira sutil pequenos componentes fabricados para aeronaves, o que só seria descoberto quando a aeronave fosse entregue nas unidades de operação. Mesmo um simples trapo oleoso escondido no fundo de um motor poderia causar um incêndio.

ORGANIZAÇÕES DE MULHERES NA SEGUNDA GUERRA MUNDIAL

A Força Aérea Auxiliar da Mulher (WAAF) foi formada em 28 de junho de 1939. Operando nos aeroportos e estações da RAF em todo o Reino Unido, a WAAF prestou um serviço inestimável em uma ampla gama de trabalhos suplementares e funções administrativas, incluindo a embalagem de paraquedas, operando os balões de barragem, trabalhando na análise e interpretação de fotografias de reconhecimento, e na ciberguerra. Algumas oficiais uniformizadas também trabalharam em operações de quebra de código e inteligência em Bletchley Park, onde os códigos Enigma foram interpretados. No auge da força, em 1943, mais de 180.000 mulheres foram registradas na WAAF.

Fundada em 15 de fevereiro de 1940, o Transporte Auxiliar Aéreo (ATS), foi uma organização civil que recrutou mulheres pilotos para transportar aeronaves de fabricantes a várias unidades; entregar aeronaves reparadas de volta aos esquadrões; e deslocar aeronaves de fábricas para várias instalações de manutenção para a instalação de artilharia, armas e munição. Isto liberou os homens para serem recrutados em esquadrões de combate para lutar no ar. Muitas mulheres registraram uma ampla gama de aeronaves no decorrer dessas tarefas - de Spitfires e Hurricanes para "pesados", como o Lancaster, Stirling e Halifax. Ao todo, a ATS entregou 309.000 aeronaves de 147 modelos diferentes. Havia casos em que as mulheres, ao se depararem com aeronaves inimigas vagando nos céus, se jogavam sobre elas disparando suas armas!

O equivalente nas Forças Aéreas do Exército dos EUA era o Esquadrão de Ferrying Auxiliar da Mulher, formado em setembro de 1942 e que teve uma vida breve: em 15 de agosto de 1943, a organização Mulheres Pilotos a Serviço da Força Aérea (WASP) foi criada para que as mulheres pilotos realizassem tarefas de balsa e transporte, testassem novas aeronaves, entregassem outras e realizassem a prática de armas, rebocassem alvos, praticassem e voassem missões de carga. No total, 1.074 mulheres foram aceitas para treinamento e 38 perderam suas vidas em serviço.

Na União Soviética, 800.000 mulheres se juntaram às unidades de combate russas. Enquanto elas também desempenhavam seu papel no transporte de aeronaves e na entrega de suprimentos nos aviões de transporte, havia pouca inibição para colocá-las para trabalhar como tripulação de combate aéreo. Na verdade, um grande número de mulheres voou com forças de combate como pilotos ou artilheiras, e muitas histórias de heroísmo e bravura excepcionais estão registradas nos arquivos russos. De fato, as mulheres russas construíram uma reputação formidável por sua extraordinária bravura e determinação persistente para ajudar a salvar seu país. Entre elas, três mulheres em particular que, juntas, voaram mais de 4.400 missões de combate.

É uma triste reflexão sobre a atitude da época em que muitas mulheres, de todas as nacionalidades, sofreram discriminação tanto durante como após a guerra, os homens de uniforme, com frequência, ressentiam-se de sua participação. Após a guerra, homens fizeram lobby junto a seus governos na Grã-Bretanha e nos EUA para que as mulheres fossem dissolvidas - e foram. Isto aconteceu porque muitos homens da RAF e da USAAF viam as mulheres como uma ameaça a seus empregos e resistiram, abertamente, a sua presença contínua dentro das fileiras.

As mulheres pilotos fizeram uma grande contribuição para o esforço de guerra ao transportar grandes e pequenas aeronaves de fábricas e entre aeroportos, às vezes, voando "pesados" com quatro motores para o outro lado do Atlântico, seja dos EUA ou de fábricas no Canadá. USAF

CAPÍTULO 15

Ataque Violento ao Eixo

OS ATAQUES de Schweinfurt e Regensburg, em agosto e outubro de 1943, levantaram questões interessantes sobre a estratégia utilizada neste tipo de bombardeio, e havia um grau de incerteza sobre sua precisão e eficácia. Também levantaram questões relativas à estratégia de bombardeio noturno conduzida pela RAF em comparação à seleção mais cirúrgica de alvos e ao desejo de precisão defendida pelas Forças Aéreas dos EUA. Como equivalente do Air V-Mshl Harris, o Gen Ira Eaker tinha sido enfático em apoiar os bombardeios de precisão.

Além disso, havia diferenças no mais alto nível, não apenas na RAF - sobre a prioridade dada ao bombardeio de área – mas, também, dentro do Comando de Bombardeiros em si. O Air Cdre S.O. Bufton, Diretor de Operações de Bombardeios, defendia fortemente um acompanhamento das batidas americanas no verão de 1943, instando para que isso acontecesse: "Se ambas as operações forem bem-sucedidas, a resistência alemã pode ser quebrada e a guerra termina mais cedo do que poderia ser possível de qualquer outra forma". No entanto, Harris estava firmemente comprometido com os bombardeios noturnos e não seria persuadido a desviar recursos do Comando de Bombardeiros para apoiar os ataques de Regensburg e Schweinfurt.

No entanto, assim como a 8ª Força Aérea estava entrando em seu ritmo durante o último verão de 1943, a 9ª Força Aérea lançou ataques contra os campos de petróleo romenos no Mediterrâneo, até então, livres de disputas com o Eixo. Foi ali que as respectivas forças aéreas das três potências aliadas (Grã-Bretanha, EUA e Rússia) estabeleceram o caminho como a guerra terminaria, assim como os eventos de 1940-42 determinaram o destino da Alemanha nazista pela intransigente corrida de Hitler pelo território que estava além de sua capacidade de manter.

Os russos haviam esmagado todas as esperanças de uma vitória alemã em Stalingrado durante o inverno de 1942-43. Mais de 2 milhões de homens e mulheres lutaram pela vida de seus respectivos países, resultando em quase 2 milhões de mortos e a derrota total do 6º Exército alemão sob o comando do Generalfeldmarschall von Paulus, em Stalingrado. Nesta única cidade, a Luftwaffe também perdeu mais de 1.600 aeronaves, das quais, 900 foram destruídas e as demais capturadas. A Luftwaffe portanto, teve que recorrer às reservas, e os bombardeiros alemães atacaram a cidade em escombros, criando bolsas ideais de resistência. Enquanto isso, a produção das fábricas de aviões russos tinha transformado a maré de derrota em esperança de uma vitória soviética e, a partir do início de 1943, foi uma longa e amarga luta até Berlim, dois anos depois.

O colapso da confiança dentro da hierarquia da Luftwaffe estava pagando seu preço também. Por exemplo, em 18 de agosto de 1943, o chefe de pessoal da Luftwaffe, Jeschonnek, explodiu seus miolos - um resultado direto das batidas massivas em Schweinfurt, no dia anterior, e do ataque a Peenemünde naquela noite. Para a Luftwaffe, a taxas de atrito para aeronaves envolvidas na guerra aérea estavam subindo, chegando a quase 14% para todos os tipos entre janeiro e julho daquele ano. Para o combate de aeronaves, a taxa era de 16%, e só para os caças, quase 20%. A aeronave poderia ser substituída mais rapidamente do que os pilotos, e com a porcentagem de tripulantes experientes caindo, a eficiência da Jagdwaffe começou a sofrer.

No final de 1943, as probabilidades estavam diminuindo contra a capacidade da Jagdwaffe de conter a maré cada vez mais intensa de bombardeiros que invadiam o Reich. Os erros dos anos anteriores - a não mobilização de um programa de produção suficientemente robusto, o adiamento para resolver o problema da retenção dos pilotos durante os períodos de expansão de atrito, e a falta de atenção adequada às perdas dos não-combates - estavam se acumulando. Entre fevereiro e o final de agosto de 1943, a disponibilidade dos caças autorizados diminuiu de 80,5% para 71%, enquanto a disponibilidade de bombardeiros caiu de 71% da força autorizada para 56%.

Surpreendentemente, depois de 1940, os padrões de treinamento da Luftwaffe haviam começado a diminuir também e, cada vez mais, os instrutores experientes foram substituídos por novos, por exigências do trabalho. Isto teve repercussões. Entre 1941 e 1944, 40-45% de todas as perdas foram causadas por acidentes fora de combate, uma situação à qual a liderança sênior parecia alheia. No entanto, esta não é uma estatística incomum. Em 1943, por exemplo, as Forças Aéreas do Exército dos EUA perderam pouco mais de 5.600 tripulantes aéreos em 20.389

acidentes não relacionados ao combate. No ano seguinte, houve modestas melhorias no recorde, mas também houve 16.128 grandes acidentes com a perda de quase 5.000 tripulantes aéreos.

"GRANDE SEMANA"

Por sua vez, até o final de 1943, os americanos ganhariam uma força de combate para a guerra aérea sobre a Alemanha, exatamente dois anos após o ataque a Pearl Harbor. Isto se deveu inteiramente à necessidade de equipamento adequado, o requisito que só se tornou evidente após o fracasso inicial com pré-conceito de estratégias de bombardeio, notadamente, a crença em bombardeios de autodefesa e a disponibilidade de caças de escolta (conhecidos como "pequenos amigos" para as tripulações de bombardeiros) transformaram a situação. Com a decisão de agendar um ataque entre os canais na Europa ocupada pelos nazistas, em meados de 1944, a derrota da Luftwaffe foi um pré-requisito para qualquer chance de sucesso. Mesmo concentrações maciças de tropas nas praias de desembarque não garantiriam a sobrevivência contra ataques intensos no ar.

Ao planejar a destruição da Luftwaffe ou, pelo menos, a eliminação de seu potencial de luta eficaz, os esforços concentrados tanto da RAF como da USAAF foram essenciais. A participação britânica foi forçada por um relutante Harris, em um memorando de Charles Portal, chefe da RAF. Ainda relutante em desviar seus bombardeiros dos ataques às cidades, Harris foi forçado a se submeter a este objetivo maior e, assim, comprometer um número crescente de suas aeronaves, o que seria referido como Dia D (o "D" era uma designação para o início das operações terrestres, no seguimento das letras A-C, que foram passos preliminares a esse evento).

Em preparação para o Dia D, os ataques contra a produção de aeronaves alemãs seriam seguidos de ataques à indústria petrolífera, a fim de negar à Luftwaffe seu combustível vital. Em seguida, um ataque concentrado contra os caças alemães e a organização que controlava as operações completaria a campanha. O clima forçou um atraso na primeira fase, conhecida como "Argumento", até o que se tornaria conhecida como "Grande Semana".

A "Grande Semana" começou em 20 de fevereiro de 1944 e, durante sete dias, a 8ª Força Aérea completou 6.200 incursões, atingindo 18 fábricas de montagem de aeronaves e duas fábricas de rolamentos. No primeiro dia, as perdas foram de apenas 15 bombardeiros em 880 que atingiram seus objetivos, uma taxa de perda aceitável de 1,7%, incluindo quatro caças. Entretanto, quando a Luftwaffe tomou conhecimento do padrão, as perdas aumentaram. Durante a semana, 248 aeronaves Aliadas foram perdidas, das quais, apenas 28 eram caças americanos. Mas, as cotas de produção estavam finalmente crescendo rapidamente, o número de P-51 Mustangs disponíveis no final da Grande Semana estava 90% mais alto do que no início. O efeito foi enorme: a Luftwaffe perdeu 20% de seu complemento de pilotos de caça, incluindo um terço de cada um dos Bf-109 e pilotos de Fw-190.

Mas, a "Grande Semana" não foi um assunto exclusivamente dos EUA. O Comando de Bombardeiros da RAF voara em ataques de apoio, incluindo uma operação em massa para o trabalho da Messerschmitt em Augsburg, na noite de 25/26 de fevereiro, para onde foram enviadas 1.070 aeronaves. Das quais, no total, 734 se dividiram em ataques a Schweinfurt, com duas horas de diferença, sofrendo perdas de 5,6% e 3,2%. Isto indicava que a primeira onda tinha puxado a Jagdwaffe num ataque inicial contra os invasores, mas não tinha sido capaz de reagrupá-los no ar para a segunda onda.

NOVAS ESTRATÉGIAS

Parte da estratégia tinha sido dispersar os caças de escolta de sua posição próxima e ao redor dos bombardeiros, para protegê-los. Assim como Galland queria ter liberado os caças de escoltar bombardeiros na Batalha da Grã-Bretanha, os americanos dispersaram seus caças à frente para ir atrás dos defensores alemães. As Forças Aéreas do Exército, finalmente, tinham um nível de produção e a capacidade de impor uma taxa de atrito sobre o inimigo que rapidamente corroeria a capacidade de resposta da Luftwaffe. Atingindo forte e incessantemente, predando os caças alemães que estavam na defensiva, a Jagdwaffe estava levando uma surra da qual não conseguia se recuperar – o que era o plano.

A natureza das grandes batalhas aéreas que se desenvolveram sobre a Alemanha, durante este período, foi uma reação à formação box de combate adotada pela USAAF em outubro de 1943 e que, por sua vez, foi uma resposta direta às lições aprendidas sobre a loucura das táticas de autodefesa. A box de combate consistia em três grupos de 12 bombardeiros em formação cerrada, alinhando-se para criar uma box de combate de 36 aviões. Isto foi escalonado em várias posições, de modo a concentrar na defesa coletiva a potência de fogo de mais de cem metralhadoras de calibre 0.50. Convencionalmente, as versões armadas dos Bf-109s e Fw-190s foram inadequadas para resistir ao poder de fogo da box de combate, mas o Fw-190 era a aeronave ideal para uma atualização. Além das duas metralhadoras carregadas no nariz e dois canhões nas raízes das asas, mais duas metralhadoras foram montadas em cápsulas de canhão presas abaixo das asas, dando à derivada Fw-190 A-6 duas metralhadoras e quatro canhões. Várias derivações evoluíram posteriormente, de acordo com a experiência operacional para o que ficou conhecido como bombardeiros-destruidores de *Sturmböcke*.

De longe, a mudança mais eficaz nas táticas americanas foi libertar as escoltas para realizar "varreduras" muito antes dos bombardeiros, com a ideia de limpar os céus do inimigo para os invasores que passavam. Todas estas mudanças, principalmente as melhorias, ocorreram após o tenente-general James Doolittle assumir o comando da 8ª Força Aérea, a partir de janeiro de 1944. Famoso pelo "ataque Doolittle" em Tóquio, em 1942, ele havia pulado do posto de coronel pleno e saltado direto para brigadeiro-general e, depois, para general-principal, atingindo a patente de tenente-geral em março de 1944.

As apertadas formações box de combate, muitas vezes, resultavam nas aeronaves em níveis mais baixos entrando no caminho dos bombardeiros mais altos ao lançarem suas bombas, com resultados devastadores, como neste ataque a Berlim, em 19 de maio de 1944. USAF

Mudanças em táticas e procedimentos operacionais não foram apenas prerrogativas da arena de combate aéreo sobre a Europa Continental. A Luftwaffe tinha mantido bombardeios periódicos de alvos na Grã-Bretanha e, no começo de 1944, uma nova e significativa ofensiva começou. Conhecida como Operação

Steinbock, inicialmente, a Luftwaffe mobilizou 474 bombardeiros médios para o que seria chamado de "Baby Blitz", principalmente contra Londres, mas, também, em algumas outras cidades, entre 21 de janeiro e 29 de maio de 1944. As aeronaves empregadas foram desenvolvidas em versões dos mesmos tipos utilizados durante a Blitz de 1940: o Junkers Ju-88 foi melhorado para o Ju-188, enquanto o Dornier Do-17 foi adaptado para o maior e melhor Do-217. A Luftwaffe também tinha à disposição a entrega do Messerschmitt Me 410 Hornisse Schnellbomber, que seria usado para ataques contra a Grã-Bretanha. Durante esta operação, as aeronaves perdidas foram substituídas conforme necessidade para manter os números.

Mas, estes eram tempos diferentes: as defesas de luta noturna tinham se tornado altamente sofisticadas, auxiliadas por dispositivos técnicos avançados, incluindo radar e novos armamentos, tais como foguetes ar-ar. As tripulações de bombardeiros da Luftwaffe utilizados para *Steinbock* eram inexperientes e não tinham a confiança demonstrada por seus predecessores três anos antes. Durante este período de quatro meses, os alemães perderam 525 aviões para os britânicos, e 1.556 civis britânicos foram mortos.

Havia um precedente para esta campanha quadrimestral na chamada "Baedecker Blitz", de abril e maio de 1942. Nomeado em homenagem aos guias turísticos alemães que tinham se tornado essenciais para os visitantes britânicos que iam aos campos europeus e para os europeus que visitavam a Grã-Bretanha, estes ataques visaram os centros culturais da Grã-Bretanha. Entretanto, enquanto a blitz é conhecida como o principal ataque a lugares históricos e locais de grande valor cultural, na realidade, a Luftwaffe nunca deixou de atacar realmente o coração do que sentia definir a própria essência da Grã-Bretanha.

APOIO NA NORMANDIA

Em 1944, a RAF havia mostrado uma expansão considerável desde 1941 e, em nenhum outro lugar isto estava mais evidente do que na força e no potencial de ataque do Comando de Bombardeiros. Vimos, anteriormente, que no final de 1943, o Comando de Bombardeiros tinha à sua disposição mais de 800 bombardeiros capazes de entregar uma carga de bombas de quase 3.000 toneladas. Durante 1944, o Comando de Bombardeiros se expandiria para mais de 1.500 aeronaves disponíveis a qualquer momento, com uma carga de mais de 6.500 toneladas de bombas. Esta expansão sem precedentes contrasta com a escassa força de 1939.

Na preparação para as aterrissagens do Dia D, as Forças Aéreas Estratégicas dos Estados Unidos (USSTAF) tinham sido formadas em 23 de fevereiro de 1944. Como ponto de interesse, no dia anterior, o 8° Comando de Bombardeiros havia se tornado oficialmente a 8º Força Aérea, apesar de ter sido referido como tal desde seu início. A estratégia de planejamento permaneceria intacta e detinha a autoridade sobre a 9ª Força Aérea e a 2ª Força Aérea Tática Britânica, que eram os braços operacionais das Forças Aéreas Expedicionárias dos Aliados (AEAF). Até certo ponto, as operações da 12ª e 15ª Forças Aéreas também foram abraçadas pela USSTAF e 8º Comando de Bombardeiros foi inativado, pelo menos no papel.

Os principais objetivos da USSTAF eram três: isolar as áreas de assalto nas praias da Normandia, para neutralizar as posições inimigas ao longo dessa área costeira, bem como impedir a reconsolidação; desnudar a área das operações do inimigo e impedir que qualquer reforço se deslocasse para a área em operações adjacentes de campos e aeroportos; e destruir as instalações costeiras que poderiam ajudar o inimigo, detectar forças de invasão aliadas ou ajudar a mover as unidades da Wehrmacht de volta para a região. Na campanha sustentada que se seguiu, as forças aéreas Aliadas jogaram 76.000 toneladas de bombas nas ferrovias francesas, com os ataques às pontes se mostrando eficazes, a 2º TAF (Força Aérea Tática) e os caças-bombardeiros da 9ª Força Aérea prontamente aceitaram o desafio.

Foi a 9ª Força Aérea que suportou o peso das responsabilidades pelo apoio aéreo ao plano de invasão e ao ataque das instalações ferroviárias, aeroportos e baterias costeiras. O plano era que o 9º Comando de Caças, funcionando através do 9º Comando Aéreo Tático até o 3º Exército dos EUA estaria em terra e operando de forma autônoma, escoltando os bombardeiros, fazendo o reconhecimento e realizando varreduras ofensivas sobre a França. Durante a fase de agressão propriamente dita, cinco grupos de P-47 e quatro grupos de P-38 Lightnings da 8ª Força Aérea manteriam patrulha diurna sobre as praias para limpar os céus das aeronaves inimigas. Outros dois grupos de P-38 e quatro grupos P-47 bombardeariam baterias de armas inimigas na hora H (no momento dos desembarques) e apoiariam diretamente as forças de desembarque que chegariam à terra. Gen Brereton observaria que só o plano tático aéreo foi escrito em 847.000 palavras em 1.376 páginas!

Apoiando os desembarques reais, cerca de dois ou três dias antes da invasão, a 8ª Força Aérea deveria ter enviado 60% de seus bombardeiros para o Reich e os 40% restantes para cobrir de bombas a área de Pas-de-Calais, com o objetivo de fazer os alemães pensarem que este era o local da tão aguardada invasão. Entretanto, a verdadeira atenção se concentraria nas praias da Normandia, onde, no próprio dia D, a RAF deveria lançar 6.000 toneladas de bombas nas horas antes do amanhecer. Nos últimos 30 minutos antes dos desembarques, os canhões navais colocariam 2.500 toneladas de balas nas praias, enquanto 500 toneladas de bombas seriam fornecidas por bombardeiros médios e 4.800 toneladas pela 8ª Força Aérea, envolvendo 1.200 B-17s e B-24s.

Para se reunir a tempo do ataque concentrado, as três divisões da 8ª Força Aérea de Bombardeio teriam de convergir para o céu até 100 milhas de suas bases e se dirigir para o Sul, aproximando-se das praias em ângulos retos a partir do mar. Elas se retirariam, então, através da Península Cotentin para aterrissar de volta nos condados do oeste da Inglaterra. Ao longo do dia dos desembarques, forças táticas aéreas deveriam ser usadas para bloquear nós de transporte e pontos de estrangulamento, bombardear pontes e selar a área para inibir o movimento das forças alemãs para a área.

A 9ª Força Aérea estava totalmente comprometida com seu papel estratégico até ser redirecionada para as operações de pré-invasão, a partir de 10 de março de 1944, enquanto a USSTAF manteve suas prioridades para minar a Jagdwaffe e limpar os céus. A partir dessa data, à 9ª foram atribuídos 30 alvos na Bélgica e no centro norte da França. O poder aéreo tático viu uma mistura de caças-bombardeiros com os bombardeiros médios, cerca de 101 volumosos aviões P-47 'Jug' que suportavam 163 B-26 Marauders, jogando 263 toneladas de bombas em 8 de abril, com o emprego de cento e vinte bombas de 250 lb em ataques de mergulho. Um ataque feroz de 48 P-47s no dia seguinte parou os comboios de tropas e vagões de mercadorias que seriam deslocados para o Sul, danificando as estações ferroviárias em Namur e Charleroi. Em 10 de abril, 148 Marauders da 9ª Força Aérea largaram 184 toneladas em Namur enquanto a RAF bombardeava Charleroi, no dia seguinte, quando 193 Marauders jogaram 173 toneladas de bombas em Charleroi e 138 ao redor da área geral.

Este nível de bombardeamento intenso foi mantido nas semanas seguintes. Para minimizar as baixas civis e confundir o inimigo enquanto se abria o espaço aéreo para maior precisão por aeronaves individuais, as formações foram quebradas em números menores. No entanto, apesar do esmagamento sem remorsos da pré-invasão, o nível de colapso desejado nas rotas de transporte alemãs ainda não havia sido atingido, embora o objetivo de largar 45.000 toneladas de bombas em ferrovias em 1º de junho tinha sido muito ultrapassado. Em outros lugares, houve extraordinários resultados de outros setores da campanha de bombardeamento pré-invasão. Aviões Aliados tinham lançado 71.000 toneladas de bombas em centros ferroviários, 4.400 toneladas em pontes e 800 toneladas em linhas ferroviárias abertas. O tráfego ferroviário na França tinha sido reduzido dramaticamente entre 19 de maio e as semanas após a invasão. Mesmo em meados de julho, cinco semanas mais tarde, o tráfego ferroviário através do norte da França era praticamente inexistente.

Para a parte alemã, os documentos capturados revelaram que a Luftwaffe não estava conseguindo manter os níveis estabelecidos. Em maio de 1944, contra um inventário do estabelecimento de 2.680 caças havia apenas 1.729, dos quais apenas 1.195 estavam operacionais. E, enquanto existia um número de 1.052 caças noturnos no papel, apenas 644 estavam em ação, com apenas 434 aptos para se envolver em combate. Assim, para a Luftwaffe, não havia bombardeiros suficientes para levar o ataque ao inimigo na Grã-Bretanha, por exemplo - como os Aliados tiveram com a população alemã nas suas vilas e cidades. Além disso, contra um número estabelecido de caças de 1.824, em maio eram 1.259, dos quais, apenas 801 eram utilizáveis. Contudo, em breve, os alemães teriam as bombas V-1 e os mísseis V-2, e seriam capazes de recomeçar o bombardeio de Londres e dos condados. Por enquanto, no entanto, havia uma estimativa de cerca de 900 aviões, metade dos quais eram bombardeiros, que a Luftwaffe talvez pudesse ser capaz de lançar contra as forças de invasão.

Para fazer a probabilidade de sucesso pender para os Aliados, as táticas de burla foram usadas - e provariam ser um trunfo. Constituídas não só de ataques diversos, mas, também, de implantações de simulacros de tanques e veículos de compensados e papelão comprimido que foram instalados em locais em todo o sudeste da Inglaterra. Estes foram concebidos para fazer parecer que se tratava de uma grande concentração de blindados que estava à espera de saltar sobre o Canal da Mancha no seu ponto mais estreito, desde Rye, em East Sussex, até Dover. O que não podia ser moldado, no entanto, era a total falta de portos e de grandes portos nessa área, onde uma força de invasão seria solta sobre a região de Pas-de-Calais, apesar do Alto Comando Alemão acreditar que este era o local a partir do qual a invasão viria.

À parte destes desvios, existiam requisitos muito específicos impostos pela Força Aérea Expedicionária dos Aliados, comandada por Air Chf Mshl Trafford Leigh-Mallory. A Luftwaffe tinha cerca de 350 aeroportos num raio de 100 milhas da costa da Normandia, a partir dos quais poderia operar, embora, no início de 1944, a maior parte desses aeroportos não eram utilizados, e apenas alguns estavam bem equipados e totalmente operacionais. Apesar de não se empenhar entusiasticamente na destruição destes alvos, evitando, assim, o risco de revelar a localização dos desembarques, os B-26 Marauders voaram contra os mais críticos destes aeroportos. Além de causar danos consideráveis, isso permitiu que os pilotos ganhassem experiência e conhecimentos sobre a sua localização, de modo que uma ação para os tornar completamente inutilizáveis após o Dia D pudesse ser feita.

O plano do programa de destruição dos aeroportos foi completado por Leigh-Mallory, no final de abril, e incluiu todos os aeroportos e pistas de aterrissagem utilizáveis num arco de 150 milhas ao redor de Caen, que era a Área I. Oito aeroportos e campos de aterrisagem foram atribuídos à RAF, 12 à AEAF e 20 à 8ª

Força Aérea. A Área II chegou à Alemanha e aos Países Baixos, onde 59 aeroportos e os locais de aterrisagem seriam bombardeados pelos B-17s e B-24s da 8ª e 15ª Forças Aéreas. Essa campanha começou em 11 de maio com o lançamento, pela 9ª Força Aérea, da maior quantidade de bombas sobre Área I. A 8ª Força Aérea deu sua contribuição ao plano de preparação do Dia D com dois poderosos ataques, em 9 e 23 de maio, com 400 bombardeiros atacando aeroportos agrupados ao redor de Paris em 24 de maio, e outros aeroportos ao Norte, como Bruxelas, no dia seguinte.

No dia D, em 6 de junho, os aeroportos da Área I tinham recebido 6.717 toneladas de bombas, das quais, 3.197 toneladas foram lançadas pela 9ª, 2.638 pela 8ª e 882 toneladas pela RAF. No entanto, apenas quatro dos 32 alvos da Área I estavam na categoria A, indicando destruição total e completa, e as aeronaves alemãs foram vistas ainda funcionando a partir de outros que tinham sido considerados possivelmente inutilizáveis em fotografias de reconhecimento. No entanto, a RAF acreditava que a razão pela qual a oposição inimiga era tão leve se devia ao papel estratégico sustentado pelos pesados nos seus alvos industriais no Reich, o que manteve a Jagdwaffe empenhada na defesa aérea, onde os ataques eram mais ameaçadores para a produção industrial.

No dia 5 de junho, um dia antes do Dia D, tinham sido lançadas 5.904 toneladas de bombas e 495 projéteis de foguete de 60 lb tinham sido disparados nas baterias costeiras. Outras 17.190 toneladas tinham sido lançadas em baterias fora do setor da invasão. À medida que o Dia D se aproximava, as operações de reconhecimento fotográfico eram reforçadas e, através dos serviços armados, a utilização e aplicação integradas foram introduzidas a uma escala completamente nova, na qual, a cooperação entre os serviços de combate nunca tinha estado tão forte.

Em grande medida, a USAAF tinha ficado para trás nesta área. No entanto, no início de 1944, ela tinha estabelecido unidades fotográficas que eram, pelo menos, tão boas como a melhor que os britânicos poderiam fornecer. E, em função da mais longa e mais sustentada necessidade de imagens de alvos inimigos, a infraestrutura no Reino Unido era bastante capaz de satisfazer as exigências das unidades aéreas americanas sem a necessidade de trazer os equipamentos pesados de processamento dos EUA. O 10º Grupo de Reconhecimento da 9ª Força Aérea foi designado a este dever perigoso e recebeu uma Citação de Unidade Distinta por realizar uma pesquisa completa da praia, cobrindo a área desde Blankenberge até Dunkirk, e desde Le Touquet até Saint-Vaast-la-Hougue, de 6 a 20 de maio. Voaram de Chalgrove, Oxfordshire, que tinha sido uma estação USAAF (AAF-465) desde 1º de novembro de 1942.

À medida que o Dia D se aproximava, as tarefas fotográficas, ao invés das táticas de reconhecimento, tornaram-se mais importantes. Estas incluíam voos muito baixos, à altura das ondas nas praias, para fornecer aos comandantes de invasão, no assalto inicial, fotografias detalhadas de como seriam as praias a partir de vários quilômetros de distância, a 1.500 jardas e na costa. Mas, isso não foi o suficiente. Os comandantes de barcos precisavam saber o que estava por debaixo das ondas, por isso, as fotografias foram tiradas de aeronaves de foto reconhecimento voando tão baixo quanto 15 pés para obter imagens de obstáculos subaquáticos.

INVASÃO

Originalmente prevista para 5 de junho, mas atrasada um dia para assegurar uma janela meteorológica, a tão esperada invasão das praias da Normandia começou no início das horas de 6 de junho, apoiadas por aquela que foi a maior frota aérea já montada para respaldar um único objetivo. Durante semanas, a prontidão operacional dos esquadrões tinha sido uma prioridade máxima, a resposta do inimigo era incerta, a resistência aos largos desembarques, desconhecida, e o resultado seria duvidoso durante vários dias após as primeiras ondas de soldados pisarem em terra e os primeiros lançamentos de paraquedistas.

Era como se tudo o que tivesse sido discutido e planejado pelos últimos anos tivesse sido orientado para este único grande momento de teste, faltando um dia para completar 30 meses desde que a reação a Pearl Harbor mobilizou os poderosos recursos dos EUA e energizou seu povo com um único propósito: a derrota do nazismo alemão e das forças do Japão Imperial. Para este fim, mais de 4.000 aeronaves com a 8ª Força Aérea foram preparadas para a ação, com um número igual a mais de 1.300 aeronaves para transporte de tropas à disposição da 9ª Força Aérea do General Brereton. No total, mais de 10.000 aeronaves, das quais, 2.200 eram bombardeiros americanos, britânicos e canadenses, atacaram alvos ao longo da costa e mais ao interior.

Os civis franceses sofreram enormes perdas à medida que vilarejos e cidades foram arrasados para impedir que os reforços alemães chegassem às forças Aliadas em avanço, e as estradas e áreas costeiras foram bombardeadas para destruir toda a infraestrutura que pudesse ser útil à força defensora. A França já havia sofrido muito; durante todos os cinco anos de ocupação alemã e ataques das forças aéreas britânicas e americanas, cerca de 68.000 civis franceses haviam sido mortos somente por bombardeios - mais do que os que foram mortos nas Ilhas Britânicas durante o mesmo período. Além disso, mais de 100.000 haviam sido feridos e 432.000 casas haviam sido completamente destruídas em ataques aéreos.

No entanto, não havia outra maneira de atingir o objetivo final, e o bombardeio havia apenas começado. Apesar da destruição, a grande maioria dos franceses acolheu os libertadores com corações quentes, braços abertos e olhos cheios de lágrimas, de alívio, pois um fim estava à vista, após anos de medo, tortura e subjugação. Por sua vez, a maioria dos soldados americanos - que tinham ficado chocados com as restrições impostas ao povo britânico para garantir sua própria sobrevivência - estavam muito felizes por, finalmente, estarem ali para ajudar a libertar um país ocupado.

Enquanto a maioria das missões da USAAF, saindo do Reino Unido, em seus dois primeiros anos foram de bombardeios e ataques ofensivos, o dia D precisava de um grande transporte aéreo de paraquedistas e reboque de planadores. Na maior operação de transporte de tropas da história, a 8ª e 101ª Divisões Aéreas do Exército dos EUA decolaram de aeroportos tão distantes quanto Devon e Lincolnshire, indo para locais atrás de Utah Beachhead. O plano era para 17.000 homens e equipamentos serem colocados nesta área, e envolveu 900 aeronaves e 100 planadores da 9ª Tropa do Comando de Carreira. Estes foram montados depois de escurecer, em 5 de junho, enquanto bombardeiros da RAF Stirling lançavam "Window", as tiras de alumínio usadas para confundir as telas de radar inimigos descritas anteriormente.

Os principais saltos foram feitos logo após a meia-noite, nas primeiras quatro horas de 6 de junho, mas as obstáculos no solo e os fortes fogos antiaéreos fizeram disto um desafio. No entanto, apenas 41 das 1.606 incursões em 6/7 de junho foram fracassadas, com apenas nove planadores dos 512 perdidos para a ação inimiga. Este número foi muito menor do que as projeções mais otimistas do Comandante Supremo Aliado, General Eisenhower, e mesmo a cética RAF teve que parabenizar os americanos pelo que tinha sido projetado para ser uma missão catastrófica e suicida.

O mais surpreendente de tudo foi a quase total falta de atividade aérea inimiga para combater a invasão; apenas três caças Fw-190 foram perseguidos e 22 aeronaves da Luftwaffe atacaram a expedição após o anoitecer. Além disso, o 8º Comando de Caças tinha sido incapaz de fazer contato com aeronaves inimigas no ar durante a madrugada, em uma varredura ofensiva. Isto foi uma sorte, pois teria havido muitas oportunidades de alvos se a Jagdwaffe estivesse em condições de tirar proveito do dia.

Um ataque massivo de 1.361 B-17s e B-24s lançou 2.944 toneladas de bombas nas baterias costeiras e nas defesas costeiras. A maioria delas foram lançadas através do céu pesado, nublado, usando radar, sendo as últimas bombas lançadas dez minutos antes das primeiras ondas de soldados Aliados irem por terra. A maioria dos fusíveis foi colocada para detonar no contato, reduzindo, assim, o número de crateras que poderiam impedir o avanço antecipado dos soldados Aliados.

Ao longo do primeiro dia, várias centenas de bombardeiros médios atacaram áreas periféricas para selar unidades defensivas do exército alemão, atingindo estradas e conexões de transporte fora da área imediatamente acessada pelas tropas Aliadas que chegavam em terra. O grande ataque de pré-invasão, rapidamente, mudou para ação tática aérea, no próprio dia, com 528 bombardeiros pesados sendo despachados para atingir pontos de contatos em Thury, Harcourt, Saint-Lô e Caen, uma nuvem pesada impediu que todos os grupos, exceto três, voltassem para casa. Não obstante, 566 B-24s destruíram toda Caen, exceto uma única ponte, o que atrasou seriamente a 21ª Divisão Panzer.

Além destas operações da USAAF, na noite de 5/6 de junho, a RAF voou 1.211 incursões, com 1.012 aeronaves atacando dez baterias de artilharia, cobrindo as praias da invasão, destruindo amplas áreas das zonas interiores imediatas. Uma grande contribuição da RAF, envolvendo 483 bombardeiros, na noite de 8/9 de junho, viu o primeiro uso da bomba Tallboy, de 12.000 lb, contra o túnel ferroviário de Saumur que, efetivamente, fechou uma importante rota de acesso para o exército alemão, derrubando 10.000 toneladas de terra no processo.

PESSOAL DA FORÇA AÉREA DO EXÉRCITO AMERICANO		AERONAVES DE COMBATE AMERICANAS	
1940	51.165	1939	1.269
1941	152.125	1940	1.356
1942	764.415	1941	4.002
1943	2.197.114	1942	11.139
1944	2.372.292	1943	26.734
1945	2.282.259	1944	40.157
		1945	39.192

CAPÍTULO 16
Vitória na Europa

NO TOTAL, 11.950 aeronaves da USAAF e da RAF estiveram diretamente envolvidas nos desembarques na Normandia, das quais, 7.722 foram despachadas pelas 8ª e 9ª Forças Aéreas sozinhas. As perdas chegaram a 71 aeronaves, derrubadas por fogo antiaéreo. O que foi necessário durante os dias e semanas seguintes foi apoio através de ataques aéreos táticos das forças aéreas combinadas e um recomeço, especificamente, pelo Comando de Bombardeiro da RAF, do assalto estratégico a cidades, enquanto a 8ª Força Aérea voltou a visar a indústria central nevrálgica do Reich.

No período de 6 de junho a 31 de julho, a RAF e as Forças Aéreas da 8ª e 9ª lançaram 35.500 toneladas de bombas, executando 15.000 incursões em pátios de carga, enquanto 16.000 incursões e 24.500 toneladas de bombas foram dirigidas exclusivamente contra pontes-alvo. Isto totalizou uma média de mais de 1.000 toneladas por dia. Em meados de julho, estas batidas haviam reduzido, com sucesso, o volume do tráfego alemão de carga em 57%.

Entretanto, apesar deste sucesso, as forças terrestres Aliadas estavam passando por dificuldades que resultaram em um repensar sobre a forma como a guerra iria progredir até seu fim; o otimismo expresso nas primeiras semanas da Primeira Guerra Mundial, de que o conflito estaria terminado no Natal de 1914, também ecoou em 1944. Porém, esta não estaria terminada até o Natal, e a luta para derrotar as forças alemãs se prolongaria até 1945. Para acelerar a fuga da região da Normandia, que estava se mostrando particularmente difícil, o poder aéreo combinado dos Aliados, portanto, focou na Operação *Cobra* - o uso de força esmagadora para acabar com toda a oposição.

A hora H chegou em 25 de julho, quando 1.507 B-17s e B-24s, mais de 380 bombardeiros médios e 559 caças-bombardeiros, lançaram um total de 4.169 toneladas de bombas em um esforço total para desalojar a Wehrmacht. A resistência alemã estava fortalecida, após uma resposta lenta ao Dia D, quando Hitler se recusou a aceitar que os desembarques na Normandia eram mais do que um esforço de distração. Com as informações de inteligência começando a chegar, inclusive de prisioneiros alemães, estava claro que, enquanto as baixas eram relativamente leves para a quantidade de tonelagem que caía, o impacto no moral tinha sido severo e a capacidade da Wehrmacht de resistir tinha sido consideravelmente reduzido.

Em agosto e setembro, as forças Aliadas avançaram 400 milhas para o Leste e o ritmo tornou-se uma questão de abastecimento logístico - novas rotas de abastecimento de gasolina e manutenção do suprimento de munições exigidas. Fornecimentos do dia a dia, necessários para as tropas terrestres, também limitaram a taxa de progresso à medida que a linha de frente avançava em direção a Paris. Em meados de setembro, o 3º Exército dos EUA só poderia avançar no ritmo da cadeia de abastecimento e foi regulado apenas por esse fator. As forças alemãs estavam sendo sobrecarregadas a um ritmo crescente, mas, com pouca gasolina, as forças Aliadas ficaram travadas ao longo do rio Mosela e pela antiga linha alemã de Defesa da Siegfried. A Linha Siegfried tinha sido construída durante o final da década de 1930, ao longo de uma posição defensiva de 390 milhas de comprimento, em frente à linha francesa Maginot. Tinha quase 20.000 posições defensivas, incluindo postos de metralhadora, túneis para altos explosivos e armadilhas para tanques. Tinha sido construída, principalmente, como defesa aos franceses e, mais tarde, formaria um obstáculo à movimentação das tropas Aliadas na Alemanha.

Surpreendentemente para suas tripulações, já que não tinham sido intencionadas como apoio tático ao empurrão dos Aliados, parte do esforço de bombardeios tinha se traduzido em suporte estratégico, enquanto um número significativo de aeronaves havia sido convertido em transportadores, para entregar os suprimentos tão necessários. Com a situação logística melhorando e o equilíbrio sendo restaurado, um esforço determinado para esmagar a máquina de guerra alemã significava que a prioridade era, mais uma vez, a destruição da indústria, fábricas e estações de triagem alemãs. Pela primeira vez na guerra foi planejado mais do que apenas uma integração de objetivos, definida pela Ofensiva Combinada de Bombardeios, uma investida sistemática, diferente de qualquer coisa experimentada pelos alemães antes do Dia D. Com um total de 4.400 bombardeiros pesados operacionais disponibilizados pelas 8ª e 15ª Forças Aéreas e pelo Comando de Bombardeiros da RAF, em meados do verão de 1944, era possível colocar essa força em ação. Enquanto os bombardeiros americanos, preocupados com o Dia D, estavam livres para lançar apenas 2.842 toneladas em alvos estratégicos em junho, em julho eles lançaram 7.398 toneladas e em agosto foram 8.442 toneladas.

A ofensiva estratégica aérea havia levado a Luftwaffe a atribuir quase que exclusivamente para a defesa do Reich os caças que estavam sendo construídos nas instalações dispersas. E isto, apesar das batidas dos Aliados em instalações de produção e de suprimentos de petróleo. A produção das fábricas alemãs havia mudado para os caças, num esforço para conter os bombardeios 24 horas por dia e, nesta data, eles constituíam 54% de toda a produção de aeronaves alemãs. Em janeiro de 1945, esse número seria de 81%. Entretanto, no início de junho de 1944, a Frota Aérea Alemã no Oeste, a Luftflotte 3, tinha apenas 500 aeronaves em serviço, das quais, apenas 150 eram caças diurnos e 50 eram noturnos. Dos 400 bombardeiros em serviço, apenas 158 eram úteis.

Embora parecesse contraintuitivo na época, a produção de aeronaves alemãs tinha, aparentemente, aumentado ao mesmo ritmo em que a proporção de bombas caía sobre as fábricas e linhas de montagem, e as estatísticas pareciam confirmar isso. Fora da região da Normandia, as aeronaves USAAF relatavam um aumento da oposição. A produção de caças forneceu à Luftwaffe 2.177 caças mono lugares em junho, 2.627 em julho, 2.779 em agosto e 3.031 em setembro, ou 4.103 se todos os tipos de caças fossem incluídos. Para comparação, em fevereiro daquele ano, havia recebido apenas 1.016 aeronaves deste tipo.

O que não foi totalmente apreciado na época - devido a uma falta de inteligência, que alimentou muito o debate entre as unidades aéreas americanas - foi que toda a indústria alemã de fabricação de aeronaves estava em processo de dispersão para unidades pequenas e ocultas, espalhadas pelo sudoeste e sudeste da Alemanha. Os componentes estavam sendo produzidos e distribuídos para as instalações de montagem escondidas nas profundezas de bosques, florestas, cavernas e até túneis, muitos dos quais haviam sido escavados para um propósito totalmente diferente. O trabalho foi feito pelos 7 milhões de trabalhadores dos países ocupados que haviam sido trazidos como uma força de trabalho para substituir os funcionários das fábricas que tinham sido mortos pelas bombas ou chamados para lutar na Frente Leste.

Inconscientes de tudo isso, e determinados a demonstrar que o bombardeio estratégico desempenharia um papel importante no resultado da guerra, para a satisfação dos Aliados, os planejadores da Força Aérea Americana começaram a montar uma série de grandes ataques aéreos para esmagar o que se acreditava serem as demais áreas industriais de produção que, na realidade, eram um conjunto de metas cada vez menos importantes. Mas, após o Dia D, as unidades aéreas foram obrigadas a continuar seu apoio para as forças de invasão, que tinham prioridade.

Embora houvesse apenas um movimento lento das forças terrestres da região da Normandia, através do país de Bocage e para a unidade de "fuga" no Sul, Leste e Nordeste, o 9º Comando de Engenheiros tinha conseguido completar a construção de uma pista de pouso de emergência no Dia D. Ao longo dos próximos vários dias, a 9ª Força Aérea fez de tudo para implantar suas unidades de caças no solo da França. Notavelmente, isso foi conseguido já no dia 13 de junho, quando os primeiros caças voaram para lá. Em 31 de julho, todos os grupos de caças, com exceção de um de seus 18 grupos de bombardeiros, estavam na França. A própria fuga foi apoiada em 25 de julho por um bombardeio de saturação, com 1.503 bombardeiros pesados e 561 caças, dos quais, apenas sete aeronaves foram perdidas.

AMEAÇAS

Mais uma nova distração frustrou os esforços do Comandante da Força Estratégica Aérea, Gen Spaatz, de retornar suas forças aéreas para os objetivos estratégicos: uma série de novas armas, que apareceram naquele verão. Em 13 de junho, a primeira bomba voadora Fieseler A Fi-103, chamada V-1 pelo ministério alemão de propaganda, foi lançada contra a Inglaterra, com mais 1.000 lançamentos nos próximos oito dias. Em 8 de setembro, foram lançados os primeiros foguetes A4 (V-2) contra Paris e Londres. Gen Eisenhower estava tão preocupado com suas capacidades que acreditava que a invasão Aliada da Europa poderia ter sido "impossível" se essas armas tivessem sido disponibilizadas para os alemães seis meses antes.

Entretanto, estas armas futuristas não eram a única ameaça às expectativas de um fim precoce da guerra na Europa. Em agosto, o primeiro Messerschmitt Me-163 Komet, um interceptador propulsado por foguetes, havia sido declarado operacional, seguido, em outubro, pelos primeiros caças Me-262 de jato duplo. Estes, representavam uma ameaça para as formações Aliadas de bombardeiros, mesmo que a Luftwaffe estivesse lutando para tornar a nova tecnologia operacional. Em apenas quatro meses, a nova era das aeronaves a jato e o míssil propulsado por foguetes haviam se tornado portentos de uma futura raça de armamentos que deveria ter consequências de longo alcance.

Esta era uma oportunidade que não estava exclusivamente nas mãos dos alemães. Desconhecida por todos, exceto por poucas pessoas nos EUA e na Inglaterra, uma equipe de cientistas estava trabalhando para construir a primeira bomba atômica do mundo, que dominaria o pensamento estratégico nas décadas do pós-guerra.

Por enquanto, somente os novos caças Messerschmitt desafiaram a crescente ascendência do poder aéreo Aliado, dividido por necessidades estratégicas e tarefas táticas. Para enfrentar esta ameaça, em 19 de julho, as fábricas de aeronaves nos arredores de Munique foram atingidas por ataques de 400 bombardeiros pesados, acrescentando mais danos aos ataques ruinosos da 8ª Força Aérea nos dias 11, 12 e 13 de julho. Cinco dias depois, 500 pesados da 15ª Força Aérea invadiram um complexo de fábricas em Friedrichshafen. Em resposta, a Luftwaffe enviou quase 300 caças e perdeu mais de 45 quando 200 B-24s bombardearam a montagem dos caças a jato. No total, estas batidas de fábrica privaram os alemães de 950 aeronaves.

Então, em 19 de julho, enquanto a 15ª Força Aérea atacava Munique, a 8ª Força Aérea colocou 1.082 bombardeiros pesados em uma missão para dispersar em toda a área e colocar 2.780 toneladas de bombas em uma variedade de alvos. Eles foram protegidos por 670 caças do 8º Comando de Caças.

E assim continuou, dia após dia. Com muita frequência, os alvos eram trocados no dia da batida em função do clima, como aconteceu em 21 de julho, quando 1.110 bombardeiros pesados foram enviados para Saint-Lô, a fim de abrir caminho para o Primeiro Exército dos EUA. Quando nuvens cobriram o alvo principal, os bombardeiros e aproximadamente 800 caças, em vez disso, dirigiram-se para o sul da Alemanha, onde os B-17s e os B-24s lançaram um total de 2.415 toneladas em aeroportos, fábricas e linhas de produção em Regensburg e Schweinfurt.

Estes ataques estavam se tornando custosos para os Aliados, especialmente aqueles contra alvos fortemente defendidos - locais que exigiam ataques de baixa altitude por aeronaves projetadas para bombardear a partir de 20.000 pés – mas, eles pareciam estar funcionando. Mais ataques concentrados contra as refinarias de petróleo em Ploeşti, nos arredores de Bucareste, na Romênia, diminuíram a produção de óleo para 10% de seu nível anterior. Em geral, a 15ª Força Aérea levou 59.834 aviadores sobre este único alvo durante o curso da guerra, lançando um total de 13.469 toneladas de bombas, com a perda de 350 bombardeiros pesados.

A campanha chegou a um fim abrupto em 1944, quando a Romênia mudou de lado, e repatriou aviadores americanos. Vários contos surgiram a partir desta época. Um deles está relacionado a um aviador que se espremeu no compartimento de rádio de um Bf-109, que tinha sido rebocado apressadamente com as estrelas e listras, e que foi voado por um piloto romeno para um aeroporto amigável na Itália. Ao ouvir sobre a situação naquele local devastado pela guerra, os aviadores da 15ª Força Aérea converteram 56 B-17s em transportes e voaram para Ploeşti para trazer de volta os ex-prisioneiros americanos de guerra - 1.162 deles em três dias.

Não foi uma conclusão tão feliz quando a Bulgária se rendeu no mês seguinte. Na esperança de repetir o exercício, a 15ª partiu novamente para trazer mais ex-prisioneiros de guerra para casa, mas os búlgaros já os haviam colocado em trens e os enviados à Turquia, de onde foram entregues em Aleppo e no Cairo, de onde a 15°, finalmente, conseguiu voar com eles. Seus corpos doentes e emaciados foram um choque para os aviadores da 15°, que ouviram em primeira mão sobre os espancamentos, fome imposta e tratamento médico praticamente inexistente. Mas, com os homens resgatados e sua condição melhorando diariamente, a 15° poderia, agora, voltar sua atenção para os recursos de petróleo restantes.

Em uma das batidas mais concentradas, realizadas em 24 de agosto, quase 2.000 bombardeiros pesados das 8ª e 15ª Forças Aéreas atacaram plantas de óleo sintético em Merseburg-Leuna, Ruhland, Brüx e Freital, e fábricas de aeronaves em Brunswick e Hannover. Pelo menos 30 caças inimigos foram abatidos. As perdas foram mínimas para os grupos da AAF. O tamanho destas batidas não era incomum; frequentemente, formações em massa, com mais de mil bombardeiros pesados, voavam todos os dias, às quais foram adicionadas contribuições extraordinárias, à noite, pelo Comando de Bombardeiros da RAF baseado na Inglaterra. De 19.635 incursões da RAF no primeiro trimestre de 1944, a intensidade tinha aumentado para 37.215 no segundo trimestre e 54.153 no terceiro.

A tonelagem lançada pela 8ª Força Aérea também havia crescido, aumentando de 36.000 em maio para 60.000 em junho, 45.000 em julho, 49.000 em agosto e 40.000 em setembro. As perdas estavam aumentando com a intensidade avançada das operações, embora as taxas de perdas por ataque estivessem agora bem abaixo. No entanto, a 8ª Força Aérea estava perdendo cerca de 300 pessoas dos pesados e 3.000 tripulantes aéreos por mês, além de uma média mensal de 150-280 caças. Por sua vez, o Gen Eaker estimou que a perda da 15ª Força Aérea, em agosto, fosse de 30% da tripulação que estava envolvida no engajamento inimigo e que tinha sido derrubada em território hostil. Mas, se as perdas humanas eram grandes, assim também eram as conquistas das Forças Aéreas do Exército, cujos esforços reduziram a produção de petróleo em territórios alemães até 23% dos níveis anteriores, e a produção de gasolina um pouco menos do que isso.

Quando os eventos começaram a se estabilizar, durante o final do verão de 1944, as prioridades se equilibraram, a primeira levava em conta a campanha de terra, a segunda, a destruição das instalações de petróleo e gasolina, e a terceira, as operações aéreas de combate. A esta altura, a intensidade da atividade aérea começava a desafiar o rendimento produtivo do fornecimento americano de bombas e munições, a maior parte das que foram lançadas pela USAAF teve que ser trazida em navios. Havia, também, alguns desafios relacionados ao combustível para as aeronaves, embora a escassez nunca tenha atingido um nível capaz de restringir as operações.

Respondendo ao número cada vez menor de caças da Luftwaffe encontrados, as formações se tornaram menores, espalhadas de forma a reduzir a exposição às artilharias antiaéreas. Os caças vagueavam em vez de permanecerem muito perto dos bombardeiros, caçando suas presas antes que os bombardeiros pudessem ser atacados. Com experiência de pilotar os próprios pesados, os pilotos de bombardeiros foram colocados em caças, voando logo à frente dos bombardeiros e guiando-os ao redor de tempestades ou em rotas de voo para cortar as trilhas de condensação – o que poderia funcionar como um indicador de direção para os caças inimigos a alguma distância.

A melhora do clima de verão, combinada com uma tripulação cada vez mais experiente, permitiu um aumento significativo na precisão de designação das bombas. Por exemplo, o número de bombas caindo num raio de 1.000 pés do ponto-alvo (conhecido na era dos mísseis pós-guerra como a "probabilidade de erro circular", ou CEP) cresceu de 18% em abril para 32% em junho e 50% em agosto, na 15ª Força Aérea, e um pouco menos na 8ª Força Aérea. O valor acumulado também aumentou através do uso de forças Pathfinder e da adoção do H2X, a renomeada versão Mk 6 do sistema de radar H2S adaptado pela 8ª Força Aérea e conhecido como "Mickey". Inicialmente desenvolvido pela RAF, o sistema permitia que a precisão de 'bombardeios cegos' atingisse níveis melhorados e sua aplicação cresceu com o influxo de Magnetrons enviados da América, que funcionavam com 3 cm de comprimento de onda.

ATAQUE DE IDA E VOLTA

Durante os meses de verão de 1944, um esquema elaborado nos primeiros dias após Pearl Harbor foi implementado, mas por um breve período. Tinha ocorrido à liderança sênior da AAF em 1942, quando a Wehrmacht estava às portas de Moscou, que os alvos na Europa Oriental poderiam ser atingidos por bombardeiros que voassem da Inglaterra e se deslocassem para pousar em território russo. Estes bombardeios de ida e volta permitiriam alcançar alvos que, de outra forma, estariam além do alcance das aeronaves, quando tinham que ser capazes de voar de volta para o Reino Unido, evitando, ao mesmo tempo, passar uma segunda vez pela detecção de caças defensivos na Europa Ocidental. Era um conceito que tinha sido testado, com sucesso, em 1943, com voos da Inglaterra para o norte da África, quando os alvos na Baviera inferior tinham sido bombardeados. Tinha, também, a vantagem de induzir os alemães bombardeados a espalharem mais finamente as defesas aéreas do Reich e, portanto, minimizar, até certo ponto, a vulnerabilidade de qualquer ataque.

Em outubro de 1943, foi concedida a aprovação para abordar os russos sobre esta ideia, chamada 'Frantic', mas esta recebeu uma resposta pouco entusiasmada. O assunto foi levado a um nível superior na Conferência de Teerã, em dezembro de 1943, mas somente em 2 de fevereiro de 1944 o Primeiro-Ministro soviético, Joseph Stalin, concordou em acomodar 200 aeronaves em seis bases, inicialmente. Na realidade, apenas três aeroportos se tornaram disponíveis: Poltava, Mirgorod e Piryatin, não muito longe de Kiev, na Ucrânia. Durante os meses de abril e maio, os trabalhos prosseguiram em ritmo acelerado para transformar completamente os aeroportos inadequados em bases totalmente operacionais, ao estilo americano, com recursos que se espalharam através Murmansk e pelo Comando do Golfo Pérsico. Cerca de 1.200 funcionários de apoio dos EUA se mudaram, apesar da pesada burocracia russa, e estabeleceram um novo Comando Oriental sob a administração da USSTAF.

A expectativa era de que as missões voassem da Itália para alvos que, normalmente, não poderiam ser alcançados, como as aeronaves Heinkel que trabalhavam em Riga e na Mielec, uma cidade perto de Lwóv, na Polônia. Quando informados sobre estes alvos, os russos objetaram, inferindo que temiam chamar a atenção para os preparativos de uma ofensiva terrestre que eles estavam construindo na área. Gen Spaatz foi autorizado a "informar" os russos em vez de solicitar aprovação, o que parecia funcionar, embora os alvos desejados tivessem sido deixados de lado por um tempo.

Em 2 de junho de 1944, quatro grupos de 130 B-17s da 15º Força Aérea e um grupo de P-51 de 70 caças da 306ª Ala, todos liderados pessoalmente pelo Gen Eaker, voaram para estaleiros de triagem de bombas e material circulante em Debrecen, a caminho dos aeródromos designados na Rússia. Na chegada, os russos de recepção de dignitários locais foram muito cordiais em acolher os americanos.

A partir de suas bases russas, em 6 de junho, dia da invasão da Normandia, os americanos lançaram batidas adicionais e, depois, ficaram presos em função de um mal tempo, o que manteve o Gen Eaker no chão. Os aviadores foram autorizados a vaguear ao redor das comunidades devastadas e atacadas próximas aos aeroportos, recebendo amizade cordial por parte dos russos locais. Um senso geral de propósito compartilhado infundiu as reuniões e a hospitalidade e foi, generosamente, compartilhado com os americanos. Finalmente, em 11 de junho, eles retornaram à sua base na Itália, bombardeando mais alvos na Romênia.

No entanto, o desastre ocorreu após um ataque a Berlim, quando a 8ª Força Aérea voou para as bases russas. Um solitário Heinkel He-177 acompanhou a formação e, várias horas depois, uma grande força de bombardeiros alemães chegou por cima, derrubando 110 toneladas de bombas de demolição, incendiárias e dispositivos de fragmentação. Estas, destruíram 43 B-17s, 15 P-51s e 26 bombardeiros pesados foram danificados. As bombas incendiárias acenderam 450.000 galões de combustível, que tinham sido trazidos para a Rússia com cuidados meticulosos. Na noite seguinte, os alemães retornaram, mas os americanos tinham voado de Mirgorod antes do início das batidas.

O evento perturbou os planos de colocar unidades de caças americanos nas bases, e os russos acreditavam que isso só iria exacerbar a situação e endossar aos alemães a importância estratégica dos locais. Sem proteção, os americanos estavam relutantes em realocar três grupos de bombardeiros pesados na Rússia. Em 26 de junho, a força sobrevivente de 71 Fortresses e 55 Mustangs deixou a Rússia, bombardeando alvos alemães enquanto se dirigiam para a Itália. Determinados a não deixar seus bombardeiros permanecerem mais de uma noite em bases russas, em várias ocasiões no mês seguinte, os ataques de caças bombardeiros em massa atingiram os campos de aviação romenos, plantas de petróleo e instalações de transporte. A última missão de bombardeio de ida e volta foi realizada em 11 setembro, partindo dois dias depois para desembarcar de volta na Itália.

Havia um posfácio para a Operação *Frantic*. Quando uma força patriota de poloneses, em Varsóvia, se levantou contra os alemães, assim como acreditavam que tinham sido instados a fazer por Moscou, exércitos soviéticos que se aproximavam da cidade para combater os alemães, pararam a 6 milhas da periferia. Enquanto os alemães se preparavam para a sistemática destruição de Varsóvia, os russos permaneceram à distância, enquanto os britânicos voavam em missões de socorro, largando suprimentos, à noite, para reabastecer os estoques esgotados para os polacos sitiados. Apesar dos apelos diretos de Washington, por razões próprias, os russos se recusaram a ceder. Em consequência, e para não perturbar os russos, os voos de reabastecimento cessaram.

Finalmente, em 11 de setembro, os russos deram sua aprovação para que os lançamentos continuassem, quase seis semanas após o início da resistência para defender Varsóvia. Dois dias depois, 107 B-17s lançaram 1.284 contêineres devidamente embalados com armas, munições de armas pequenas, granadas incendiárias, explosivos, suprimentos de alimentos e medicamentos. Apenas 150 dos recipientes caíram diretamente nas mãos dos alemães. Não houve mais lançamentos e não houve ataques de bombardeios nas linhas alemãs. Ao final da primeira semana de outubro, os alemães haviam completado a erradicação do "exército" polonês de Varsóvia, tendo matado 250.000 poloneses nessa única cidade. Os russos se moveram em janeiro de 1945. Somente muito tempo depois da guerra se tornou claro o porquê: o grupo que tinha instigado a revolta não era o que os russos queriam no controle da Polônia, depois que os alemães fossem expulsos, e não servia ao seu propósito salvá-los.

NOVOS ALVOS

Tendo desembarcado no sul da Europa, em 3 de setembro de 1943, e nas praias da Normandia, em 6 de junho de 1944, a invasão do sul da França aconteceu nos arredores da cidade costeira de Marselha, no dia 15 de agosto. Por várias semanas, foi organizada uma campanha maciça de apoio aéreo, envolvendo tanto a USAAF quanto a RAF. Isto ampliou ainda mais os recursos no que estava se tornando um trabalho árduo, progredindo a um ritmo muito menos eficaz do que havia sido planejado. A fuga da área de Caen ainda estava indo muito mais devagar do que o esperado e a Itália estava se revelando mais difícil de liberar, agora que o povo italiano havia tomado o futuro em suas próprias mãos e deposto o regime fascista.

Durante o impulso através da França, a 9ª Força Aérea apoiou as operações do 12° Grupo do Exército do Tenente-General Omar N. Bradley com o 9° Comando de Caças, fornecendo 1.500 P-47s, P-51s e P-38s, que foram divididos entre 18 grupos. O Comando do 9° passou do General Brereton para o Major General Hoyt S. Vandenberg durante o curso da campanha, levando a 9ª Força Aérea a fazer a maior parte do apoio tático aéreo para os exércitos americanos em avanço. No momento em que alcançaram a fronteira oriental da França, trouxeram para a Europa Continental a estrutura de comando e as bases logísticas, e haviam começado a construir 241 aeroportos que, eventualmente, apoiariam a ofensiva dos Aliados contra a Alemanha em si. Em uma tentativa contestada do General Montgomery de ir para o Norte, capturar as pontes através do Reno, em Arnhem, atacar a Alemanha através das planícies do norte europeu, superando as principais defesas do Ruhr, em 17 de setembro, as forças aéreas Aliadas voaram com 1.500 aeronaves de transporte e 500 planadores, protegidos por mais de 1.300 caças, através do Mar do Norte para desembarcar 20.000 tropas de paraquedistas e planadores. Apoiando isto, a 8ª Força Aérea tinha "preparado" a área um dia antes, quando 821 B-17s lançaram 3.139 toneladas de bombas, apoiados por 644 caças. Em apoio direto à operação de Arnhem, 248 B-24s lançaram cargas para as forças terrestres, protegidos por 575 caças, que também realizaram bombardeios em terra.

Os desembarques de Arnhem não foram bem-sucedidos, apesar dos esforços heroicos das tropas e aviadores envolvidos, e como o inverno estava se estabelecendo na posição alemã, estava ficando cada vez mais perigoso. Em outubro, existiam 56 divisões Aliadas no continente europeu, em novembro, eram 69 e em fevereiro, 81. Uma grande mudança no comando e controle de unidades britânicas e americanas veio em 15 de outubro, quando a sede das Forças Aéreas Expedicionárias Aliadas foi desmantelada e todo o poder aéreo foi transferido para o controle direto do General Eisenhower em seu papel de Supremo Comandante, com o Air Chf Mshl Sir Arthur Tedder como seu adjunto.

Completamente desconhecida para os Aliados, os alemães estavam preparando uma ofensiva através da região das Ardenas, numa tentativa desesperada de chegar à costa e dividir os Aliados, no que se tornaria famoso como a Batalha do Bulge. De fato, apenas 18 horas antes do ataque dos alemães, informando os comandantes aéreos, a equipe de Eisenhower dispensou as Ardenas como "nada a relatar". No entanto, no início da manhã de 16 de dezembro, o Sexto Exército Panzer lançou uma ofensiva em uma frente de 25 milhas e, enquanto as operações da Luftwaffe estavam calmas naquele dia, em 17 de dezembro, a Jagdwaffe voou com grande força, combatida pelos aviões da AAF em 647 incursões.

Impedidas por um clima excepcionalmente ruim - neblina e nuvens baixas - todas as operações aéreas estavam restritas a engajamentos esporádicos, até que o tempo ficou limpo, em 23 de dezembro, com uma área de alta pressão que se deslocou para o Oeste e por cinco dias os céus ficaram completamente limpos de toda a escuridão e névoa. O apoio tático para as forças terrestres, parando e revertendo a onda da Wehrmacht para o Oeste, que só tinha sido alcançado como resultado do tempo inclemente, foi expandido.

A maior operação de bombardeio da história da guerra foi realizada na Véspera de Natal de 1944, quando 2.046 bombardeiros pesados decolaram, escoltados por 853 caças, para atacar alvos estratégicos. Os 1.884 bombardeiros eficazes, sobre seus alvos separados, lançaram 5.052 toneladas de bombas. As perdas totalizaram 12 bombardeiros e caças, em um dia em que o 9º Comando do Transportador de Tropas enviou 160 aeronaves para soltar 319.412 lb de suprimentos essenciais para as forças aliadas na área de Bastogne.

No dia seguinte, 25 de dezembro, a 9ª Força Aérea voou 1.920 incursões, incluindo 1.100 caças-bombardeiros, os bombardeiros médios lançando 1.237 toneladas de munições para interromper os movimentos ferroviários inimigos e as operações rodoviárias dentro desta área de base. No dia seguinte, as forças terrestres alemãs foram incapazes de resistir aos ataques desapiedados do Terceiro

Exército dos EUA e a marcha para o Reno foi retomada, a 2ª Divisão Panzer foi completamente destruída e as estradas ficaram tão esburacadas que até as motocicletas tinham dificuldade de viajar.

NOVAS PREOCUPAÇÕES

Em 4 de dezembro, líderes de guerra haviam se reunido na Sede Suprema da Força Expedicionária Aliada, em Bushey Park, nos arredores de Londres, para discutir a forma como a guerra poderia ser concluída rapidamente. O consenso era de que poderia arrastar-se durante a maior parte de 1945, ou mais, apesar dos recursos extraordinários, excelente desempenho da AAF e oportunidades quase ilimitadas. Mas, a resistência alemã ainda era sólida e, aparentemente, inquebrável. O Secretário Assistente de Guerra Aérea, Robert A. Lovett, perguntou ao General Arnold se as forças do exército americano não tinham se precipitado. Os alemães estavam lutando uma guerra em suas próprias fronteiras, com linhas de comunicação encurtadas e se destacavam em vários novos tipos de armas.

Poucas semanas depois, em janeiro de 1945, o humor sombrio persistiu na Sede Suprema das Forças Expedicionárias Aliadas e na USSTAF, com o General Arnold escrevendo para o Gen Spaatz que: "Temos uma superioridade de pelo menos 5 para 1 contra a Alemanha e, apesar de todas as nossas esperanças, antecipações, sonhos e planos, ainda não fomos capazes de capitalizar na medida do que deveríamos". Mas, grandes lições estavam sendo aprendidas através da visão geral melancólica, alimentada por um juízo errado sobre o nível real das capacidades militares alemãs remanescentes.

A produção alemã de caças a jato estava acelerando, novas classes de armas estavam aparecendo em números cada vez maiores e havia a crença de que uma nova arma-maravilha, um V-3, pudesse ser implantada a qualquer momento. Na realidade, os alemães estavam em piores condições do que se imaginava. Apesar disso, o inventário dos caças monomotores alemães aumentou de 1.260 em setembro para 1.700 em novembro e 2.040 em dezembro, enquanto havia um programa maciço de requalificação de pilotos de bombardeiros em caças para reabastecer as unidades. O plano de produção diversificado, orquestrado pelo Ministro da Produção Albert Speer, dispersou, em grande parte, das 27 instalações primárias de fabricação e montagem para 729 unidades menores, em locais remotos.

Com a completa diversificação da produção alemã desconhecida para os Aliados, cerca de três quartos dos esforços da USSTAF foram comprometidos com metas táticas, juntamente com uma proporção semelhante do Comando de Bombardeiros da RAF. E, apesar do compromisso relativamente pequeno com as metas estratégicas, isto foi eficaz para reduzir a produção de petróleo e gasolina - apesar das más condições climáticas, geralmente, dificultando a guerra aérea durante todo o mês de janeiro. Quando os Chefes Combinados do pessoal se reuniram em Malta, em 30 de janeiro de 1945 - pouco antes da Conferência de Yalta entre Roosevelt, Churchill e Stalin - as forças terrestres, com apoio aéreo, inverteram o avanço alemão nas Ardenas, alcançaram o rio Reno e ouviram dizer que os exércitos russos estavam avançando para a Silésia alemã e para a Alta Prússia.

Foi acordado, então, que o principal poder aéreo estratégico seria liberado para apoiar a campanha no Leste. Esta decisão abrangeu as operações aéreas do 8º Comando de Bombardeiros da Força Aérea e da RAF, e resultaria em um grande esforço sendo montado contra cidades como Berlim, Leipzig e Dresden (sendo esta última, especificamente, solicitada pelos russos). Esta exigência foi feita aos britânicos e americanos, de modo a quebrar a resistência blindada em torno das grandes aglomerações urbanas antes do avanço do Exército Vermelho.

Após várias semanas de pequenos bombardeios contra a capital alemã, em 3 de fevereiro de 1945, a 8ª Força Aérea enviou cerca de 1.500 bombardeiros pesados e 948 caças para Berlim. Destes, 1.370 bombardeiros foram efetivos, despejando quase 3.300 toneladas de bombas. A maior parte da cidade estava livre de nuvens, garantindo a precisão dos bombardeios e trazendo níveis extremamente altos de vítimas civis. Isto trouxe questões em altos cargos, pois, a liderança sênior da AAF tinha sido contra o bombardeio indiscriminado de áreas urbanas com perdas de vidas civis. Os comandantes operacionais explicaram que os alvos eram, de fato, instalações de transporte. Este diálogo ruminante continuou enquanto a 8ª Força Aérea e o Comando de Bombardeiros da RAF estavam realizando lançamentos em grandes áreas de Dresden, Cottbus, Magdeburg e Chemnitz.

O cuidado com a vida da tripulação aérea preocupou os líderes do exército dos EUA na Primeira Guerra Mundial, quando o General Pershing quis substituir os pilotos de bombardeiros por aeronaves não-tripuladas, controladas por rádio, para entregar bombardeios em posições inimigas. Cerca de 20 anos mais tarde, em 1944, um plano semelhante foi proposto. Isto envolvia o uso de B-17s 'cansados da guerra', despojados de armaduras e armas e carregados com 20.000 lb de explosivos. Guiado no ar por um piloto que, em seguida, se salvaria, o projétil não-tripulado seria controlado por um sinal de rádio de uma nave "mãe" próxima. Até 1º de janeiro de 1945, seis missões tinham sido realizadas. Nenhuma delas havia sido bem-sucedida.

Durante o mês de fevereiro, as 8ª e 9ª Forças Aéreas bombardearam os principais alvos estratégicos, com 234.800 toneladas de bombas em direção às companhias de petróleo. A esta altura, os russos haviam libertado grandes áreas da Polônia, Hungria e Silésia, onde os alemães tinham plantas sintéticas. Essas batidas também ajudaram a corroer a produção de caças a jato e foguetes, e a atenção que a RAF prestava às cidades alemãs, finalmente, pôs um fim à vida econômica do Terceiro Reich, imobilizando milhões de trabalhadores, juntamente com operários estrangeiros impressionados, e congelando a outrora eficiente rede ferroviária alemã.

Quando a Áustria foi invadida, a 15ª Força Aérea mirou os jatos alemães - algo que o Gen Eaker, há muito tempo, tinha vontade de fazer - e bombardeou as instalações em Regensburg, onde o modelo estava sendo construído. Com a pressão, agora, em uma crescente atividade, a Operação *Clarion* foi colocada em jogo. Esta, viu toda a energia aérea anglo-americana disponível sendo colocada no céu para dar um grande golpe contra as comunicações alemãs, atingindo tanto a vida econômica quanto as exigências táticas da guerra. A *Clarion* saiu da operação planejada *Hurricane*, que propôs um poderoso ataque ao próprio povo alemão, mas que tinha sido proibida pela liderança, por ser equivalente aos bombardeios terroristas.

Apesar desta decisão e evitando os bombardeios terroristas, uma cidade em particular - a antiga e histórica Dresden - foi submetida a quatro devastadores ataques entre 13 e 15 de fevereiro. Estes, seriam para sempre o epítome do dilema enfrentado por aqueles que defendiam o bombardeio das cidades na esperança de acabar com a guerra. A incursão ocorreu em um ponto crucial, após a Wehrmacht ter perdido a batalha do Bulge e os russos estarem a menos de 45 milhas de Berlim. Indiscutivelmente, os alemães já tinham perdido a guerra; o que não estava claro era apenas quando uma rendição poderia ocorrer. Os alemães já haviam sido informados, em uma declaração do Presidente Roosevelt, em 1943, de que não poderia haver rendição condicional. Apenas a rendição total e incondicional, implicando a ocupação total da Alemanha pelas forças Aliadas.

Sozinho dentro da hierarquia nazista, Hitler recusou-se a buscar qualquer forma de rendição. Se Hitler tivesse sido assassinado em julho de 1944 pela conspiração fracassada da bomba, orquestrada por alguns nos círculos sociais, militares e políticos superiores, e substituído como chefe de estado, há poucas dúvidas de que a liderança poderia ter considerado uma rendição condicional para impedir a ocupação total de seu país. Mas, isso não aconteceu. Assim, no final de janeiro de 1945, a RAF foi chamada para conduzir uma bombardeio em Dresden que, na época, era uma cidade defendida - o que significa que era uma guarnição para a Wehrmacht, bem como continha muitas instalações industriais, 110 fábricas que operavam para o esforço de guerra e 50.000 trabalhadores nesse setor.

Na virada do ano, a inteligência decodificada em Bletchley Park havia revelado que a Wehrmacht estava movendo um grande número de tropas para o leste da Alemanha e consolidando a presença militar em torno da cidade. Os russos viram isto como um obstáculo potencial à sua luta para chegar a Berlim e solicitaram que os britânicos e os americanos destruíssem a cidade para impedir a consolidação das forças alemãs. Além disso, uma avaliação de inteligência entregue a Churchill indicou que se os alemães se consolidassem no Leste, poderiam manter os Aliados ocidentais no Reno e continuar a luta com os russos até, pelo menos, novembro. Temendo que a corrida para Berlim pudesse estagnar, foi decidido, portanto, ajudar os russos de qualquer forma que impedisse isso.

Os ataques a Dresden foram a única ação ativada de um plano conhecido como Operação *Thunderclap*, proposta no verão de 1944, mas cancelada em agosto por ser demasiadamente severa e contraproducente. Conforme concebida, a *Thunderclap* trouxe o poder aéreo americano e britânico para convergir em várias grandes cidades alemãs, a partir de Berlim, em uma série coordenada de batidas que visavam destruir completamente todos os restos físicos dessas áreas urbanas.

Para explicar o pensamento por trás desta proposta, é preciso lembrar que os Aliados ficaram horrorizados com a destruição física e o sofrimento humano impostos pelos nazistas, que os grupos políticos nos EUA estavam pedindo a completa desindustrialização pós-guerra da Alemanha, consignando-a, para sempre, a uma aldeia e a um estilo de vida agrário. O economista político Henry Morgenthau convenceu Roosevelt a escrever ao Secretário de Estado, Cordell Hull, e ao Secretário de Guerra, Henry Stimson, afirmando uma política pós-guerra de ter os alemães "alimentados três vezes ao dia com sopa das cozinhas do exército" para que "lembrassem dessa experiência para o resto de suas vidas".

Em resposta, Roosevelt disse: "Ou temos que castrar o povo alemão ou tratá-los de tal forma que não possam continuar reproduzindo pessoas que queiram continuar [a se comportar] como no passado". Esta era uma visão prevalecente - algo que se perdeu para muitos historiadores, muito tempo depois desses eventos – e ajuda a explicar o que motivou o bombardeio destrutivo das cidades. Em equilíbrio, quando informado de que tal operação poderia resultar na morte de 40% da população alemã, Roosevelt retratou sua visão extrema.

Neste contexto, a implementação das batidas em 13-15 de fevereiro não parece tão incomum, dado o imperativo militar e as incertezas da época. Entretanto, nessas incursões, os Aliados lançaram 2.900 toneladas de altos explosivos e incendiárias em uma cidade que estava repleta de civis, militares e trabalhadores de fábricas de munições. Na primeira incursão, a RAF lançou "*cookies*" de 500 lb e 4.000 lb -

altos explosivos usados para demolir paredes, arrebentar portas e janelas para criar funis de oxigênio, para permitir a passagem do fogo e das chamas das incendiárias. Em um período de apenas 15 minutos, os Lancasters liberaram 881 toneladas de bombas em uma área medindo apenas 1,25 milhas por 1,75 milhas. As estimativas de vítimas variam, mas é provável que, pelo menos, 25.000 pessoas tenham sido mortas em Dresden, com a perda de sete aeronaves.

Em outro lugar, houve uma quase revolta entre a tripulação aérea polonesa que soube, naquela noite, sobre a decisão na Conferência de Yalta de que a Rússia teria vastas extensões da Polônia após a guerra. Muitos deles ameaçaram se rebelar, então, seus oficiais britânicos apreenderam suas armas de fogo. No entanto, no final, os poloneses responderam a um apelo do governo polonês no exílio para que cumprissem seu dever, o que eles fizeram.

JOGO FINAL

Em 22-23 de fevereiro, um intenso e prolongado bombardeio foi conduzido pelas 8ª e 9ª Forças Aéreas contra todas as formas de comunicação. Os pilotos de caça da USAAF foram instruídos a metralhar fugitivos no solo para aumentar a confusão - os alemães relataram que poucos incidentes desta natureza foram relatados. Poucos também eram os caças alemães vistos agora no céu. Isto significava que os bombardeiros seriam capazes de largar suas cargas a partir de 10.000 pés devido à redução do nível de fogo antiaéreo, o que lhes permitia atacar em pequenos grupos. Estes foram tão bem-sucedidos que os bombardeiros pesados foram capazes de mudar os ataques táticos e retornar aos seus alvos estratégicos.

Em março, a AAF experimentou brevemente o potencial dos aviões a jato e foguetes alemães, como os Me-262s e os Me-163s atacados com força, parecendo tocar com os P-51s até que estes últimos levassem a melhor e começassem a derrubá-los. O Me-262 era rápido e ágil, mas os níveis de potência nos primeiros motores a jato não eram propícios a mudanças rápidas de impulso e a aeronave tinha pouca velocidade de desempenho. Isto as deixava vulneráveis quando pousavam, dando oportunidades para emboscadas, que eram aproveitadas pelos P-51s.

Durante todo o tempo, a RAF manteve suas batidas noturnas em áreas industriais e urbanas, lançando em 11 de março a maior quantidade de bombas em um único alvo, quando 1.079 aeronaves lançaram 4.738 toneladas em Essen, marca ultrapassada no dia seguinte, quando 4.899 toneladas foram lançadas em Dortmund. Enquanto isso, a 15ª Força Aérea estava gastando dois terços de seus esforços em ataques a transportes e o restante, nas companhias de petróleo.

Ao longo de todo o mês, os pesados mantiveram um assalto incessante às cidades e vilas que já haviam sido bombardeadas, impedindo o desembaraço e a reconstituição, a fim de manter a paralisia total e a interrupção da vida normal. Nas semanas finais da guerra, a ferocidade cresceu a um patamar nunca antes visto – uma determinação impulsionada pela intensidade da resistência militar alemã.

O assalto ao Reno começou em 21 de março, quando 2.000 bombardeiros da 8ª Força Aérea, a 9ª Força Aérea e o Comando de Bombardeiros da RAF atingiram a Alemanha nas posições defensivas, seguidas de novas batidas de intensidade semelhante no dia seguinte. Três dias depois, a RAF bombardeou Wesel, agora, quase abandonada pela população civil, e o exército a submeteu a um intenso bombardeio de artilharia. Testemunhas oculares contaram que o solo se movimentava para cima e para baixo, como um trampolim sob as ondas de choque das bombas e dos projéteis que batiam na terra.

Após fornecer apoio para a travessia do Reno pelas forças Aliadas, a 8ª Força Aérea retomou seus ataques ao já escasso número de metas estratégicas. A cada dia, mais de mil bombardeiros eram designados para portos em torno de Wilhelmshaven e Hamburgo, às instalações petrolíferas e industriais. Durante os últimos dias de março, o Comando de Bombardeiros da RAF excedeu seu próprio recorde semanal anterior, ao largar 67.365 toneladas de bombas, a investida final, afetando Hannover, Paderborn, Münster, Hamburgo e Osnabrück. Em outro lugar, em meados de abril, a 8ª Força Aérea enviou mais de 1.200 bombardeiros para lançar incendiárias, napalm e bombas de demolição de 2.000lb em guarnições ainda em funcionamento na área de Bordeaux.

As incessantes batidas em apoio à campanha terrestre alcançaram consistentes resultados, apesar da lista cada vez menor de alvos para demolição industrial. A maioria das operações de apoio tático nas últimas semanas da guerra foi realizada pela 9ª Força Aérea. A intensidade da campanha de bombardeio teria crescido e atingido um pico. De todas as bombas lançadas sobre a Alemanha durante a guerra, 72% haviam sido jogadas depois de 1º de julho de 1944.

Reforçado por cineastas de Hollywood e pela literatura popular, foi reivindicado que foram as Forças Aéreas do Exército Americano que libertaram a Europa da tirania nazista; diz-se, frequentemente, pelos bombardeiros americanos que arrancaram o coração da máquina de guerra industrial da Alemanha. As estatísticas contam uma história muito diferente. Das mais de 68.000 toneladas de bombas lançadas em Berlim, a RAF entregou dois terços; do total de 48.000 toneladas que caíram em Colônia, o Comando de Bombardeiros foi responsável por 72%, e, das 38.300 toneladas lançadas em Hamburgo, 59% foram cortesia da RAF. O Comando de Bombardeiros foi responsável por 99% das bombas lançadas sobre a vasta cidade industrial de Essen, com suas enormes obras de Krupps, 98% em Duisberg e 56% em Kiel e Frankfurt.

O extenso bombardeio havia expulsado a maioria da população alemã de suas casas e suas cidades, com o movimento de massa de civis chegando a um pico de 25 milhões de pessoas - todas à procura de casas, parentes adultos, amigos e, em muitos casos, seus filhos. É impossível saber o número exato de civis alemães mortos pelos bombardeios dos Aliados, mas uma figura razoavelmente segura é de cerca de 650.000 - dez vezes maior do que o número de civis britânicos mortos durante a guerra. Das áreas urbanas restantes, as cidades eram conchas ocas, não apenas em termos de edifícios destruídos e escombros, mas, também, no vácuo humano criado pela maioria que fugiu.

Em maio de 1945, apenas 20.000 pessoas permaneciam em Colônia, de uma população pré-guerra superior a 770.000. A população de Essen, Dusseldorf e Frankfurt encolheu a menos da metade, enquanto Munique perdeu 41%, Berlim 40% e Hamburgo 35%. As bombas eram impessoais, na medida em que os mortos e os mortalmente feridos estavam distribuídos indiscriminadamente entre civis, prisioneiros de guerra, trabalhadores escravos e funcionários uniformizados, sem contar o pessoal militar. Em novembro de 1944 só na Alemanha, os bombardeios mataram 17.440 pessoas, das quais, 84% eram civis.

Em outros lugares, cidades francesas, vilarejos e algumas cidades foram bombardeadas visando suprimir a atividade nazista e destruir fábricas de munições, pátios de triagem e acampamentos que realizavam trabalhos para os alemães no âmbito do acordo assinado pelo governo de Vichy. Entre a invasão da França e o fim da guerra, 53.601 civis franceses morreram em consequência dessas atividades, 85.316 edifícios foram destruídos e outros 183.103 foram seriamente danificados. Houve debates entre os Aliados sobre os bombardeios de alvos franceses, um nível não desprezível de oposição que estava sendo levantado. No final, como a própria guerra, os bombardeios haviam adquirido vida própria, aparentemente, imparáveis pelos meros mortais.

Mas, a guerra aérea tinha sido muito mais do que os bombardeiros atacantes e os caças em defesa. À medida que o pêndulo balançava em favor dos Aliados, evoluíam as versões de aeronaves que viram, pela primeira vez, o combate no início da guerra e se juntavam a novos modelos que haviam sido desenvolvidos desde o início do conflito, em voos no canto ocidental da Europa ocupado pelos nazistas. Aeronaves como o Typhoon e as marcas posteriores de Spitfire, com desempenho infinitamente maior e capacidade de combate, criaram estragos em estradas, ferrovias, pátios de triagem, aeroportos, quartéis militares e em uma série de alvos especializados.

Em 30 de abril de 1945, Hitler cometeu suicídio, em 8 de maio, a guerra havia terminado. Entre estas datas, durante a primeira semana de maio, a 8ª Força Aérea lançou 4.147 toneladas de alimentos de emergência para as populações famintas dos Países Baixos e regiões vizinhas atingidas pela fome. Com a guerra ainda tecnicamente em curso, os alemães aceitaram esta assistência humanitária e, junto com a RAF, as forças aéreas americanas lançaram cerca de 11.000 toneladas de rações alimentares.

O TENAZ MOSQUITO

Uma aeronave em particular, o Havilland Mosquito, se destacou por seu alto desempenho e flexibilidade. Para ataques diurnos, operações de baixa altitude e capacidade de carga por seu tamanho, o Mosquito superou muitos outros modelos. Com o alcance para atacar Berlim, servir como pioneiro para bombardeiros e transportar uma versão miniaturizada da bomba de demolição Barnes Wallis, também serviu como um caça noturno altamente eficaz e aeronave de foto-reconhecimento, identificando muitos lugares que se tornariam de alta prioridade, devido à sua importância.

Em meio a muitas histórias de feitos heroicos, há uma incursão que se destaca. Conduzida de uma altura apenas marginalmente acima da linha de árvores e postes telegráficos, o ataque à prisão de Amiens, em 18 de fevereiro de 1944, foi notável em sua audácia, bravura e sucesso. Envolveu nove Mosquitos, que fizeram um buraco na parede ao redor de uma área de contenção para os trabalhadores franceses da resistência e prisioneiros políticos encarcerados para interrogatório, tortura e execução. Foi dito que mais de 100 foram fotografados no dia seguinte. A infração permitiu a 255 prisioneiros escapar, com a perda de quatro tripulantes aéreos. Lamentavelmente, 182 foram eventualmente recapturados e os alemães mataram 260 em represálias. Afirma-se, frequentemente, que a resistência francesa solicitou a incursão, mas não foi assim. No que é, até hoje, classificada como uma operação secreta, o Serviço Secreto de Inteligência solicitou algo que, mesmo para a RAF, era uma operação altamente qualificada. Talvez, nunca conheçamos o verdadeiro motivo do pedido.

Como marca final de gratidão pelo trabalho que fizeram para manter os bombardeiros armados e voando, a tripulação aérea equipada e alimentada, cerca de 30.000 integrantes da RAF em terra fizeram incursões sobre as áreas para onde haviam enviado as aeronaves para bombardear. Estes voos despertaram emoções mistas; a grande escala de destruição foi difícil de transmitir em palavras e muitos voltaram profundamente afetados pelo que tinham visto, todos impressionados com a intensidade da ofensiva estratégica e tática aérea contra a Alemanha nazista.

Embora referindo-se aos aviadores e à tripulação de terra do Comando de Bombardeiros da RAF, Sir Arthur Harris estava bem ciente da contribuição feita por toda a tripulação aérea das forças aéreas Aliadas que, de noite e de dia, se colocaram em perigo para conseguir a derrota de um poder totalitário e para libertar a Europa ocupada quando abordou, com pungência, a contribuição feita pela RAF e pelas Forças Aéreas do Exército dos EUA: "É por eles e sua classe que a Grã-Bretanha, hoje, não é um mero mercado escravo de um império nazista. Esse era o plano. Nunca se esqueçam".

Após o fim da guerra, o julgamento político elevou seu olhar para um horizonte reflexivo e distante, sendo mais visionário, cheio de alívio e uma sensação de oportunidade; tendo sobrevivido a cinco terríveis anos de guerra e carnificina, nada negaria à geração sobrevivente um futuro melhor. Winston Churchill, eloquente como sempre, colocou em palavras, que foram lidas no Congresso dos EUA, em 16 de agosto de 1945: "Quando olhamos para trás, para todos os perigos que abatemos e para toda a escuridão projetada que frustramos, por que devemos temer por nosso futuro? Nós passamos com segurança através do pior".

No entanto, mesmo quando o rescaldo da guerra na Europa estava surgindo, as forças de uma nova confrontação continuavam a sugar as munições e a logística cada vez mais exigentes dos EUA, uma vez que a USAAF se preparava para um grande assalto aéreo ao Japão Continental. Todas as indicações eram de que este seria o maior banho de sangue da guerra - pois os japoneses, se sua pátria fosse invadida, lutariam até o último homem, mulher e criança. Em antecipação de se juntar aos americanos na libertação dos países ocupados do sudeste asiático, portanto, os britânicos se prepararam para velejar para o leste e juntar-se a seus primos americanos.

CAPÍTULO 17

Uma Chuva de Ruínas

O JAPÃO tinha conquistado a Birmânia em junho de 1942 e cortado a rota vital de abastecimento com a China ao longo da Estrada da Birmânia. Em outro lugar, as monções haviam interrompido a invasão japonesa da Índia, permitindo aos britânicos iniciar uma consolidação de esforços para evitar uma ocupação completa do subcontinente indiano, de onde as forças japonesas poderiam dominar o Oceano Índico.

O Grupo Americano de Voluntários (AVG), também conhecido como Tigres Voadores, foi organizado pelo general Claire L. Chennault, em nome da China, para defender a Estrada da Birmânia e para ajudar o exército chinês com apoio aéreo. Chennault foi chamado de volta ao serviço ativo e promovido a general-brigadeiro, em um momento em que a AVG tinha apenas 30 caças P-40 Warhawk e sete bombardeiros B-25 Mitchell.

Em outros lugares da região, o General Brereton havia assumido o comando da recém-formada 10ª Força Aérea em Delhi, em 5 de março. No entanto, ele foi enviado ao Oriente Médio em junho, quando as defesas do Egito estavam sob ameaça. O avanço das forças alemãs, que esmagavam os britânicos no norte da África e marchavam sobre o oeste da Índia, enquanto os japoneses avançavam do Leste, fez 1942 um dos períodos mais críticos de toda a guerra. E mais, por causa dessa realocação, a 10ª Frota Aérea ficou, por um tempo, sem uma única unidade de combate na região.

A decisão para reabastecer a unidade chinesa de forças que combatiam os japoneses foi tomada em Washington DC, e foi tão importante quanto as missões de combate dos EUA na região. Isto porque a perda da Birmânia tornou vital o fornecimento de forças chinesas da Índia. No entanto, isso envolvia voar "sobre as Corcundas" do Himalaia - através de passagens de 14.000 pés de altura e sobre picos de 16.500 pés. As monções trouxeram tempestades violentas por todo o Himalaia e aviões de transporte Skytrain C-47, uma versão militarizada do Dakota DC-3, eram duramente pressionados a manter a ponte aérea.

Após 1º de dezembro de 1942, com a criação do Comando de Transporte Aéreo da AAF, a situação começou a melhorar gradualmente e 2.800 toneladas de suprimentos foram movidos em fevereiro de 1943 - um número que ainda estava abaixo do mínimo de 3.500 toneladas consideradas necessárias. No entanto, em outubro, essa quantidade havia aumentado para 7.000 toneladas e para 12.000 a cada mês durante os primeiros seis meses de 1944, atingindo um pico de 71.000 toneladas em julho de 1945.

A 14ª Força Aérea foi estabelecida na China por ordem específica do Presidente Roosevelt, em 10 de março de 1943, com Chennault no comando e promovido a general. Com a tarefa de agredir os japoneses em todas as oportunidades, a 14ª possibilitou que os chineses recebessem apoio aéreo sustentado, o que não teria sido possível de outra forma. Mas, ter a 10ª Força Aérea localizada na Índia, a justaposição de comandantes regionais em desacordo, e uma defesa de suas próprias unidades individuais, o conflito a nível administrativo foi um sério impedimento ao progresso. O Major General George E. Stratemeyer, comandante de todas as forças norte-americanas no campo entre 1943 e 1945, descreveu a situação como um animal incomum, "sem pé, nem cabeça!".

Foi apenas com a ajuda combinada dessas forças aéreas e das forças britânicas na região fronteiriça da Índia - juntamente com a ajuda de mais de 20.000 toneladas de suprimentos para os 150.000 soldados britânicos de lá - que os japoneses foram, gradualmente, afastados de Imphal. Em maio e junho, o 14º Exército Britânico pressionou o recuo das forças japonesas, mas se não fosse o apoio aéreo, a situação poderia ter sido bem diferente; as forças aéreas americanas tinham feito a diferença crítica com as unidades de transporte e o combate aéreo tanto na Índia como na China. Para consolidar a pressão sobre os japoneses, os aviões de transporte americanos, tais como o C-46 Comando e o C-47 Skytrain, foram trazidos juntamente com uma unidade de comando aéreo especial dos EUA, conhecida como Os Chindits. Fornecidos inteiramente a partir do ar, esses grupos de penetração de longo alcance atingiram efetivamente as posições japonesas, liberando seu controle sobre a Birmânia.

Os Chindits não estavam sozinhos. Um corpo chinês treinado pelos americanos, conhecido como 'Merrill's Marauders', também avançava através das selvas sustentadas inteiramente por lançamentos aéreos precisos de suprimentos à medida que avançavam no campo de aviação japonês em Myitkyina, na Birmânia, em maio de 1944. Com os suprimentos agora levantados diretamente para os aeroportos, os grupos reabriram a estrada da Birmânia para a China em janeiro de 1945, começando a longa e tortuosa redução das forças japonesas. Apoiados por bombardeiros e caças da 10ª Força Aérea, os britânicos avançaram todos antes deles, a tática das forças aéreas que assediam o inimigo em todo o caminho. Isto representou um "começo" no que diz respeito a todo o apoio para o 14º exército, que foi entregue apenas por lançamentos aéreos solitários. Até abril 1945, a Força Tarefa Anglo-Americana de Combate e de Carga tinha fornecido um total de 345.000 tropas avançadas.

A situação tinha sido bastante diferente na China onde, a partir da primavera de 1944, um ataque japonês prolongado e pesado levou os homens de Chennault ao interior da China, o inimigo que vaporizou as forças chinesas cansadas e desmoralizadas. À medida que a situação melhorou na Birmânia, duas forças chinesas treinadas pelos americanos foram transportadas de lá para a China, em dezembro de 1944 e, com o apoio da 14ª Força Aérea, montaram uma vigorosa contraofensiva em março de 1945. Com a ajuda da 14ª Força Aérea, voaram em missão de abastecimento sobre o Himalaia, os chineses lutaram e retomaram o terreno, todos apoiados pelo poder aéreo. Se isto não acontecesse, um oficial japonês de alto escalão alegou após a guerra que "nós [os japoneses] poderíamos ter ido a qualquer lugar que desejássemos".

O GRANDE GOLPE

Embora um enorme esforço tenha sido feito para apoiar as operações terrestres que foram essenciais para conter os planos de invasão japonesa e acabar com as metas futuras e mais ambiciosas, o poder aéreo estava sendo explorado onde era mais necessário, através do transporte e dos lançamentos de abastecimento logístico, na movimentação dos homens e material, e na evacuação de vítimas. Quando o Presidente Roosevelt e o Primeiro-Ministro Churchill reuniram-se em Washington, em maio de 1943, para a Conferência Trident, eles tinham a tarefa historicamente significativa de decidir a melhor maneira de usar um único tipo de avião para conduzir uma nova estratégia, fundamental para a derrota do Japão Imperial.

Essa aeronave foi o Boeing B-29 Superfortress, que emergiu de uma multiplicidade de requisitos, propostas e conceitos de projeto em vez de uma única especificação abrangente. Em março de 1938, a AAF havia procurado uma versão do B-17 com compartimentos de tripulação pressurizados e um trem de pouso triciclo. Na época, enquanto a AAC estava fortemente empenhada em comprar o B-17, havia pouco dinheiro para um novo avião e a Boeing, mais uma vez, investiu seu próprio dinheiro para o modelo 334A proposto em julho de 1939, com uma maquete concluída em dezembro. No mês seguinte, o exército começou a definir o que realmente queria: uma aeronave que atingisse 400 mph, com um alcance de 5.333 milhas e uma carga de bomba de 2.000 lb entregue à metade dessa distância.

Beneficiando-se da experiência dos projetistas europeus de aeronaves no que diz respeito ao armamento, tanques de combustível selados e blindagem, o modelo 345 revisado foi proposto em 11 de maio de 1940. Chamou a atenção e o exército encontrou algum dinheiro para os testes em túnel de vento, contratando dois protótipos em 24 de agosto, com um terceiro acrescido em 6 de setembro. O exército ficou tão entusiasmado com as possibilidades que foram abertas por esta aeronave que em maio de 1941 fez um pedido de 250, aumentado para 500 em janeiro 1942. Com cabines totalmente pressurizadas, um grande aumento no alcance, uma capacidade de transporte de carga sem precedentes e armamento empregado nas torres com metralhadoras com controle remoto, esta aeronave era bem diferente de qualquer coisa nos céus daquela época. De fato, ela anunciava a era do superbombardeiro – uma linha de bombardeiros exclusivamente americanos que começou com o B-29 e prosseguiu através do B-36 e, eventualmente, com o B-52.

As possibilidades trazidas pelos superbombardeiros agarraram a imaginação da Força Aérea do Exército na medida em que, no final de 1940, muitos sentiram que a Grã-Bretanha estava sob ameaça iminente de invasão e consideraram que os EUA poderiam, um dia, ter que combater a Alemanha nazista a partir dos EUA continental. Em 11 de abril de 1941, isso fez com que uma exigência de uma aeronave ainda maior e mais capaz fosse emitida, uma com uma carga padrão de bomba de 10.000 lb, uma carga máxima de bomba de 72.000 lb, uma velocidade máxima de até 300 mph e um alcance de 5.000 milhas. Isto foi sem precedentes e energizou uma maneira completamente nova de pensar sobre a guerra estratégica.

A partir de quatro projetos apresentados do modelo 37 da Consolidated, com um pouco de varredura nas asas traseiras, seis motores, cauda e leme duplos, dois protótipos foram encomendados como o XB-36. Isto foi altamente significativo; a única outra aeronave a ser encomendada para ser produzida fora da prancheta de desenho tinha sido o B-26 Marauder, em 1939. O trabalho foi lento devido à prioridade dada à produção do B-24 mas, em 1943, a atividade foi acelerada quando parecia que o tipo seria necessário para bombardear o Japão a partir das bases existentes no Pacífico. Em 23 de julho de 1943, um contrato foi concedido para 100 aeronaves, época em que o projeto havia mudado para dar ao B-36 uma única cauda vertical e um único leme. O que nos leva de volta à Conferência Trident, pouco antes da decisão de acelerar o teste de voo e da produção do B-29.

A disponibilidade iminente do B-29 foi assegurada por um primeiro voo bem-sucedido em 21 de setembro de 1942, com a segunda aeronave voando sete dias depois. A aeronave foi suficientemente impressionante para ser importada como um grande ativo de mudança de planos, anunciando uma nova geração na tecnologia e em capacidades de bombardeiros. Este foi o motivo pelo qual Roosevelt e Churchill discutiram levar a guerra diretamente para o Japão continental - um objetivo que, até então, tinha sido frustrantemente difícil devido à grande distância que os bombardeiros teriam de voar tanto para alcançar como retornar de seus alvos.

Agora, com o norte da África de volta à segurança, nas mãos dos Aliados e o bombardeio estratégico da campanha da Alemanha em andamento, os dois líderes concordaram em intensificar o compromisso de guerra contra o Japão, já tendo suprimido o avanço japonês ao leste em Midway e para o Sul, nas Ilhas Salomão e Nova Guiné. Considerava-se que as opções estavam ao longo de dois caminhos separados e conflitantes: o primeiro era o de que um fim da guerra na Europa poderia ser alcançado até dezembro de 1944, liberando forças, e o segundo, que o progresso debilitado da Birmânia e da China estavam fazendo com que o governo de Chongqing desconfiasse das intenções americanas e do processo de paz com o Japão. Entretanto, esta última não poderia esperar, e o B-29 parecia dar uma resposta.

Embora o apoio aos chineses tivesse sido forte, a guerra não poderia ser vencida a partir daí. Isto porque, montar uma frente contra os japoneses, passando por cima do Himalaia, estava fora de questão. Dito isto, os B-29s poderiam atacar alvos no Japão a partir de bases na China, para serem utilizados e reforçarem os exércitos chineses, revigorando o governo de Chongqing a fazer maiores esforços. No final, a decisão foi adiada tanto na Trident como nas conferências de Quebec, em agosto, e outra no Cairo, em novembro, embora tivesse sido feito um acordo tácito para implantar os superbombardeiros em bases na China.

A AAF propôs a construção de uma cadeia de aeroportos ao longo de um eixo de 400 milhas de comprimento ao norte e ao sul de Changsha, na província de Hunan. Esta era localizada a 1.500 milhas da maioria das indústrias do Japão, o que significava que os B-29 poderiam chegar até elas. A expectativa era de que, com os grupos voando cinco missões por mês, com 50% da força, 168 grupos--meses seriam suficientes para destruir os alvos designados dentro um período de 12 meses. O apoio logístico para estas bases destacadas seria efetuado através de B-24s liberados da Europa e convertidos em transportes (C-87s), com 200 por grupo de B-29, 2.000 até outubro de 1944 e 4.000 até maio de 1945. Os portos foram adequadamente colocados para movimentar um total de 596.000 toneladas por mês. Até esta data, os grupos de B-29 poderiam voar 500 incursões por mês de Calcutá - onde os B-29s estariam baseados, principalmente, - manuseando 58.000 toneladas por mês.

PODER AÉREO ESTRATÉGICO

A descontinuidade no controle operacional das ações da guerra China-Birmânia-Índia (CBI) reverberou através da estrutura do comando da Força Aérea do Exército. O Gen Arnold estava bem ciente do problema do poder aéreo estratégico ser ostensivamente deslocado para apoio tático às forças terrestres, causando distração onde deveria haver foco e acordo. Com a disponibilidade iminente do B-29, Arnold estava convencido de que este não seria o caso do superbombardeiro, agora, oficialmente categorizado como um Bombardeiro Muito Pesado - um tipo de aeronave totalmente inadequado a papéis diversificados, a não ser como uma arma de poder estratégico final.

Nos dois anos desde Pearl Harbor, os procedimentos de comando das forças aéreas do exército assumiram um padrão, onde as unidades aéreas foram designadas para os comandantes de guerra que trabalhavam sob as diretivas gerais dos Chefes Conjuntos de Pessoal. Estas unidades foram organizadas em uma força aérea de guerra, receberam um número e foram divididas entre caça, caça-bombardeiro, serviço aéreo, etc. Embora o comandante do teatro de operações tivesse o controle do ar, bem como das forças terrestres, geralmente, permitia a um comandante da força aérea liberdade na forma como o poder aéreo poderia ser utilizado.

Este sistema tinha se mostrado sensato e, geralmente, funcionava bem, mas com o advento de uma ofensiva estratégica a partir do ar - independentemente das operações de terra ou do mar, em um nível tático - poderia haver dificuldades. Para evitá-las, o Gen Arnold seguiu o precedente estabelecido quando a Ofensiva Combinada de Bombardeiros acordou com a Força Aérea Real, em 21 de janeiro de 1943 e, na realidade, estabeleceu o palco para uma força aérea independente. Ele queria uma estrutura muito diferente e isso foi apoiado quando a 20ª Força Aérea foi criada, em 4 de abril de 1944, com Arnold no comando. Foi criada para operar de forma completamente autônoma; em todos os casos, exceto designação, operava como uma força aérea separada da estrutura de comando do exército. Era uma indicação do que viria três anos depois, com a formação de uma Força Aérea

Americana completamente independente e foi, também, precursora do Comando Estratégico Aéreo, dedicado à guerra estratégica. Seis dias depois, em 10 de abril de 1944, os Chefes Conjuntos concordaram com o bombardeio estratégico do Japão.

Quanto ao emprego do B-29, isso se mostrou mais difícil do que o esperado, pois a aeronave gigante exigia considerável treinamento de conversão para comando, voo e tripulação de terra. Aeronaves substitutas foram empregadas para acelerar o processo e o treinamento de familiarização necessária, para o ensino e a realização sob medida. Isto aconteceu porque o nível de conhecimento técnico necessário para operar a aeronave era altamente especializado quando comparado com o B-17 e o B-24.

A primeira unidade de B-29, a 58ª Ala de Bombardeio (Muito Pesada), foi ativada em 1º de junho de 1943, e uma expectativa anterior de que a aeronave seria utilizada na guerra europeia foi cancelada no final de 1943. Seu uso deveria estar concentrado no 10º Comando de Bombardeiro - que havia sido formado em 19 de novembro 1943, antes de se mudar para Kharagpur, Índia, no início de 1944 - e começar as operações de bombardeios contra o continente japonês a partir de bases avançadas na China.

A 58ª Ala de Bombardeio chegou lá em 28 de março, sob a comando do Major General Kenneth B. Wolfe e, após um curto período de treinamento, a primeira missão foi realizada em 5 de junho de 1944 contra a cidade de Bangkok, então sob poder japonês. Cerca de 98 B-29s voaram da Índia e 77 lançaram 368 toneladas de bombas sobre as estações ferroviárias. Cinco foram perdidas devido a problemas técnicos e erros da tripulação. As aeronaves restantes aterrissaram de volta nos aeroportos de apoio na China e, depois, retornaram à Índia. A aeronave ficaria algum tempo adormecida, e o programa de familiarização foi modificado. A segunda missão aconteceu no dia 15 de junho, quando 68 Superfortresses, como o B-29 foi nomeado, saíram à noite de seu campo de preparação em Chengdu. Apenas 37 bombardearam seu alvo, a Imperial Iron e Steel Works em Yawata - o primeiro ataque no Japão continental desde o ataque Doolittle de abril de 1942. Um B-29 foi abatido, a primeira perda em combate deste tipo.

O general Arnold não estava satisfeito com o desempenho do Major General Wolfe e o substituiu pelo General LaVerne G. Sanders, em 6 de julho. Isto foi apenas uma medida temporária, porém, até que o Major General Curtis E. LeMay pudesse chegar da guerra europeia para assumir o comando do 10º Comando de Bombardeiros a partir de 29 de agosto de 1944. Enquanto isso, o segundo ataque em grande escala contra o Japão só ocorreu em 7 de julho, quando 14 B-29s bombardearam Sasebo, Omura e Tobata. Três outros Superfortresses atacaram alvos secundários. No entanto, a magnitude para a montagem desta forma era insustentável a longo prazo. Vários B-29s tiveram que ser convertidos para levar suprimentos e combustível para a base de Chengdu e para cada aeronave enviada em uma missão de bombardeio eram necessários seis B-29s para fornecer o combustível, as munições e os suprimentos para a manutenção da aeronave. Felizmente, para os Aliados, uma solução já havia sido encontrada.

Em 12 de março de 1945, os Chefes do Estado-Maior tinham ordenado ao Adm. Chester W. Nimitz, chefe de operações navais no Pacífico, tomar as ilhas Marianas para o uso de bombardeiros Boeing B-29 Superfortress até 15 de junho, para que estas poderosas aeronaves pudessem fazer sua estreia operacional contra alvos no Japão continental a partir de bases escavadas nestes atóis. Composta por Saipan, Tinian e Guam, as Marianas ficavam a cerca de 1.500 milhas de Tóquio e operariam como uma base estratégica, sendo facilmente reabastecidas pelo mar.

Cinco grandes aeroportos foram construídos ali, cada um ocupado por um VHB (Bombardeio Muito Pesado), com dois em Guam, um em Saipan e dois em Tinian. Guam também apoiou um depósito aéreo, sede do 11º Comando de Bombardeiros (que se fundiu para se tornar a 20ª Força Aérea) e um quartel-general avançado. Mais tarde, Iwo Jima foi convertida em uma base aérea gigante para a acomodação de B-29s e para o uso de aviões de combate de longo alcance. Nenhuma das programações originais atrasou e apenas em Saipan foi desenvolvida uma base mesmo que atendendo parcialmente. Pistas de 8.500 pés de comprimento por 150 pés de largura tiveram que ser estabelecidas em um grande exercício de engenharia que exigiu recursos consideráveis.

Toda a operação cresceu de acordo com a capacidade dos B-29s e uma nova autoridade de comando e controle era necessária. As Forças Aéreas Estratégicas no Pacífico dos Estados Unidos (USASTAF) foram devidamente formadas em 6 de junho de 1945, com sede em Guam. Comandadas pelo Gen Spaatz, eram equivalentes à USSTAF, que tinha sido formada para governar o comando geral das forças aéreas dos EUA na Europa. O desdobramento operacional dos B-29s para as Marianas foi construído enquanto as operações com o 11º Comando de Bombardeiros continuavam a custar caro e não havia missões completamente bem-sucedidas da Índia para enviar bases na China e para o Japão.

A situação na China era complicada: uma guerra revolucionária, desencadeada por Mao Tse Tung contra o governo imperial de Chiang Kai-shek, tinha sido colocada em espera quando ambas as partes concordaram em suspender o conflito brutal a longo prazo pelos interesses da China. Gen LeMay negociou com Mao, que ofereceu melhores bases mais ao Norte, no território sobre o qual os rebeldes comunistas tinham controle, mas, daquele local até o continente japonês era muito longe para os B-29s. Curiosamente, imediatamente após a guerra, quando os diplomatas do governo dos EUA se encontraram com Mao, eles acharam suas unidades militares mais disciplinadas e eficazes do que aquelas de Chiang Kai-Shek.

GUERRA DIRIGIDA

Os primeiros B-29 chegaram ao novo aeroporto em Saipan em 12 de outubro de 1944. Foram feitos preparativos para iniciar os ataques aéreos contra os alvos militares e industriais japoneses. Tornar-se operacional foi uma grande tarefa, com muita infraestrutura necessária para apoiar as batidas de longa distância - os alvos estavam tão longe das Marianas quanto Londres é de Moscou. Eventualmente, 20 grupos de bombardeiros operariam a partir destas ilhas, embora a construção tenha sido lenta, ao longo do tempo, trouxe incríveis resultados. O número de funcionários por si só era um indicativo do compromisso. Em agosto de 1944, havia 51.230 funcionários da AAF envolvidos, aumentando para 166.345 em meados de julho de 1945, muitos deles em batalhões de engenheiros de aviação organizados pelo Regimento de Engenheiros de Aviação em Okinawa. O número de aeronaves cresceu de 999, de todos os modelos, em agosto de 1944 a 2.006 em meados de julho de 1945. O número de B-29s sozinhos cresceu de nenhum para 59 até o final de novembro e 985 em meados de julho de 1945. O pico de entrega havia sido alcançado em abril de 1945, com 177 voando, e com 451 caças P-47N chegando entre março e julho e 348 até julho de 1945. Os P-38s e P-39s logo se tornaram obsoletos, enquanto o número de B-17s em operação permaneceu nos mesmos níveis medíocres - evidência da natureza mutável da guerra aérea onde uma tecnologia nova e efusiva estava tornando ultrapassadas armas de guerra que apenas alguns meses antes tinham ajudado a vencer a luta contra Hitler.

As exigências logísticas para trazer quantidades adequadas de bombas atingiram novas proporções, em parte, porque o B-29 era capaz de carregar mais que o dobro da carga que um B-17 ou um B-24. O General Arnold estipulou um fornecimento de bombas para quatro meses e, com base em um consumo mensal de 75.000 toneladas, isso significava 300.000 toneladas necessárias a serem estocadas para entrega. Isto nunca foi cumprido, apesar do General LeMay protestar da maneira mais enfática possível. Tanto Arnold como LeMay estavam contando com uma longa e prolongada construção em direção a uma guerra que duraria até 1946, mas dado que a quantidade total de bombas lançadas pelos B-29s entre novembro de 1944 e agosto de 1945 foi de 157.502 toneladas, é difícil argumentar contra a lógica de limitar esse total.

A meta inicial da primeira incursão contra o Japão era Tóquio e a estratégia era atingir as fábricas, depósitos de petróleo e oficinas de montagem. O Japão havia aumentado a produção de aeronaves de 445 aviões de guerra em 1930 para 1.181 em 1936, contudo, quando a guerra agressiva contra a China trouxe um aumento da demanda, em 1941, sua indústria entregou 5.088 aeronaves. Depois de Pearl Harbor, a produção aumentou rapidamente, crescendo para 8.861 em 1942, para 16.692 em 1943 e para 28.180 em 1944, com alta qualidade de fabricação e algumas aeronaves avançadas e de alta capacidade. Estas eram operadas por pilotos intensivamente preparados, comprometidos a oferecer suas próprias vidas em vez de viverem sob uma força de ocupação.

Após uma série de ataques de treinamento contra Truk e outras ilhas, o primeiro ataque de B-29s das Marianas foi montado em 24 de novembro de 1944. Esta força de 111 bombardeiros foi liderada pela 73ª Ala de Bombardeiros, sob o comando do General O'Donnell, pilotando o *Dauntless Dotty*. Foi co-pilotado pelo Major Robert K. Morgan, piloto do famoso B-17F *Memphis Belle* - um dos primeiros B-17s a completar 25 missões na Europa e tema de vários livros e filmes. Foi o primeiro de uma série de ataques de alta altitude e alta precisão que visavam destruir as indústrias aeronáuticas japonesas. No caso, apenas 88 das aeronaves foram capazes de lançar bombas e os resultados foram pobres, em parte devido ao mau tempo sobre o alvo.

Durante vários meses, esses ataques de precisão em alta altitude continuaram, mas os resultados continuaram a ser fracos, graças à terrível precisão do bombardeio, problemas técnicos, aterrissagem de aeronaves no mar, pilotos frustrados por uma falta inicial de escolta de caças e uma estratégia defeituosa. No entanto, o General Arnold procurou resultados. Em janeiro de 1945, ele ordenou a LeMay que sucedesse o Brigadeiro General Hansell. Indignado com a falta de desempenho, e depois de analisar a indústria japonesa, em 19 de fevereiro LeMay emitiu uma nova diretriz exigindo o bombardeio de uma miríade de pequenas indústrias nos campos que alimentavam as principais fábricas e as plantas de montagem. LeMay optou por utilizar incendiárias, em vez de altos explosivos, para destruir as edificações e os espaços de trabalho dessas pequenas empresas, que estavam frequentemente situadas em edifícios frágeis ao redor da periferia das principais cidades industriais. Ao fazer isto, LeMay estava adotando a estratégia de bombardeio de área que tinha sido usada por Sir Arthur Harris, C-in-C do Comando de Bombardeiros da RAF durante seus anos críticos.

No dia em que LeMay emitiu sua diretriz - que o tornaria conhecido como um dos maiores comandantes operacionais da guerra aérea - os Fuzileiros Navais dos EUA pousaram em Iwo Jima após os B-24s da 7ª Força Aérea terem esmagado a ilha em 19 dos 20 dias anteriores. Seguiu-se um banho de sangue que durou quatro semanas antes da ilha ser tomada. Afinal, as pistas de aterrissagem estabelecidas foram rapidamente tomadas da resistência japonesa, que havia sido eliminada, para proporcionar lugares para pouso de emergência para 2.400 B-29s entre esta data e o fim da guerra, sem dúvida, poupando a vida de 25.000 tripulantes que teriam pousado no mar. Chefe das Operações Navais, o Adm. Ernest J. King, estimou que o número de vidas salvas foi, provavelmente, maior do que o de vidas perdidas ao tomar a ilha - 4.900. LeMay queria proteger os bombardeiros e impor o maior número possível de danos na máquina de guerra japonesa. Para fazer isso, ele queria bombardear à noite, a partir de altitudes mais baixas. Ao remover o armamento defensivo - as metralhadoras e os 8.000 cartuchos de munições - poderia acrescentar 3.200 lb de bombas ao compartimento de um B-29. Era uma grande aposta, o que se tornou ainda mais desafiador porque não obteve permissão do General Arnold ou dos funcionários em Washington. Mas, funcionou. O primeiro ataque na noite de 9/10 de março, viu 325 bombardeiros decolarem, dos quais 279 detonaram seus armamentos na área urbana de Tóquio, incendiando 267.000 edifícios em quase 16 milhas quadradas e matando 83.000 pessoas - o maior número de mortes de qualquer ataque na história, incluindo o de qualquer uma das duas bombas atômicas.

As defesas noturnas japonesas eram quase inexistentes e LeMay seguiu com novas batidas em Nagoya, Osaka e Kobe, retornando, também, a Tóquio várias vezes. Assim, a guerra foi levada diretamente ao coração do Japão. Além de bombas, aeronaves também deixavam cair folhetos de advertência para as pessoas nas próximas cidades-alvo, exortando-as a fugir. O efeito sobre o moral de uma única batida foi imenso e o medo gerado por tais avisos de um ataque iminente criou o pânico em algumas cidades. Havia uma insatisfação crescente com a guerra em geral e o caos que tinha trazido sobre o povo japonês. Iniciaram-se, portanto, negociações secretas via países neutros, e o Departamento de Estado dos EUA já estava engajado em discussões anteriores à rendição total.

Enquanto os ataques com incendiárias continuaram, LeMay manteve ataques de precisão quando se voltou para a destruição da indústria japonesa, conseguindo com o B-29 o que não tinha sido possível na Europa. Os ataques incendiários tinham queimado até 78% das cidades em uma lista abrangente, elaborada para desconectar meticulosamente o país a partir da sobrevivência econômica sustentada. Além disso, a 20ª Força Aérea voou 1.528 incursões de lançamento de minas, afundando 800.000 toneladas de carga japonesa e reduzindo o total restante a flutuar com apenas 1,5 milhões de toneladas. Em agosto, a indústria estava operando com menos de 25% de eficiência.

A cidade japonesa de Osaka após um ataque que destruiu grande parte do setor populoso e da área comercial. USAF

As lições dos bombardeios na Alemanha indicaram as decisões sobre o tipo de explosivos e a mistura de munições a serem utilizadas contra as cidades japonesas e fábricas adjacentes. Ao contrário da indústria alemã, não houve dispersão de plantas de fabricação e montagem. Além disso, LeMay escolheu expandir significativamente a produção americana de napalm, um produto à base de geleia que se agarra a qualquer coisa que toca e queima com uma intensidade feroz. A produção de napalm aumentou de 500.000 lb em 1943 para quase 4.000 toneladas um ano depois, e isso, altos explosivos e as bombas de fragmentação foram os dispositivos preferidos quando se tratou de bombardear com os B-29s.

A ferocidade e a escala da ofensiva de bombardeio no Japão foram maiores do que nas cidades alemãs e adotaram uma política diferente. A exatidão com que as batidas foram planejadas, a seleção detalhada de explosivos, bombas, minas e incendiárias definidos pelas estruturas materiais específicas sobre alvos individuais, foram determinados pela análise forense realizada pelo pessoal de LeMay – pessoal militar, cientistas civis, engenheiros e estatísticos. Todos eles trabalharam em grande detalhe os efeitos dessas diversas cargas de guerra. Eles também estudaram os resultados obtidos através de reconhecimento fotográfico e avaliação de danos causados por estudos de bombas que continuaram após a guerra, quando esses especialistas puderam entrar e fazer o trabalho de terra, avaliando o efeito global deste tipo de guerra aérea.

Nada assim havia sido feito antes. Novas regras para a guerra estavam sendo escritas. Entre os especialistas que forneceram a LeMay análises detalhadas estava Robert S. McNamara, que foi de 1961 a 1968 o Secretário de Defesa dos Estados Unidos da América. Ele levou suas réguas de cálculo, estatísticas e cálculos para a guerra novamente – no Vietnã - durante aquela década. McNamara lamentou o papel que havia desempenhado na utilização de energia aérea maciça em uma escala tão colossal - a quantidade de tonelagem de bomba lançada no Vietnã - 2 milhões de toneladas - excedeu o total lançado por todas as potências beligerantes em ambas as guerras mundiais.

A BOMBA ATÔMICA

Houve um capítulo final na história da guerra aérea no período 1930-45. Este foi o desenvolvimento da bomba atômica, que tinha sido possível pela exploração científica dos constituintes de um átomo durante a década de 1930 – um estudo no qual as principais universidades britânicas em Oxford e Cambridge desempenharam um papel significativo. Prometeram uma bomba tão poderosa que poderia revolucionar a guerra, não apenas aérea, mas, também, em terra e no mar. Chegou tarde demais para ser usada contra os alemães, mas este dispositivo abriria possibilidades de destruição e morte inimagináveis. Interessante destacar que os nazistas também tinham pesquisado a bomba atômica, como fizeram os japoneses, sem ir muito longe.

Em 6 de agosto de 1945, um único B-29, pilotado pelo coronel Paul W. Tibbets, Jr., lançou uma bomba atômica sobre a cidade de Hiroshima. Este dispositivo tinha sido desenvolvido com a ajuda de cientistas britânicos e alemães, tendo estes últimos fugido da Alemanha nazista antes da guerra. Destruiu 4,7 milhas quadradas da cidade. Três dias mais tarde, foi lançada uma segunda bomba, sobre Nagasaki. No mesmo dia, a União Soviética invadiu a Manchúria e começou uma corrida em direção às Ilhas Kuril e ao território japonês.

Em 10 de agosto, os japoneses decidiram que não poderiam continuar e, formalmente, declararam a aceitação dos termos de rendição oferecidos, sendo a cerimônia formal realizada na Baía de Tóquio, a bordo do USS *Missouri*, em 2 de setembro. A contribuição do B-29 foi resumida pelo Príncipe Konoye, do Japão, quando ele disse que "a determinação para fazer a paz veio do bombardeio prolongado dos B-29s". Seu sentimento foi endossado pelo Premier Suzuki, que disse que "com base só nos B-29, eu estava convencido de que o Japão deveria processar pela paz". Pela primeira vez na história, uma guerra de imensa magnitude havia terminado com o uso do poder aéreo.

Um monumento do templo fica sozinho em meio à devastação de Nagasaki, após a queda da segunda bomba atômica, em 9 de agosto de 1945, anunciando uma nova era na guerra aérea, da qual, não haveria mais volta. USAF

UMA LIÇÃO DE HISTÓRIA

Antes das duas bombas atômicas serem usadas contra Hiroshima e Nagasaki, as incursões de incêndios em cidades japonesas tinham matado pelo menos 650.000-900.000 pessoas. A estes números se somaram os estimados 130.000-225.000 de mortos ou que, eventualmente, morreram devido aos efeitos das bombas atômicas.

A longa história da guerra aérea, que começou, sem dúvida, em 1914, dentro de pouco mais de 30 anos, transformou-se na arma mais destrutiva concebida pela ciência. Logo após o fim da guerra, as bombas atômicas conduziriam às bombas termonucleares - qualquer uma delas poderia ter o rendimento explosivo de 1.000 bombas de Hiroshima, ou dez vezes o rendimento explosivo de todas as bombas lançadas na história. E as duas bombas lançadas sobre as cidades japonesas em 1945 aumentariam um arsenal de mais de 60.000 armas desse tipo na década de 1960. E nós as temos até hoje, em um número menor, mas com maior letalidade.

As armas nucleares são dispositivos improváveis em uma guerra, e só podem existir como instrumentos de retaliação, mas é um sinal de como nós, os humanos, justificamos nossas ações, renomeando departamentos governamentais para a "guerra" como departamentos para a "defesa", um perigoso deslize para a aceitabilidade do conflito apenas para nos proteger. E, a partir daí é apenas um passo muito pequeno para incluir o uso de armas nucleares em nossos arsenais, não como um elemento dissuasivo, mas como apenas um outro tipo de bomba. A partir desse pressuposto, é muito fácil implantá-las em nossa "defesa" – e utilizá-las novamente. Seria irônico se o instrumento que tantos alegam ter terminado o maior e mais destrutivo conflito da história - um conflito em que mais de 55 milhões de pessoas morreram – fosse o próximo a ser empregado para iniciar outra guerra, uma que colocaria toda a humanidade em uma nova Idade da Pedra.

NÚMERO TOTAL DE AERONAVES MILITARES PRODUZIDAS POR CADA PAÍS 1939-45

Países	1939	1940	1941	1942	1943	1944	1945	TOTAL
Reino Unido	7.940	15.049	20.094	23.672	26.263	26.461	12.070	131.549
Estados Unidos	2.141	6.068	18.466	46.907	84.853	96.270	45.852	300.557
União Soviética	10.382	10.565	15.737	25.436	34.900	40.300	20.900	158.220
Alemanha	1.928	7.829	9.422	12.822	20.599	35.076	7.052	94.622
Japão	4.467	4.768	5.088	8.861	16.693	28.180	8.263	76.320
TOTAL	26.858	44.279	68.807	117.698	183.308	226.287	94.137	761.374

Notas:

1. Toda a produção francesa foi incluída na produção alemã, uma vez que era um país ocupado trabalhando para a Alemanha. Já a Itália tinha uma produção excepcionalmente baixa e usava muitas aeronaves adquiridas na Alemanha.

2. Os números aqui citados são aproximados e não incluem a produção de aeronaves civis requisitadas para o serviço militar para funções como transporte e treinamento.

Índice Remissivo

A

Abrigos Anderson 38, 56
Advanced Air Striking Force (AASF) 57, 74, 81, 90
Afrika Korps 182, 184, 201
Aichi D3A 173
Albacore, Fairey 48
Alemanha 9, 11, 15, 28, 30, 31, 40, 59, 65, 84, 94
Armee de l'Air 58, 59, 97
Arnold, General 247, 261, 262, 264, 265, 266
ASV radar 200
Ataque de Águia - Adlerangriff 105

B

B-24 Liberator, Consolidated 187, 190, 214, 216, 218, 229, 232, 235, 237, 240, 259, 261,262
B-25 Mitchell 176, 190, 256
B-26 Marauders, Martin 230, 231, 259
B-29 Superfortress, Boeing 258, 263
B-36, Convair 259, 260
B-52, Boeing 259
B5N, Nakajima 173, 177
Baby Blitz 228
Baedecker Blitz 228
Barracuda, Fairey 48
Barratt, Air Chf Mshl Arthur 63, 73, 76, 93,
Batalha da Grã-Bretanha 18, 20, 27, 33, 42, 89
Batalha de Midway 174, 175, 177, 181
Batalha do Bulge 246, 249
Bélgica 58, 62, 63, 71, 73, 75, 82, 88, 95
Berlim 19, 23, 45, 60, 118, 144, 151
Bf-109-7 'Jabo,' Messerschmitt 132
Bf-109s, Messerschmitt 19, 21, 25, 49, 48, 52, 76, 95, 108, 117, 131, 124, 161, 210, 211, 224
Bf-110s, Messerschmitt 23, 25, 62, 88, 99, 101, 102, 107, 108, 124, 199, 204
Birmânia (Myanmar) 256, 258, 260

Blenheim Caça, Bristol 54, 60, 67, 109, 129, 144, 150

Bomba atômica 7, 10, 240, 268, 269

Boston, Douglas 141, 152, 199, 214

Brereton, General 215, 229, 233, 245

British Air Forces in France (BAAF) 74

British Expeditionary Force (BEF) 74, 81, 86, 87

C

C-46 Comando, Curtiss 257

C-47 Skytrain, Douglas 257

Camm, Sir Sydney 49, 51

Chamberlain, Neville 31, 44, 65, 72, 73

China 98, 165, 166, 168, 169, 176, 184

Churchill, Winston 13, 34, 36, 65, 80, 88, 99, 104, 116, 122, 144, 195, 198, 233

Cingapura 169, 174

Comitê de Precaução de Ataques Aéreos (ARPC) 38

Comitê de Precaução de Ataques Aéreos (ARPC) 38, 39

Corpo de Fuzileiros Navais dos EUA 179, 185

D

DB-3s e DB-3Bs, Ilyushin 156, 157

Defiant Caça, Boulton Paul 52, 57, 76

Dinamarca 15, 65, 67, 68, 73, 99, 109

Do-17, Dornier 25, 40, 95, 105, 108, 125, 212

Do-217, Dornier 2228

Doolittle, Tenente-Coronel James 176, 227,

Dornier 15, 16, 25, 105, 110

Dowding, Sir Hugh 58, 59, 80, 99, 122, 136

Dresden, Bombardeio de 248, 250, 251

E

Eaker, General Ira C. 191, 223, 241, 243, 249

Eisenhower, General 234, 239, 246

Estados Unidos da América (EUA) 7, 9, 12, 135, 138, 152, 159

F

F.2B, Bristol 52

F4F-4 Wildcat, Grumman 178

F4U Vought Corsair 179

F6F Hellcat, Grumman 178, 179

Fleet Air Arm (FAA) 47, 54

Foguetes V-1 – Fieseler Fi-103 (doodlebugs) 212, 213, 216, 231, 239

Foguetes V-2 – A4 (Aggregate 4) 212, 213, 231, 239

Força aérea auxiliar da Mulher (WAAF) 221

Força Aérea dos Estados Unidos (USAAF) 185, 194, 214, 217, 225, 233

Força Aérea Francesa 58, 97

Força Aérea Independente 35, 137

Força Aérea Polonesa 23, 27, 112

Força Aérea Real (RAF) 28, 32, 33, 39, 45, 52, 63, 71, 77, 85, 92, 99, 106, 111, 198, 214, 228, 268
Força Aérea Vermelha 158
Força do Deserto, RAF 200
Força Pathfinder 197, 201, 242
Forças Aéreas Estratégicas dos Estados Unidos (USSTAF) 228, 229, 243, 247, 263
Forças Aéreas Estratégicas no Pacífico dos Estados Unidos (USASTAF) 263
Forças Aéreas Expedicionárias dos Aliados (AEAF) 229, 231
Fortress B-17 140, 141, 173, 186, 189, 193, 207, 214, 240, 241, 243, 244, 245, 248, 259, 262, 264
França 25, 30, 32, 57, 58, 62, 94, 155
Fw-190s, Folke-Wulf 123, 156, 226, 234

G

Galland, Adolf 15, 23, 84, 117, 124
Gamelin, General 59, 82
Gladiators, Gloster 48, 68, 215
Göring, Hermann 18, 62, 84, 99, 108, 117, 133, 165
Grupo Americano de Voluntários (AVG) 257
Guderian, General Heinz 11, 84, 163
Guerra Civil Espanhola 21, 22, 72, 155

H

H2S radar 200, 207, 210, 242
H2X radar 242

Halifax, Handley 139, 141, 150, 196
Hamburgo 144, 196, 206, 210, 211, 253,
Hampden, Handley 55, 60, 80, 132, 134, 140, 182, 183, 192
Harris, Air Chf Mshl Sir Arthur 152, 194, 184, 196, 205, 225, 265
Hart, Hawker 42, 49
He-111, Heinkel 25, 40, 72, 107, 109, 156
He-115 hidroaviões, Heinkel 109
He-177, Heinkel 244
Hereford, Handley 150
Hitler, Adolf 6, 13, 25, 30, 36, 45, 61, 135, 221
HS-123, Henschel 25
Hurricane, Hawker 48, 49, 50, 54, 68, 75, 90, 95, 99, 100, 102, 107, 109, 114, 117, 119, 121, 127, 132, 206

I

Il-4, Ilyushin 157
Índia 39, 84, 152, 174, 257
Itália 15, 21. 32, 40, 92, 149, 155, 170, 188, 201, 228
Iwo Jima 263, 265

J

Jagdwaffe 116, 117, 218, 224, 234, 246
Japão 7, 98, 153, 166, 169, 171, 180, 190
Jeschonnek, General Hans 84, 124, 165, 224
Jones, Dr. Reginald V. 104, 149, 212

Ju-188, Junkers 228
Ju-52/3, Junkers 22, 67, 75
Ju-87 Stukas, Junkers 20, 25, 56, 76, 107, 108, 150
Ju-88, Junkers 68, 106, 109, 129, 160

K

Kawasaki 166, 167
Kesselring, General 74, 126, 160
Kido Butai 171, 174, 175, 177
Kriegsmarine 67, 71, 138, 144

L

Lancaster, Avro 139, 150, 196, 199, 204, 251
Lancastria 94
Lavochkin-Gorbunov- Gudkov LaGG-3 Caça 156
Leigh-Mallory, Air Chf Mshl Trafford 121, 122, 123, 125, 231
LeMay, Maj General Curtiss E. 262, 263, 264, 266
Luftwaffe 8, 9, 12, 16, 17, 20, 49, 62, 64, 76, 85
Lutador Lavochkin La-5 158

M

Marinha Real 47, 62, 67, 70, 98, 174, 179
Me 410 Hornisse Schnellbomber 228
Me-163 Komet interceptor 239
Me-210 106
Me-262 Caça de jato duplo 239, 251

MiG-3 Caça 156
Ministério da Produção Aeronáutica (MAP) 136
Ministro da Aeronáutica 34, 36, 40
Mitsubishi 166, 167, 173
Montgomery, General 201, 245
Mosquitos, Havilland 150, 199, 211, 254
Motor Jumo 21,
Motores Hercules, Bristol 131, 141
Mulheres Pilotos a Serviço da Força Aérea (WASP) 221
Mussolini, Benito 15, 92, 201

N

Nakajima 166, 167, 173
Noruega 64, 65, 72, 99

O

Operação Barbarossa 134, 154, 156, 158, 160

P

P-38 Caça, Lockheed 216, 229, 245, 264
P-40 Warhawk Caça, Curtiss 191, 256
P-47 Thunderbolt Caça, Curtiss 191, 216, 229, 230
P-51 Mustang Caça, Curtiss 189, 191, 216, 226, 244
Países Baixos 58, 63, 90, 95
Panzer 71, 81, 83, 151, 219, 229, 230
Park, Air V-Mshl Keith 85, 110, 122, 124, 130

Pe-2 Caça, Petlyakov 157, 158
Pe-8, Petlyakov 157
Pearl Harbor 10, 168, 169, 172, 174, 182, 185
Peenemünde 212, 213, 224
Peirse, Air Mshl Sir Richard 144, 151,
Pétain, Marechal 93, 95
Polikarpov I-16 155
Polônia 9, 23, 25, 54, 55, 67, 96, 234
Porta-aviões Akagi 177
Portal, Air V-Mshl 144, 145, 151, 195
Pratt & Whitney 178

R

Ramsay, V-Adml Bertram 82, 86, 87
Reynaud, Paul 80, 93
Rolls-Royce 21, 49, 141, 216
Rommel, General Erwin 183, 201
Roosevelt, Franklin D. 168, 176, 183, 184, 192
Royal Air Force Volunteer Reserve (RAFVR) 35
Royal Auxiliary Air Force (RAuxAF) 35, 41
Royal Flying Corps (RFC) 31, 32, 41
Royal Naval Air Service (RNAS) 31, 32

S

Seafires, Supermarine 54
Serviço Aéreo Imperial Russo 155
Sistema Knickebein 104

Sopwith 32, 33
Spaatz, General 239, 243, 247, 263
Spitfire, Supermarine 49, 50, 53, 95, 100, 102, 104, 107–8, 109, 113, 200, 206, 236
Stalin, Joseph 23, 31, 154, 164
Stirlings, Short 151, 195, 208, 210, 213
Suécia 64, 66
Supermarine 16, 32, 50, 51, 53
Swordfish, Fairey 48, 67

T

TB-3, Tupolev 157, 158
TBF-1 Avenger, Grumman 178
Tecnologia Gee 152, 153, 194
Trenchard, Hugh 34, 35, 36, 39, 41
Tu-2, Tupolev 158

U

União Soviética (Rússia) 11, 13, 15, 29
Unidades de Treinamento Operacional (OTUs) 118

V

Ventura, Lockheed 141
von Rundstedt, Col-General Gerd 28, 83
Voyenno-Vozdushnye 155

W

Wallis, Barnes 55, 203

Wehrmacht 20, 57, 61, 84, 86, 98, 163, 183, 191

Wellington, Vickers 55, 58, 68, 80, 93, 137, 140, 192, 203

Whitley, Armstrong Whitworth 54, 55, 58, 80

Y

Yorktown, USS 174, 175, 177

Z

Zero Caça, Mitsubishi A6M 173, 177, 179